宪政论丛

沈福俊 著

中国行政救济程序论

Administrative Remedy Procedure Study of China

本书试图表明，在我国行政救济时应引起足够重视的程序理念、原则及其组织体系。并对行政救济体系中的行政复议、行政诉讼等程序制度的研究之上，对研究行政救济制度的研究对策。本书对我国行政救济制度的研究从实践中应地推进社会主义民主政治建设。为期我国行政救济制度及其相应的理论体系，推动我国能更加完善行政救济程序之一，以及在实践中更好地推进社会主义民主政治建设。

北京大学出版社

图书在版编目(CIP)数据

中国行政救济程序论/沈福俊著. —北京:北京大学出版社,2008.5
(宪政论丛)
ISBN 978-7-301-13732-1

Ⅰ.中… Ⅱ.沈… Ⅲ.①行政复议-制度-研究-中国 ②行政赔偿-制度-研究-中国 ③行政诉讼-制度-研究-中国 Ⅳ.D925.31

中国版本图书馆 CIP 数据核字(2008)第 060708 号

书　　　名:	中国行政救济程序论
著作责任者:	沈福俊　著
责 任 编 辑:	华　娜　朱梅全　王业龙
标 准 书 号:	ISBN 978-7-301-13732-1/D·2048
出 版 发 行:	北京大学出版社
地　　　址:	北京市海淀区成府路 205 号　100871
网　　　址:	http://www.pup.cn
电　　　话:	邮购部 62752015　发行部 62750672　编辑部 62752027
	出版部 62754962
电 子 邮 箱:	law@ pup.pku.edu.cn
印　刷　者:	三河市新世纪印务有限公司
经　销　者:	新华书店
	650 毫米×980 毫米　16 开本　20.25 印张　290 千字
	2008 年 5 月第 1 版　2008 年 5 月第 1 次印刷
定　　　价:	36.00 元

未经许可,不得以任何方式复制或抄袭本书之部分或全部内容。
版权所有,侵权必究
举报电话:010-62752024　电子邮箱:fd@ pup.pku.edu.cn

前　言

本书是一本专门研究中国现行行政救济程序制度的专著。笔者认为，任何对公正的追求，首先应当体现为对过程公正的追求，而法律则应当为这种过程的公正提供充分的依据。作为以解决行政争议为己任的行政救济制度，基于它是解决政府与公民之间行政纠纷的特殊制度，它的程序规则的设计更要体现其公正的本质。在近十年来的行政法学研究中，学术界和实务界对于行政程序制度如何体现程序正义的要求，以及行政程序制度如何构建倾注了很大的热情，高质量的专著、论文等研究成果如雨后春笋般大量涌现，这对完善我国的行政程序制度并通过科学的行政程序法律体系完成对行政权力的规范、保障公民权利无疑具有十分重要的积极意义。然而，对行政权力行使过程的规范，不仅仅体现在纯粹的行政程序中，也同样体现在行政权行使之后的救济程序之中。行政救济程序的完善与公正，更能够体现国家通过行政救济制度制约行政权力、保障公民权利的诚意，为此，笔者选择行政救济程序进行重点研究。

一、研究行政救济程序的意义

（一）行政救济程序是行政救济制度的核心所在

行政救济制度奠定了中国行政法发展的基础，改革开放以后，中国行政法的发展是从行政救济制度开始的。1989年4月4日颁布并于1990年10

月1日实施的《中华人民共和国行政诉讼法》(以下简称《行政诉讼法》)是中国具有现代意义上的行政法产生的标志。此后,行政复议制度、行政赔偿制度等行政救济制度的相继建立和完善,为中国行政法治理念的产生和发展奠定了良好的基础。由于行政救济制度的推动,依法行政的理念不但成为各级政府行政活动所追求的目标,同时更成为进一步完善整个中国法治建设的重要理由之一。可以说,中国当代行政法体系中的一些重要法律,如《中华人民共和国行政处罚法》(以下简称《行政处罚法》)、《中华人民共和国行政许可法》(以下简称《行政许可法》)等,都是在行政救济制度的推动下逐步制定出来的。因此,行政救济制度对中国行政法治乃至整个中国法治建设有着重大影响。

然而,以行政诉讼制度为代表的中国行政救济制度,毕竟是在我们没有完全摆脱计划经济体制影响的背景下出台的,其中有些内容还带有计划经济体制的特征。由于改革开放以后对法制建设的急迫需求,行政救济制度中有些制度的设计显得较为粗糙,尤其是在一些程序规则方面。此外,由于观念等原因的影响,行政救济制度在实践中的实施情况并不尽如人意,有些甚至与立法的初衷还有一定距离。制度上的某些缺陷与观念上所存在的偏差,导致了行政救济制度的实施面临着一定的困难,它应有的功能难以得到全面的发挥,会阻碍通过行政救济制度对公民权利进行有效的保护,也将影响整个法治建设的健康发展。

行政救济是一种解决纠纷的制度,确切地说,它是一种以解决行政纠纷为己任的制度。这一制度的根本目的在于对公民认为自己受损害或者已经受损害的权利进行必要的法律救济,从而实现解决纠纷的目标。但是,行政救济制度毕竟不是一种宣言,而是一种实实在在的制度规范,而且行政救济的结果是通过其程序的一步步推进所得出的。当一个当事人在切身感受行政救济制度时,他首先感受到的应该是其救济的申请是否被顺利受理,在救济的过程中是否有充分表达意见的机会,他所提出的正当请求是否被有关机关所接受,行政机关是否也应当受一定的程序约束等。总之,程序是否有障碍、是否公正是当事人在行政救济过程中的第一感受。而这个第一感受在很大程度上可能会决定和影响行政救济的走向,影响着案件是否能够顺利、及时地得到解决,所以,在行政救济制度中,程序规则是至关重要的,甚至可以认为,行政救济制度的主要内容就是其程序制度,因为一个具体的案件被申请行政救济以后,无论是救济的机关,还是各方当事人,都将被置于一种现实的、活生生的程序运作的过程之中。行政救济机关和当事人对事实和证据的认定、法律适用的认识、救济结果的作出以及再救济,都是以程序的逐步推进来一步一步地完成的。各方主体都是通过行使程序权利、承担程序义务来完成行政救济的整个过程的,因此,强调行政救济程序的公正与合理,使法律的正义通过程序规则来体现,并通过正当的程序规则及时、有效地化解行政纠纷,是行政救济制度的核心所在。

(二)构建和谐社会需要协调统一的行政救济程序

在构建和谐社会的进程中,行政救济的程序是否公正与合理,是否协调与统一,是夯实社会和谐的法治基础的重要内容之一。

2004年9月召开的党的十六届四中全会从提高党的执政能力的高度,提出了构建社会主义和谐社会的目标。2006年10月召开的党的十六届六中全会又进一步作出了《中共中央关于构建社会主义和谐社会若干重大问题的决定》,明确提出了完善行政救济制度的要求。受这一理念的启发,本课题从构建和谐社会的角度,对我国行政救济程序制度中的程序规则展开研究,结合大量实践中的事例进行分析和探讨,并对完善我国行政救济的程序制度提出一定的构想。

和谐社会并不是一个没有纠纷的社会,更不可能是政府的管理与公民的意志没有任何冲突的社会,因此,政府与公民之间的行政纠纷在任何社会都在所难免。在实践中,公民与政府之间发生行政纠纷怎么办?当然是寻求行政救济的途径。而行政救济的途径在很大程度上就是通过一定的程序实现权利的途径。在一切社会纠纷的解决进程中,程序的公正是最为主要的因素,行政纠纷的解决尤其如此,因为行政纠纷是发生在政府与公民之间的纠纷,确切地说,是由于政府行政权力的行使而在政府与公民之间产生的纠纷。这种纠纷如何解决,或者说将通过怎样的途径去解决,有时候甚至比纠纷解决的结果更为重要,因为,程序规则的设计是体现法律是否将政府与公民予以平等对待的重要问题,这也是解决政府与公民之间行政纠纷最为基础的问题,更是促进社会和谐发展的关键。过程公正了,纠纷结果在大多数情况下也就容易被人所接受。而纠纷的当事人如果能够心悦诚服地接受纠纷处理的结果,社会将更加和谐。我国自20世纪80年代开始,从法律制度上建立了行政诉讼、行政复议、行政赔偿等行政纠纷的解决程序,也就是力图从制度层面上解决行政纠纷在解决过程中的公正问题。将近二十年的实践证明,我国的这个程序制度是起了很大的积极作用的。然而,不可否认的是,我国行政救济制度的程序规则中还存在很多不够完善的地方,如有些程序规则仅仅是一种宣言,缺乏具体的规定;有的程序规则前后衔接不够,出现规则上的空白,甚至冲突和矛盾;有些程序规则的设计不合理,无法体现正当程序的基本要求;有的规则对公民请求救济、表达正当愿望的权利限制过多,使公民难以通过正常的渠道表达意愿等等。和谐社会建设,需要有一系列科学有效的利益协调机制、诉求表达机制、矛盾处理机制和权益保障机制,从而通过行政救济制度的实施促进政府与公民之间和谐关系的建立。从这一角度出发,研究和探讨一个协调统一的、体现法律公正要求的解决行政纠纷的程序体系就显得尤为重要。

基于以上分析,研究行政救济程序的宗旨可归纳为三点:

第一,行政救济程序是所有纠纷解决程序中最值得重视的程序制度。当然,这并不意味着其他纠纷,如民事纠纷解决程序的不重要。然而,从依法治国的关键是依法行政这个角度来说,行政权的依法行使和其受到有力的监督是法治社会的重中之重。作为代表国家行使公共权力的行政机关,当与公民之间发生行政纠纷之后,尤其是行政机关作为纠纷解决者的情况下,如何依照科学、合理、公正的程序规则解决纠纷,是体现政府与公民在法律上的地位平等的关键,更是行政纠纷解决制度能否获得全社会信任的关键。

第二,权力和权利的关系是行政法的根本问题。行政法的核心问题是行政权力与公民权利之间的关系问题,二者之间关系的协调处理,是构建和谐社会的基础。作为行政救济制度,它的核心同样在于通过解决行政纠纷,切实解决行政权力与公民权利之间在特定情况下所发生的矛盾,因此,研究解决矛盾的程序,探求解决矛盾机制的科学性,追求程序规则的公正性,是协调处理行政权力和公民权利之间关系和矛盾、促进政府与公民关系进一步走向信任与和谐的前提。

第三,过程的公正是救济结果公正的基础。从程序正义的角度研究和分析我国现行行政救济制度的程序规则,指出其不足甚至弊端,并根据社会发展的客观情况,提出符合法治发展要求的建议和构想,可以促进行政救济程序规则的协调与和谐,使各方当事人和行政救济机关都能够在一种正当、合理的程序规范之下施行行政救济,从而提高行政救济制度的公信力,让法律的公正首先在过程中得到充分的体现。

总之,本书根据构建和谐社会的要求,以我国现行行政救济程序规则为研究对象,以行政救济权利的实现与救济程序之间的关系为基础,从程序正当性的角度,重点研究和探索我国行政程序规则的重构,意义在于促进我国行政救济程序的正当与和谐。

二、研究的基本思路和方法

随着我国《行政诉讼法》、《中华人民共和国行政复议法》(以下简称《行政复议法》)和《中华人民共和国国家赔偿法》(以下简称《国家赔偿法》)的先后颁布、施行以及施行中若干问题的出现,国内学者对行政诉讼、行政复议以及行政赔偿制度的完善以及相关问题的解决构想也提出了很多建议。这些建议对于推进我国行政救济制度进一步走向科学与规范提供了理论基础,也为笔者进行相关研究提供了很大的帮助。

然而,我国目前尚缺乏对我国行政救济的程序规则进行总体研究的成果。多年来,行政法学界相关的研究多集中在对行政救济制度的总体介绍和分析上，或者是对某一个制度进行整体性的研究上，再者就是从法律条文理解和适用的角度对某一环节的具体规则进行研究，或者在行政程序制度的研究中将行政救济程序单列一章进行分析，单纯从程序规则的角度对我国行政救济程序进行整体研究的尚不多见，尤其是对行政救济制度的功能与行政救济程序具体规则之间的关系以及如何通过规范、合理的具体程序规则达到对公民权利的救济等方面的系统研究尚嫌不足。笔者认为，行政救济制度的具体程序规则虽然都散见于各个具体的法律规范之中，分属于各个不同的救济制度，是相关具体救济制度的有机组成部分。但是，各种救济法律制度中的程序规则具有一定的衔接性和相关性，它的内容是一个相互联系的整体。由于行政救济目的的同一性，不同途径的行政救济程序之间也有很多共同性的规则和要求，所以，这些程序规则应当具有相对的独立性，我们应根据现行的行政救济制度，结合我国行政救济制度的实践，将我国行政救济的程序规则进行系统化研究，这是本书的总体思路。

构建社会主义和谐社会的重要内容之一，是进一步重视保护公民权利并通过合理、正当的程序规则使公民权利得以实现。我国2004年3月14日通过的《中华人民共和国宪法修正案》（以下简称《宪法修正案》）已经将"国家尊重和保障人权"作为一项基本原则加以规定，同时对土地及公民的财产依法实行征用或征收时的行政补偿制度作了原则性的规定。我国关于行政救济的三部法律——《行政复议法》、《行政诉讼法》和《国家赔偿法》（行政赔偿部分），从制度上基本已经构建了我国行政救济制度的体系。但是，这三部法律在具有重大历史意义的同时，也都在具体规则上存在不同程度的缺陷，尤其是它们在很大程度上体现了行政权的主导性，其中关于行政救济制度中具体程序规则方面的很多规定不尽合理或者说存在一定的缺陷，与行政救济制度应有的保障公民权利、制约行政权力的功能不尽相符，一定程度上与这些法律本身所宣称的立法宗旨和所规定的基本原则不相适应，这既不能完整体现立法宗旨和基本原则的要求，也缺乏相应的程序正当性和合理性。这种现状已经严重制约了实践中公民救济权利的完整实现，甚至这三部有关行政救济的法律中缺乏对行政补偿救济程序的具体规定。

此外,信访制度作为我国所特有的一种制度,将其纳入行政救济的法治轨道也很有必要,我们也必须加强对信访程序规则的研究,所以,有必要从构建和谐社会的高度,以实施《中华人民共和国宪法》(以下简称《宪法》)为目标,以通过相关的程序规则使公民的基本权利得到切实保障和救济为目的,对行政救济制度中的相关程序规则的正当性进行系统的研究。以我国《宪法》为依据,根据党的十六届四中全会、十六届六中全会关于构建社会主义和谐社会的要求,着重从完善我国行政救济程序规则的角度,对我国行政救济制度中的程序正当性问题进行相对完整和系统的研究,是本书研究的基本出发点。

本书在研究中所确立的具体思路是:

1. 确立构建和谐社会需要公正、合理的程序规则的理念,强化程序法律制度在构建和谐社会进程中的作用的认识,从理论上厘清公民权利的保护与程序规则之间的关系,尤其是救济权利的实现与行政救济规则之间的关系。

2. 进一步拓展我国与行政行为相关的程序问题的研究范围,使其不仅仅局限于对行政程序过程中的问题研究,同时也使行政救济制度中的程序问题成为我国行政程序理论研究中的重要组成部分,将程序正当性理论进一步延伸到行政救济制度的整体领域。

3. 进一步完善我国行政救济制度及其相关的理论体系,使对行政救济制度的研究不仅仅以其中一个制度、一个或几个条文为对象,而使整个行政救济制度的程序规则成为行政救济制度研究的重点内容之一,同时,结合大量的实践内容进行研究,使该研究成果既符合中国国情,又在一定程度上体现理论创新。

4. 通过这项研究,初步建立相对独立的行政救济程序规则理论体系,并通过本项研究,使构建和谐社会的要求和《宪法修正案》所规定的保障人权原则以及相关的规定在行政救济的实践中得到较为充分的体现,使宪法尊重和保障人权的原则及其相关规定与行政救济制度相连,从而突出宪法本身应有的适用性,在制度上使行政救济在实践中得到切实和全面的实现,使公平、公正理念在行政救济的具体制度和实践中得以贯穿和体现,从而在实践中促进和谐社会的建立。

本课题以我国行政救济程序制度和实践为主要研究对象,根据程序正当性理论,以我国《宪法》所确立的"国家尊重和保障人权"原则以及公民的基本权利为依据,从公民权利与行政救济尤其是救济程序的关系入手,以我国现行《行政复议法》、《行政诉讼法》、《国家赔偿法》(行政赔偿部分)中的行政救济程序规则以及国务院《信访条例》和行政补偿程序制度为内容,以实践中存在的大量事例、案例为基础,从制度和实践的角度分析、研究在构建和谐社会的过程中我国行政救济程序与公民权利实现的关系。在具体研究过程中,基本上采用实证分析与理论分析相结合的方法,客观分析我国行政救济制度中的程序规则在制度上和运作中的实际状况,指出所存在的问题及其导致公民的救济权利在客观上难以实现的状况,从救济权利的实现依赖于公平、正当的救济程序的角度,通过相关的制度设计,对包括行政复议、行政诉讼、行政赔偿、行政补偿和信访制度在内的我国行政救济程序规则逐步向合理性、正当性过渡提出建议。目的是通过研究使我国行政救济程序规则更具合理性和正当性,为今后相关法律的制定或者修订提供一定的建议和参考,从而使我国行政救济制度中的程序规则不但符合法治化的要求,而且符合和谐社会的基本要求。

三、本书的结构与内容

本书分为六章。第一章、第二章、第三章对我国行政救济制度特别是行政救济程序制度从各个角度进行了总体性的分析和研究;第四章、第五章和第六章则分别对行政复议程序、行政诉讼程序和行政诉讼的协调和解机制进行了专门研究。现对本书的主要内容简要分述如下:

第一章"构建和谐社会与行政救济制度的完善"。本章着重讨论了构建和谐社会与完善行政救济制度之间的关系,并根据行政救济制度所应具备的功能,分析了完善行政救济制度对于构建和谐社会所具有的重要意义。同时,本章结合实践中有些政府部门对待行政纠纷所采取的不合理态度的实例,对在完善行政救济制度的过程中如何理性看待行政纠纷的问题进行了必要的分析,提出了构建和谐社会、完善行政救济制度必须理性看待行政纠纷的观点。在具体研究中,笔者对行政纠纷存在的原因、实践中对待行政纠纷的态度以及应当如何理性地看待行政纠纷进行了研究和探讨。

第二章"现代行政纠纷解决机制:行政救济与行政救济程序"。本章首先从理论上分析了行政救济的涵义与范围、行政侵权的涵义及其与行政救济的关系、作为行政救济产生前提的行政争议三个方面的问题,在此基础上归纳了行政救济的内涵。同时,本章对行政救济程序的内涵、特征进行了讨论,并从实现宪法的维权功能,保证行政救济目的的实现,体现程序正义、促进社会和谐的功能角度,对行政救济程序在解决行政争议过程中的正当性功能进行了归纳和研究。

第三章"我国行政救济程序分析"。本章分为三部分内容:一是分别从法治背景下的我国行政救济程序制度和行政救济程序制度的组成体系两方面,分析了我国以行政诉讼程序、行政复议程序、行政赔偿程序、行政信访程序、行政补偿程序为主要内容的行政救济程序制度;二是分析研究了我国行政救济程序制度的意义;三是提出了"完善我国行政救济制度的核心是完善行政救济程序制度"的命题,在这一目标之下,从制度和实践的角度,客观分析了我国行政救济程序制度与和谐社会建设所存在的不够协调之处,并对构建和谐的行政救济程序进行了必要的探讨。

第四章"构建和谐的行政复议程序"。我国行政复议程序在很多方面的不合理已经成为其应有的功能不能正常发挥的重要原因。本章分析了我国《行政复议法》中所规定的行政复议程序,研究了我国《行政复议法》中行政复议程序的缺陷,并运用大量的实例介绍了各地、各部门在完善行政复议程序规则方面所作的努力,在此基础上,对这些实践的尝试进行了必要的理论分析。同时,本章从完善与局限两个角度对《中华人民共和国行政复议法实施条例》(以下简称《行政复议法实施条例》)的内容进行了归纳和评析,并根据《行政复议法实施条例》存在的局限,提出了修改《行政复议法》的设想。

第五章"我国行政诉讼程序规则的协调"。本章首先对我国行政诉讼观念与行政诉讼立法中的有关问题进行了必要的反思。在此基础上,分别针对我国提起行政诉讼的前置条件规则、加强行政诉讼对行政复议的司法监督的有关规则,并以被告的举证规则为视角对我国行政诉讼规则之间和谐与协调等问题,从制度、实践的角度进行了必要的分析和探讨。

第六章"行政诉讼协调和解机制专题研究"。行政诉讼协调和解是当前法院所大力提倡的一种行政争议解决方式。本章根据大量事例,对各地法院在行政审判实践中行政诉讼协调和解机制的运行情况进行客观分析的基础上,从法律依据、法律保留原则的角度对现行的行政诉讼协调和解机制进行探讨,并在此基础上,提出了行政诉讼协调和解必须以完善法律制度为前提的观点。最后,笔者对近期最高人民法院发布的《关于行政诉讼撤诉若干问题的规定》进行了深层次的探究。

应当指出的是,行政救济程序制度是一个内容丰富的体系,在构建和谐社会、继续推进依法治国的过程中,也需要对行政救济程序制度进一步完善。本书的研究只是笔者对于我国行政救济程序中相关问题进行思考的一些成果,不可能包含我国行政救济程序制度已有的或者即将有的所有内容。如果笔者的研究能够对完善我国的行政救济程序、促进我国行政救济程序制度进一步走向科学、公正和规范有所帮助,笔者将非常欣慰,也必将这一问题继续研究下去。

目录

第一章 构建和谐社会与行政救济制度的完善 / 1

一、构建和谐社会必须完善行政救济制度 / 1

二、完善行政救济制度的前提:理性看待行政纠纷 / 6

（一）行政纠纷 / 6

（二）必须理性看待行政纠纷 / 12

第二章 现代行政纠纷解决机制:行政救济与行政救济程序 / 22

一、行政救济的内涵 / 22

（一）关于行政救济涵义与范围的分析 / 22

（二）关于行政侵权及其与行政救济的关系 / 34

（三）关于作为行政救济产生前提的行政争议 / 43

二、行政救济程序的意义 / 46
　　（一）行政救济程序的内涵 / 47
　　（二）行政救济程序的功能 / 54

第三章　我国行政救济程序分析 / 63
一、我国行政救济程序制度 / 63
　　（一）法治背景下的我国行政救济程序制度 / 63
　　（二）我国行政救济程序制度的组成体系 / 67
二、我国行政救济程序的意义 / 88
　　（一）行政救济制度的完整建立，表明我国真正具有现代意义的行政法的产生 / 88
　　（二）行政救济制度直接促进了依法行政原则和理念的形成 / 90
　　（三）行政救济制度表明以人为本精神的凸显和行政立法理念的转变 / 90
三、完善我国行政救济制度的核心是完善行政救济程序制度 / 93
　　（一）我国行政救济程序制度中还存在一些与和谐社会建设不协调之处 / 93
　　（二）构建和谐的行政救济程序 / 100

第四章　构建和谐的行政复议程序 / 105
一、我国《行政复议法》中关于复议程序的内容 / 106
　　（一）行政复议申请程序 / 107
　　（二）行政复议受理程序 / 108
　　（三）行政复议审查和决定程序 / 108

（四）对行政复议的监督和救济程序 / 110

二、我国《行政复议法》背景下的行政复议
程序问题分析 / 111

（一）我国行政复议程序的不足之一：与行政
行为中的听证程序之比较 / 112

（二）我国行政复议程序的不足之二：其他
程序规则的缺失 / 119

三、构建和谐的行政复议程序：实践的尝试
与理论的思考 / 132

（一）必须树立行政复议理应具有最完善的
行政程序的理念 / 135

（二）吸收有益的程序规则，促进行政复议
程序的和谐 / 139

四、完善与局限：《行政复议法实施条例》
分析 / 153

（一）《行政复议法实施条例》对行政复议
制度的新规定 / 153

（二）对《行政复议法实施条例》的评析 / 158

（三）《行政复议法实施条例》的局限与
《行政复议法》的修改 / 169

第五章 我国行政诉讼程序规则的协调 / 174

一、行政诉讼观念与行政诉讼立法：
对我国行政诉讼制度与行政诉
讼程序的一些反思 / 175

（一）影响行政诉讼立法与实践的几个
主要观念 / 176

（二）完善行政诉讼程序立法的几点思考 / 184

二、论"穷尽行政救济原则"在我国之
适用——我国提起行政诉讼的
前置条件分析 / 192

（一）从一则案例看我国行政诉讼的前置
条件所存在的问题 / 192

（二）行政复议和行政诉讼两种救济途径
选择结果的不同使公民权利的
保护陷入两难境地 / 194

（三）实现公民权利的有效途径：在一定
范围内确立"穷尽行政救济原则" / 198

三、加强行政诉讼对行政复议的司法监督：
问题与构想 / 206

（一）通过行政诉讼程序加强对行政复议
司法监督的必要性 / 207

（二）行政复议行为的可诉性决定了对其
实施全面、有效的司法监督的可能性 / 212

（三）我国目前行政诉讼对行政复议监督
体制的缺陷 / 214

（四）进一步完善行政诉讼对行政复议的
监督机制的构想 / 216

四、行政诉讼规则之间的和谐与协调：
以被告的举证规则为视角 / 221

（一）被告举证规则是行政诉讼程序的
中心内容 / 222

（二）完善与不足并存：我国行政诉讼法律

　　　　规范中被告举证规则分析 / 225
　　（三）我国行政诉讼被告举证程序规则的
　　　　和谐与协调 / 229

第六章　行政诉讼协调和解机制专题研究 / 241
　一、理念指导下的行政诉讼协调和解实践 / 243
　二、行政诉讼协调和解机制缺乏明确的
　　　法律依据 / 265
　三、由各地人民法院"积极探索"行政诉讼
　　　协调和解"新机制"不具有合法性 / 275
　四、行政诉讼的"协调和解"必须以完善
　　　制度为前提 / 282
　五、让行政诉讼协调和解机制走向和谐统一：
　　　《关于行政诉讼撤诉若干问题的规定》
　　　所作的努力 / 294
　　（一）明确了人民法院对具体行政行为进行
　　　　审查的法定职能和建议改变的
　　　　具体行政行为范围 / 295
　　（二）明确了人民法院在被告改变具体行政
　　　　行为前提下准许撤诉的条件 / 296
　　（三）对"被告改变具体行政行为"的情形
　　　　进行了统一界定 / 297

主要参考文献 / 299

后记 / 305

第一章　构建和谐社会与行政救济制度的完善

一、构建和谐社会必须完善行政救济制度

法治的目标,就是建立一个符合社会发展规律、尊重人的权利和尊严的有秩序的社会,因此,法治的根本要义是和谐。法治不仅是一种现代社会治理的理念,也是由具体的制度、实践、观念(法律意识)和社会关系构成的社会体制;同时,法治也是通过这些理念和制度成为塑造社会秩序的主要力量。① 我们所追求的构建社会主义和谐社会的目标,就是要通过制度的不断完善和观念的不断进步,以达到社会和谐的目的。

构建社会主义和谐社会的重要内容之一就是保障社会公平正义,而制度是实现社会公平正义的基本条件。在制度建设过程中,必须进一步完善以解决行政争议、监督行政权力、维护公民合法权益为宗旨的行政救济制度。

---

① 参见齐树洁:《纠纷解决机制的原理》,载何兵主编:《和谐社会与纠纷解决机制》,北京大学出版社2007年版,第2页。

这是党的十六届六中全会通过的《中共中央关于构建社会主义和谐社会若干重大问题的决定》(以下简称《决定》)提出的一个重要观点。《决定》从构建社会主义和谐社会必须加强制度建设、保障社会公平正义的高度出发,将"加快法治政府建设,全面推进依法行政,严格按照法定权限和程序行使权力、履行职责,健全行政执法责任追究制度,完善行政复议、行政赔偿制度"作为"完善法律制度,夯实社会和谐的法治基础"中的一个具体目标提出,而且要求必须"适应我国社会结构和利益格局的发展变化,形成科学有效的利益协调机制、诉求表达机制、矛盾调处机制、权益保障机制",这一要求的提出,就是要使我们的行政救济制度进一步达到公平、有序和高效。

行政救济制度是公民的合法权益受到行政权力的不法侵害后依法能够获得补救的法律制度。在构建社会主义和谐社会的进程中,必须坚持公民在法律面前一律平等,尊重和保障人权,依法保证公民权利和自由原则。当公民的合法权益在受到行政权力不法或不当侵害时,需要有科学、规范的法律制度保证公民受侵犯的权利依法得到切实的补救,这就要求我们必须以完善行政复议、行政赔偿等行政救济制度。

以行政复议、行政赔偿和行政诉讼、行政补偿等为主要内容的行政救济制度的建立,是国家民主和法治的一个重要标志。从一般意义上说,它是国家为受到公共行政侵害的公民或组织提供的补救制度。作为一种法律上的救济制度,它在保障公民权利、抑制行政权力的滥用、推进行政法治化的进程中所起的作用是显而易见的。近现代意义上的行政法,它的诞生和发展可以说都与政府法治理念的不断演进有关。无论是法国资产阶级革命进程中产生的行政法院,还是英国普通法上的自然公正原则和美国宪法所确立的正当法律程序规则,都已成为有关各国行政法上最具特色、最为重要的行政法律制度,并为世界上许多国家所仿效,成为现代行政法治的重要标志。而这些制度的建立与发展无不与控制政府权力、维护公民合法权利的理念逐渐深入有关。在我国,自《行政诉讼法》的颁布到一系列重要行政法律的出台,尤其是继行政诉讼制度建立之后,行政复议、行政赔偿、行政补偿、信访等行政救济制度相继建立和不断健全,不但体现了社会对政府行为法治化的需求和国家对公民权利的切实保护,更是体现了政府执政理念的更新和深化。而《决定》从社会和谐的法治基础的高度对完善行政救济制度所提出的要求,实际上是对政府与人民之间关系进一步走向和谐提出了更高的要求。

提出建设和谐社会的目标,就是客观地承认在我们的社会中还有一些不和谐的现象。尽管导致社会不和谐的原因众多而复杂,但可以说,在众多的社会不和谐因素当中,一些行政机关行政权力的不规范运作是重要原因之一,尤其是行政权力的违法和不当行使而导致公民权利在一定程度上的受损是其中的重要原因。个别地方政府以及部门的一些违法或不当的行为不是在促进社会和谐,而是在客观上制造了一些不和谐现象,如近年来在一些地方所发生的违法征地、违法拆迁以及在某些领域的乱处罚、乱收费、违法不作为,从而导致在个别地区行政机关与公民关系紧张甚至在某种程度上出现严重对立等现象。这些事实告诉我们,一是要特别注重公民权利不受政府公共权力的侵犯,因为公共权力可以借助强大的国家机器,有能力、有条件侵犯公民权利,并且这种行为还经常打着"法律"或"公益"的旗号,这就必须加强对公共权力运作过程的监督。二是在公民权利受到政府权力侵犯时,能够有相应比较完善的救济途径使公民受损害的权利得到及时、有效的补救。这一目标的实现,很大程度上必须依赖于作为公法的行政法制度的进一步完善,尤其是行政救济制度的完善,所以,公共权力和公民权利的关系问题是构建和谐社会不可回避的一个重要问题。只有承认这一事实,才能明确构建和谐社会的具体目标,从而使构建和谐社会的努力切实落到实处。"从广泛的意义上说,公法是调整个人和共同体之间关系的法律,其核心是权力与权利之间的关系,这两者之间关系的协调处理,是构建和谐社会的基础。"[①]在行政法制度的完善过程中,必须重视以解决行政争议为己任的行政救济制度,尤其要注重完善我国行政救济制度程序的具体规则,

---

① 罗豪才:《构建和谐社会的公法视角》,载罗豪才主编:《行政法论丛》第8卷,法律出版社2005年版,第2页。

为公民依法行使监督和救济权利提供良好的法律途径。

我们曾经有过要求公民无条件服从"大局"的计划经济时代,也曾经有过只要是政府无论作出什么决定,公民必须无条件接受的观念。然而,二十多年的改革开放,不但使我们的观念发生了变化,也使我们的制度经历了前所未有的变革。尤其是我国《宪法》中对于"国家尊重和保障人权"原则的规定,对公民基本权利的保护起到了前所未有的重要促进作用。改革开放以后,我国社会发生了两个重大根本性转变,一是由计划经济向市场经济的转变,二是从人治向法治的转变,而这两种根本性转变催生了我国行政救济制度的建立和健全。行政救济制度带来的对公民权利的空前维护,使政府尊重公民个体权利不但成为一种法定的目标,也预示着政府执政理念将逐渐走向成熟,更体现着公民的个体权利在我们社会中的价值也不断提升。然而,我们也应当客观地承认,与世界上法治先进国家相比,我国的行政复议、行政赔偿和行政诉讼等制度还存在着诸如救济范围狭窄、救济程序繁琐、救济机构不独立、有些程序规则缺乏公正性、部分规则之间存在冲突以及救济结果不够科学和合理(如行政赔偿的数额过低、缺乏精神损害赔偿)等明显的缺陷,在实际操作中又在一定范围内存在不依法受理行政复议或行政赔偿申请、不依法履行复议或赔偿职责而不被追究法律责任等与法治社会的要求相悖的现象,从而使现有的救济制度在某些方面既不利于及时解决行政争议,也不足以对违法和不当行政形成有效监督,更导致对公民受损害的权利无法进行全面保护,这不但在一定程度上导致公民对行政救济制度乃至对法律的信仰危机,甚至也在一定程度上影响了政府与人民之间的和谐关系。

行政法治的作用之一,就是"建立公民和政府之间的信任关系"[①]。公民和政府之间的信任是两者之间关系达到和谐的基础。行政救济制度是行政法治的重要内容,也是构成一个国家法治基础的重要内涵。保障公民在认为行政权力将侵害自己的合法权益或在行政权力已经实际侵害自己的合

---

① 王名扬:《法国行政法》,中国政法大学出版社1988年版,第204页。

法权益时的救济申请权,及通过合理、科学的法定程序依法获得应有救济的权利,是促进政府依法行政、建设法治政府、构建和谐社会的重要一环。

第一,通过行政救济制度强化对行政权力的监督是构建和谐社会的重要使命。然而,行政权力属于公共权力,它固有的侵略性和扩张性又容易产生对公民权利乃至对公共利益的侵害。行政救济制度是以规范公共权力为宗旨的行政法规范的重要组成部分,作为公法的行政法就应当具有在对行政权力进行规范和监督的基础上对公民权利和公共利益进行维护的功能。

第二,完善行政救济制度是贯彻宪法"尊重和保障人权"原则的需要。无论是行政复议制度,还是行政赔偿制度,都贯穿着一个宗旨,即对公民权利的切实维护,而宪法所确立的公民权利是人权的具体体现。例如,财产权是公民最基本的权利之一,财产既是人安身立命的物质基础,也是个体生命价值的物化形式。十届全国人大二次会议通过的《宪法修正案》进一步明确规定了"公民的合法的私有财产不受侵犯",更是从宪政角度提升了私有财产保护的法律地位。但是,近年来,我国为推进城市化进程,大力开展基础设施建设,这些都涉及城镇居民住房的拆迁问题与征用农民土地以及其他与公民私有财产相关的问题。由于涉及政府依法行政、政府利益与商业利益纠缠、房屋土地主人与政府及开发商地位不平等诸问题,因不公平交易、补偿不合理而使公民财产权利在一定程度上受到侵犯等一系列事件不断出现。同时,在我们传统的政府职能中,较为明显地突出了管理秩序维护的功能,以为公民设定义务为主要方式,最大限度地方便行政机关而最小限度地方便公民,法律责任的不对等使公民权利的实现在强大的行政权面前步履艰难。而法治政府前提下的政府职能,必须以保障公民权利为价值取向。如果说权利与义务关系是法的基本矛盾的话,权力与权利关系也属于法律关系的基本矛盾范畴,相比较而言,权利是根本,所以法治社会必须以维护公民权利为本位。在涉及公共权力与公民个体权利的利益冲突时,必须遵循的原则:一是公共利益需要原则;二是依照法定程序原则;三是依法给予补偿。完善的行政救济制度必须体现这些要求。

第三,要减少和消除社会不和谐,首先应当减少乃至消除的是政府行政权力与公民权利之间的不和谐。当然,这种消除不仅仅以减少行政争议为目标,而是以合理、合法地化解已经出现的行政争议为根本目的。任何国家都会存在行政机关与公民之间的争议,和谐社会也并不是一概排斥行政争议,而是一旦发生行政争议,有合理、公正的解决途径。完善的行政救济制度,必须以宽广的救济范围、公平和公正的救济程序、实际有效的救济结果为主要内容。正是从这个意义上说,完善行政复议、行政救济等行政救济制度是构建和谐社会的重要制度保证,也是"有权必有责,用权受监督,侵权须赔偿"理念的具体体现。

二、完善行政救济制度的前提:理性看待行政纠纷

落实《决定》所提出的完善行政救济制度的目标,一个重要的前提就是应当理性看待行政纠纷。在构建社会主义和谐社会的进程中,应当如何看待行政纠纷,是摆在各级政府面前的一个重要而现实的问题,同时也在考验政府执政能力。

(一)行政纠纷

纠纷是指社会主体间的一种利益对抗状态,①它是人类社会的一种常见现象。人类社会是一个既有冲突又有协调的社会。有社会必然就会有纠纷。无论是人类文明的发展史,还是司法制度的演进史,都可以看成是一部纠纷解决方式的演化史。② 而人与人之间纠纷之所以会产生,一切皆源于利益的不同,或者说是利益在一定范围内发生了冲撞。

中国在传统文化理念上是排斥纠纷的。有学者分析,重"和谐"是中华文化的基本价值取向,代表中国传统文化的儒道两家都以"和谐"作为价值

---

① 参见何兵:《现代社会的纠纷解决》,法律出版社2003年版,第1页。
② 参见李琦:《冲突解决的理想性状和目标——对司法正义的一种理解》,载《法律科学》2005年第1期。

追求的目标。以孔子为创始人的儒家强调"和为贵"、"知和而和",以老子为创始人的道家倡导"知足"和"不争之德"。尽管这一价值取向具有积极的正面意义,但也隐含着排斥纠纷的罪恶纠纷观。此种观念通常视"纠纷"、"矛盾"为秩序的对立物,把纠纷作为不必要、不正常的"恶",从而对纠纷采取完全的否定态度。① 这种对待纠纷的观念也实际影响了人们法律上对纠纷的认识,在古代的裁判文书中有所体现。宋朝名宦胡颖在一篇判词中曾经谆谆教诲道:"词讼之兴,初非美事,荒废本业,破坏家财,胥吏诛求,率徒斥辱,道途奔走,犴狱拘囚。与宗族诉,则伤宗族之恩;与乡党诉,则伤乡党之谊。幸而获胜,所损已多,不幸而输,虽悔何及。故必须果抱怨抑,或贫而为富所兼,或弱而为强所害,或愚而为智所取,横逆之来,逼人已甚,不容不鸣其不平,如此而后与之讼,则曲不在我矣。"②以此教育人们尽量远离争议,避免纠纷。纠纷的本质是主体的行为与社会既定的秩序和制度以及主流道德的不协调或对之的反叛,与既定秩序和制度以及主流道德意识所不相容,具有反社会性,③由此可见人们在心目中对"纠纷"、"争议"所持的态度。对一般纠纷是如此,对于行政纠纷,人们更是谨小慎微,在很长的一段时间里,许多人都将政府机关视为"上级","民不与官斗"、"下不能犯上"等观念曾经是社会生活中必须奉行的重要信条。而这种对待纠纷的观念,很大程度上决定了社会对待纠纷和处理纠纷的态度,"罪恶纠纷观的支配作用,使得立法及司法都必须在惩处纠纷制造者、惩处兴起诉讼者的理念下运作,更加加剧了扼杀疏导纠纷的社会机制,从而也就继续制造了中国社会的无权利状态的延续和繁盛"④。这种对待纠纷的消极态度,既不可能解决纠纷,更无助于消除纠纷,从而也就不可能达到"社会和谐"的目的。

在不同的社会历史条件下,人的利益都是客观存在的,只不过利益的内

---

① 参见杨伟东:《关于我国纠纷解决机制的思考》,载《行政法学研究》2006年第3期。
② 《名公书判清明集》卷四,中华书局1987年版。转引自何兵:《现代社会的纠纷解决》,法律出版社2003年版,第8—9页。
③ 参见顾培东:《社会冲突与诉讼机制》,四川人民出版社1991年版,第2—7页。转引自何兵:《现代社会的纠纷解决》,法律出版社2003年版,第1页。
④ 刘荣军:《程序保障的理论视角》,法律出版社1999年版,第18页。

容有所不同而已。人们要获得更好的政治、生产、生活或其他方面的条件,必然会产生各种不同的利益需求。因此,人类在其生存与发展的过程中,不论是人与自然界的相互作用,还是处理人与人自身之间的社会关系,其一切活动都与利益有关。人们在利益的表达和争取过程中,由于各自所处的立场不同,必然会发生冲突、对抗,这是不以人的意志为转移的客观现实。而当利益与利益之间产生对立、冲突或碰撞的时候,就会出现利益纠纷。如国与国之间会因为利益和立场的不同而产生纠纷,从而有可能引发战争;人与社会之间由于群体与个体之间的矛盾而引发冲突,从而产生人与社会的纠纷;公民与公民之间、公民与组织之间以及组织与组织之间因为权利的不同主张或者个体利益受到他人的侵犯,也经常酿成平等主体之间民事法律意义上的纠纷;公民、组织与政府之间由于对法律的不同理解,或者由于公民、组织认为自己的个体利益被政府的行政权力侵犯,或者政府确实由于实施了行政侵权行为而使公民、组织的权益客观上受损,从而使行政纠纷出现,导致行政法上的争议。尤其是我国目前正处在社会大变革时期,各种利益需求日益增长,各种矛盾也层出不穷,纠纷和冲突是难以避免的。

在我国,行政纠纷同样是一种客观存在。它是指由于行政机关行政权力的行使而与公民、法人或者其他组织之间所产生的一种对抗状态,同样是一种利益冲突的表现。在改革开放以前的很长一段时期,我们的意识形态中基本上不承认有行政纠纷的存在,不承认在我们这样的社会主义国家中,政府与公民之间还会产生利益冲突或对抗,因为我国长期实行的是高度集中的计划经济体制,在这种高度集权化、一体化的体制下,我们着重强调的是国家利益与公民利益的高度一致性,"国家和社会高度融为一体,组织和个人又化为一炉",而统一的意识形态又"可以统一人们的思想,从而统一人们的行动,为权利的运行提供合法化依据"[①]。在这样的社会背景之下,承认政府与公民之间会有对抗性质的行政纠纷存在,无疑是一种与社会主流意识背道而驰的"大逆不道"的理念,不可能有生存的空间。不仅意识形态

---

① 何兵:《行政权力的结构与解构:一个个案解析》,载《中国法学》2005 年第 3 期。

如此,人们的日常生活和工作也基本上是在这种意识形态的强力支配下进行的,政府的一切命令,都被视为"至高无上"的"上级指示",必须无条件地执行和贯彻。政府无论作出什么决定,公民都必须无条件接受是那个时期的基本社会状态。因此,在计划经济时代,根本不可能存在"行政纠纷"的语言环境。

然而,在计划经济时代,并不是完全没有行政纠纷或者其他纠纷的踪迹,只不过这种纠纷已经被高度集权化、一体化的体制所淹没了,更主要的是没有解决纠纷的有效途径。例如,十多年前就有学者对此有过一段精辟的分析:

> 在体制改革之前,中国实行的是高度集中的体制。高度集中并非就经济领域而言,而是泛指社会的所有领域。经济领域固然是高度集中,但谁又能否认其他社会活动领域不是高度集中呢?传统的高度集中的体制之所以需要改革,就在于它扼杀了社会生活中各种组织和个人的积极性、主动性,大家都对上等、靠要,等政策、靠钱物拨付、要待遇。在经济领域的政企不分,使企业丧失了活力,在其他领域的政事不分、政群不分、党政不分,则使社会失去了活力。在这种一切不加区分的体制之下,行政诉讼没有产生和存在的基础。传统体制下,当纠纷产生后人们的习惯说法是:"找领导去""上单位去""找主管部门去",正是在这种体制下人们正常的心理反映。因为当每一个人都分别隶属于不同的行政单位时,人们相互之间产生纠纷后的解决,也必然是通过诉诸于共同的上级单位。①

上述这段论述,说明了在当时的历史环境之下,各种社会主体都混为一体,都在一种高度一体化的体制下工作、生活和学习。由于没有法的观念,更缺乏法律制度,人们即使发生纠纷,谁也不会去辨别属于什么性质的纠纷,所以,具有行政纠纷性质的纠纷即使偶尔出现,也不可能被人们真正地

---

① 张树义:《冲突与选择——行政诉讼的理论与实践》,时事出版社1992年版,第1—2页。

认识到。由于缺乏解决纠纷的有效途径和方法,"单位"就成了解决争议的唯一机构,而"找领导"、"上单位"解决问题也就成了解决争议的唯一途径和方式,而这种方式和途径,也根本不可能有正当、合理的程序规则可言。

然而,改革开放以后,政府与公民、组织之间的关系得到了重新调整。高度集中的计划经济体制下政府与公民、组织所表现出来的上下级之间的行政隶属关系以及政府以强制命令为唯一管理模式的体制逐渐得到改变。改革开放以后,政府与公民、组织之间的关系成为一种新型的法律关系,政府是依法享有公共管理职能的行政主体,必须依照法律的规定从事各项活动,依法行政成了政府工作的准则;公民和组织也依法享有宪法和法律所规定的各项权利,企业逐渐成了独立的市场经济主体,个人成为具有独立人格的公民,而且政府有义务保障公民、组织权利的实现;同时,以协商、沟通、指导为表现的行政管理方式也不断出现。1982年《宪法》及四次《宪法修正案》所确立的民主政治制度,为我国行政法治的发展奠定了坚实的基础。同时,社会主义市场经济体制的确立,极大地唤醒了公民和组织的主体意识、权利意识和法治意识,对行政权力依法进行制约和监督也成了社会的共同需求。当行政机关没有依照法律的规定行政而侵犯了公民、组织的合法权益,或者公民和组织从自己对法律和权利认识的角度认为行政机关的行为违反法律、侵犯自己合法权益时,行政纠纷的出现就是一种不可避免的社会现象。

多元化的社会结构,必然产生多元化的利益需求,不同的利益也必然会在社会发展中产生矛盾和冲突。正如《决定》所指出的,"特别要看到,我国已经进入改革发展的关键时刻,经济体制深刻变革,社会结构深刻变动,利益格局深刻调整,思想观念深刻变化。这种空前的社会变革,给我国发展进步带来巨大活力,也必然带来这样那样的矛盾和问题"。在这些矛盾和问题中,行政机关与公民和组织之间的矛盾和问题占有一定比例。

为什么在全面推进依法行政的背景之下,还会频繁发生行政纠纷呢?原因主要有以下三个方面:

第一,依法行政原则的实施还存在一定的问题。改革开放以后,尤其是

《行政诉讼法》颁布和实施以后,我们虽然一再强调政府要依法行政,我国的依法行政建设也取得了巨大的成就,积累了宝贵的经验,但是由于受传统观念的影响,与完善社会主义市场经济体制、建设社会主义政治文明以及依法治国的客观要求相比,依法行政还存在不少差距,主要表现为:行政管理体制还不适应社会主义市场经济的发展要求,依法行政面临诸多体制性障碍;制度建设与客观规律不协调,难以全面、有效解决实际问题;行政决策程序和机制不够完善;有法不依、执法不严、违法不究现象时有发生,对行政行为的监督制约机制不够健全,一些违法或者不当的行政行为得不到及时、有效地制止或者纠正,行政管理相对人的合法权益受到损害得不到及时救济;一些行政机关工作人员依法行政的观念还比较淡薄,依法行政的能力和水平有待进一步提高。这些问题在一定程度上损害了人民群众的利益和政府的形象,妨碍了经济社会的全面发展。① 这些问题的存在,已经在实践中对公民或组织的合法权益产生了影响,从而导致行政纠纷的出现。

第二,公民和组织权利意识的觉醒和增强。改革开放进一步唤醒了人们对民主和法治的向往,个人和组织的独立性增强,权利意识、主体意识和法治意识有了空前提高。当认为行政机关的行为侵犯自己的合法权益时,公民和组织就会从维护自身权利的角度,对行政权行使的正当性和合法性提出质疑,并通过相应的手段维护自身的权利,从而不可避免地产生行政纠纷。

第三,多元性利益的存在。随着我国社会主义市场经济体制的逐步建立,我国正从传统一元化社会向多元化社会迈进,不同的利益主体、不同的价值取向、不同的利益需求开始出现和形成,因此不同利益主体间的冲突和矛盾也随之增剧。② 在利益多元化的环境之下,有些社会主体要求政府应当得到的利益而没有满足,就必然会引发行政纠纷。

因此,行政纠纷是社会发展进程中的一种必然现象,是一种不可避免的

---

① 参见国务院《全面推进依法行政实施纲要》(2004年3月22日),国发[2004]10号。
② 参见杨伟东:《关于我国纠纷解决机制的思考》,载《行政法学研究》2006年第3期。

社会现象。只有正视这一点,我们才会从制度上去尽力完善解决行政纠纷的机制。改革开放以来,我国行政诉讼、行政复议、行政赔偿以及信访等制度的建立和健全,实际上在制度上明确宣示了行政纠纷在我国社会中的客观存在,而建立和完善这些制度的目的就是为了解决实际存在的行政纠纷。

(二)必须理性看待行政纠纷

既然纠纷或争议是不可避免的客观存在,那么,对待行政纠纷,我们应当持什么样的态度,是回避纠纷、压制纠纷,还是理性地对待行政纠纷,这是我们在构建和谐社会过程中必须思考的一个重要问题。

长期以来,我们对于纠纷,尤其是行政纠纷一直持回避态度,一旦发生行政纠纷,就觉得好像极大地扰乱了社会秩序,影响了社会稳定,为我们的社会所倡导的主流理念所不容。当然,行政纠纷的出现,从某一方面来说,确实可能表现为对我们所追求的社会秩序产生不利乃至重大影响,有的行政纠纷也表现出明显的反社会性倾向,与我们所倡导的稳定局面格格不入。但是,从行政纠纷的总体来说,却不能完全与"扰乱社会秩序"和"破坏社会稳定"划上等号。当前,有一些地方的政府部门对待行政纠纷采取的是一种消极、对抗或者拦截的态度,实际上就是视行政纠纷为"异端",将行政纠纷简单地作为我们前进道路上的"绊脚石"来看待,一旦出现行政纠纷,一些政府部门犹如"惊弓之鸟",常用的方法就是千方百计地压制诉求、掩盖矛盾,从而追求一种表面上的"稳定",而不是以积极的态度面对矛盾和解决矛盾,甚至反其道而行之,采取比较偏激的手段对待行政纠纷。如有的地方竟然进行所谓的"防爆演习",随时准备对付一些与行政纠纷有关的"突发事件"。《南方周末》在2007年年初刊登的一篇《如此"设计"不妥》的文章就披露了下列事例:

> 一声爆炸的巨响,大楼的一些窗口喷出滚滚黑烟。未几,消防车呼啸而至,高压水喉直指起火点。而与此同时,则见数名战士冲进楼内,几多伤员被抬出楼外。……

以上这些情景,皆出自某个城市最近的一次"突发事件"。但,"突发"倒很像是"突发",可"事件"却实属有关部门事先设计的。因此,实在对不起,让大家虚惊了一场!而这整个过程,如果"有以名之"——给它一个确切的说法,那就该是有关部门对突发事件应急处理的一次"演习"或曰"演练"。

"演习"或"演练",这本身没有什么不妥;为了"防患于未然",这一切也实有必要。但,让人惊诧的是——请听当地电视台引用官方话语对它所作的报道:啊,原来,那座大楼乃是市政府的办公楼,而那"爆炸"则是上访人员所为!这么个"设计",除了把上访人员视作"天大的麻烦",还将他们"设计"成"十恶不赦的罪犯"了!①

上述事例中的行政机关所进行的"演习"(或"演练"),将上访人员"设计"成了欲将市政府大楼"炸掉"的"罪犯",而随时采取"紧急措施"对付这样的"突发事件"。在这种对待行政纠纷的强烈"敌对情绪"支配下,当地政府以及有关部门平时对待一般行政纠纷的态度就可想而知了。正是在这样的理念引导下,有的地方对待上访人员以及行政纠纷的其他当事人,擅自动用国家强制力量,采取拘留、扣押甚至更为严厉的手段予以压制和打击也就不足为奇了。

另据媒体报道,在江苏省苏州市高新区(虎丘区)浒墅关镇,因不满拆迁补偿过低而代表村民向政府讨说法的村民代表被强行"请"进别墅,参加信访专题学习班。"学习"期间,被数人看守,不允许走出房间;学习班里没有人讲课,只发两本《信访条例》和一份苏州市政府16号令文件,然后就是轮番的"劝导",不准睡觉、罚站,而且晚上房间里灯火通明,白天却不准拉开窗帘。有多人被强行参加苏州市浒墅关镇政府组织的信访专题学习班。这些人的共同身份是:试图状告政府大规模拆迁非法的村民代表。这次拆迁共涉及两千多户村民,拆迁是为了给一个叫浒墅关工业园的项目提供土地。此前当地政府一直坚持以16号令为拆迁补偿标准,而这份6年前制定的补

---

① 王泽义:《如此"设计"不妥》,载《南方周末》2007年1月11日。

偿标准给村民们带来了巨额损失。由于拆迁补偿太低，村民强烈不满，在发现拆迁几乎不具备任何合法的手续后，一些村民寻求通过诉讼维护自身权益。然而，当地政府部门却以限制人身自由甚至更严厉的方式逼迫村民屈服。在这个"学习班"中，"学员"不但人身自由受到限制，而且还被威胁，一位叫陈建国的"学员"的境遇很能说明问题：

"按照中央、省、市要求，为进一步增强信访人的法律意识，规范信访行为，引导群众正确合法地进行信访活动，维护信访秩序，我办将于2007年2月26日至3月13日举办第一期专题学习班，请你接此通知后，于2月27日×时前到指定地点报到，特此通知。"这份落款为浒墅关镇综合治理委员会办公室的通知上这样写道。

......

"桌子上放着16号令和两本信访条例叫我学，也没有人给上课"，"所有的人都在不停地说我，叫我不要上访，不要和政府打官司，赶紧签协议。他们还威胁，如果不和政府合作，就永远都别想走出这个房间。"

......

陈建国最初收到的通知上写着，学习班的截止日期是3月13日。3月13日到了，被认为学习态度不好的他，等来的不是重获自由，而是一张新的通知："……现为加强学习效果，巩固法律意识，进一步规范信访行为，特延长至3月19日。请你接此通知后，于×月×日×时（时间为空白）前到指定地点报到。特此通知。"延期通知在复述了前一份通知的内容后写道。

这让已经"学习"了7天、身心疲惫的陈建国感到了绝望。此时的他只想如何早点走出东渚宾馆201房间。

3月14日，陈建国"投降"了。3月15日，陈建国写下了承诺书，保证不上访、不告状，第二天又被迫在《动迁安置房购销合同》、《苏州高新区住房拆迁房屋安置协议书》、《苏州高新区浒墅关镇动迁户资金结算单》等文件上签字,并领了安置房的钥匙。①

这种名为"学习班",实为以限制人身自由的方式进行强制压制、威逼告状村民屈服的行为,不但与我们所提倡的正确看待行政纠纷的理念格格不入,而且这种限制人身自由的行为本身就是对公民权利的粗暴侵犯。

还有一种倾向,对待行政纠纷,相关部门采取的是比较"温柔"的方法进行拦截、阻挡,甚至采用将上访人员"灌醉"的方法达到暂时"息访"和"控访"的目的。例如:

《半月谈内部版》第1期刊登记者专稿说,为反映集资电改中的非法行为,辽宁省铁岭县凡河镇农民赵义华、王成友一大早就赶到某信访机关上访。还没到门口,就过来一个穿便装的人,问到:"你们是哪的?"

"辽宁铁岭的。"两人回答。听到这话,又过来两个人,把他们拽到旁边的一辆面包车上,边拽边说:"跟我们走吧,这事儿回去肯定给你解决。"

随后,赵义华、王成友被带到一家宾馆。正在此等候的县公安局一位负责人说,你们这事儿,我知道。回去指定给办了,你们就别乱跑了。随后,两个"便衣"一路"陪同",乘坐客车将他们送到家里。然而,被截回来后,他们反映的问题并没有得到解决。

一般而言,截访者都会好言相劝,把本地上访者接到宾馆,管吃管喝,为他们买好回去的车票;必要时,则直接用"专车"把上访人送回家。对于一些"不信劝"的上访者,有的工作人员采取了一些强制手段。

与截访相对应的是"控访",即对有越级上访倾向者进行盯梢,一旦有"情况"即对其进行"控制"。河南省一位基层干部告诉半月谈记者,一般采取"人盯人"的办法,一个干部看一个上访者,或者几个人看一个人。不少村干部情急之下,只好请那些要到上面上访的人喝酒,直到将对方喝醉为止。

---

① 《苏州惊现"拆迁信访学习班"》,载《民主与法制时报》2007年4月2日。

据悉,截访的开支很大,光截访者食宿费就要支付相当一笔,还要腾出一些车辆随时准备往回拉人。山东一位基层领导坦言:"上面传信来要我们去接人,立即派出两三个人过去,连吃带住加汽油费,一次就花了一两万元。"截一个上访者的费用有时足以解决其实际问题。①

上述文章中所谈到的情况,虽然没有将上访者作为"异己"看待的过激行动,而是采取"好言相劝"、"请喝酒"的方法,甚至采取"骗"的方式进行截访和控访,但这些方法同样是以达到阻挡和压制信访为目的的。

在实践中,有的政府部门对待信访是如此,对待其他行政纠纷同样也采取了一些不正确的态度。如对于行政复议,一些地方和部门的领导认为申请行政复议是给政府"找麻烦",对新形势下依法及时解决行政纠纷是政府的一项基本职能的认识不到位,对通过行政复议制度解决行政纠纷还缺乏必要的了解,不善于运用行政复议手段解决行政纠纷所反映出来的矛盾和问题。有的地方和部门采取消极不作为的方式对待行政复议案件,对于行政复议不受理、不审查,更不作出复议决定。有的机关、部门之间相互推诿、敷衍塞责,致使相当一部分行政纠纷的处理仍游离于法定渠道之外,许多行政诉讼案件在起诉前未经过行政复议,不少行政机关仍陷于应付信访、应对行政诉讼的被动局面。一些地方和部门的领导对行政复议能力建设关注不够,市、县的执政能力建设尤为薄弱,机构不健全、编制不到位、队伍不稳定、素质不够高等问题比较突出。出现这些问题的关键原因,是我们的一些政府及其相关部门,由于传统观念的影响,在对待行政纠纷的态度上仍然存在很多误区,他们总是认为行政纠纷的存在是一种不稳定因素,说明我们的一些政府部门对于行政纠纷还没有树立正确的观念。然而,要构建和谐社会,完善行政救济制度,我们对行政纠纷首先必须要有正确和理性的态度。我们应当看到,行政纠纷的出现是一种社会必然现象,而且它在一定程度上对于我们进一步完善行政法律制度等方面还具有积极作用。

首先,我们必须从利益表达角度客观承认行政纠纷存在的必然性。在

---

① 《"截访"现象值得重视》,载《报刊文摘》2007年1月5日。

现实生活中，纠纷的生成未必都是纠纷主体恶意滋生事端的结果，在相当大程度上，是社会主体在社会交往过程中通过不同的行为将自己的利益需求、价值取向在各个方面表现出来，由此衍生出摩擦。① 正如前文所述，在一个社会中，利益的存在是必然的。只要人在社会上生存，必然有关于自身利益的追求。人们为了利益而结合，但也为了利益而争斗，相互之间的利益是存在冲突的。社会充满了复杂的利益冲突，有利益冲突即可能发生纠纷。正如利益冲突为人类社会所不可避免一样，纠纷的产生也就成为十分正常的事情。② 尤其是改革开放极大地唤醒了民众的利益意识，各种利益主体和利益需求也呈多元化倾向，因利益的表达而产生相应的纠纷应当是社会的一种正常现象。从某种意义上说，人类社会正是在各种利益的不断冲突和对抗中逐步走向文明的。只有纠纷的"推动"，才可能产生解决纠纷的规则，从而促使社会进一步向健康方向发展。行政纠纷虽然表现为公民和组织对政府提出的利益需求，但这种利益需求的提出，又何尝不是对政府应当维护公民合法利益的一种正当的期望呢？

其次，因利益表达而产生的行政纠纷对于促进制度建设具有积极的作用。长期以来，我们对纠纷，尤其是行政纠纷对社会秩序所产生的消极作用考虑得过多，而对其积极一面则思考得相对较少。利益需要表达，利益也需要积极地去争取，同时利益需要在法律范围内加以保护。只要是在一定的法律规则引导下的利益表达和利益争取行为都应当被视为合理和合法的行为，法律不仅应对此加以确认，而且更要以积极的手段对此进行适当的保护。庞德在论述法的作用和任务时曾把利益作如下表述："利益是个人所提出来的，它们是这样一些要求、愿望或需要，即：如果要维护并促进文明，法律一定要为这些要求、愿望或需要作出某种规定，但是它们并不由于这一原因全都是个人的利益。"庞德把利益规定为"人们个别地或通过集团、联合或亲属关系，谋求满足的一种需求或愿望，因而在安排各种人们关系和人们行

---

① 参见杨伟东：《关于我国纠纷解决机制的思考》，载《行政法学研究》2006 年第 3 期。
② 参见张树义主编：《纠纷的行政解决机制研究》，中国政法大学出版社 2006 年版，第 11 页。

为时必须将其估计进去"①。利益需要法律确认，也需要通过法律来实现。至于一些在当时看来不合理、不合法的利益需求，实际上也在一定程度上对我们的制度建设提出了更高的要求，从而使我们思考现行制度中的缺陷与不足，促使更好地完善各项制度。不少纠纷的产生已经暴露了我们现有制度在某些方面的缺陷和不足，如最近几年发生的强制拆迁问题就很能说明这一点。2003年3月7日，因对拆迁中房屋补偿款不满，杭州退休教师刘进成身穿白大褂，与另外十余名普通市民在杭州市上城区政府门口"宣传宪法"，后被当地公安机关拘留。此外，2003年9月15日，安徽省池州市青阳县蓉城朱正亮在北京天安门金水桥前自焚，南京居民翁彪自焚身亡等事件均涉及房屋拆迁问题。安徽五河县实施"为民办实事工程"，修建作为县城标志性形象工程的大型豪华广场，涉及拆迁的190多户居民对此怨声载道。面临被强行拆迁，政府补贴的安家费过低根本无法安家，使得100多户贫困户的生活雪上加霜。这些事件表明，拆迁问题从表面上看是城建纠纷问题，实际上则已牵涉到法律制定、政府职能、公民财产权等多个方面。② 在笔者看来，上述纠纷的产生和存在实际上就源于我们某些现有制度设计、运作中的问题。"群众信访中的各种问题，绝大多数都是因为我们工作的出发点不正确或者工作方式方法不正确造成的"，"特别是对群众越级上访，仅限于拦、堵、卡、截，不下工夫解决实际问题，导致信访渠道不通，矛盾激化，上访的规模和激烈的程度越来越大。"③如果一味地用强制手段压制甚至采取拘留等方式阻抑行政纠纷，不但会使纠纷激化、矛盾尖锐，实际上也压抑了社会对制度建设和制度创新的正当需求，这与我们构建和谐社会的宗旨是背道而驰的。

最后，行政纠纷所反映出来的利益冲突是不同价值观念共存的表现，这

---

① 〔美〕庞德：《通过法律的社会控制 法律的任务》，沈宗灵、董世忠译，商务印书馆1984年版，第22页。

② 参见郑贤君：《自由的保障——公民基本权利保障的进展》，载中国人民大学宪政与行政法治研究中心编：《宪政与行政法治发展报告》（2003—2004年卷），中国人民大学出版社2005年版，第17页。

③ 《"截访"现象值得重视》，载《报刊文摘》2007年1月5日。

正是和谐社会建设中必须考虑的重要内容之一。允许行政纠纷的存在,即意味着允许不同的利益和不同的价值观念的存在。和谐并不代表没有纠纷,稳定也并不意味着一成不变。社会是在矛盾和纠纷中发展的,没有纠纷、争议、矛盾,产生不了推动社会进步的动力,只能导致故步自封,自我封闭,自我满足,导致社会没有进取精神,这样的"和谐"不是真正的和谐,只能是一种纸面上的"稳定"而已。美国社会学家波普诺指出,没有冲突的社会是一个无生机、沉闷乏味的社会,①而这并不是我们所追求的社会。依此推理,一定范围内矛盾的出现,可以为社会和政治稳定提供活力和"安全阀"。现代冲突理论强调社会冲突的"正"功能,认为冲突不止是导致社会的不和谐,它还具有社会整合的作用,关注点在于冲突通过怎样的机制推动变革、阻止社会关系的僵化。现代冲突论在承认社会冲突的普遍性的同时,将社会和谐作为社会的落脚点,并建设性地认为社会冲突具有社会整合的功能,是社会变迁的动力。② 如果用掩盖和压制来实现表面的和谐和稳定,只能实现表面上的稳定。而稳定本身是个中性词,可能意味着良性的秩序,也可能意味着保守、滞后、不公平、酝酿着危机的秩序。表面的稳定可能也在为激烈的社会动荡酝酿爆发力,良性、持续的政治发展才能为社会与政治稳定提供长治久安的活力。③ 用压制的方法实现的表面稳定,并不是真正的和谐。正视纠纷,尊重各种利益的表达,进而以积极的态度解决纠纷,才有可能达到相对的和谐。社会是向前发展的,在发展中还会有新的纠纷和新的矛盾,只有不断地正视矛盾,理性地对待纠纷,并透过纠纷和矛盾,正确地看待我们制度中的不足,并在不断解决纠纷和矛盾的过程中寻找和探索解决问题的新思路和新方法,进一步完善我们的制度,在制度完善的过程中,不断地解决一个又一个纠纷,从而使社会达到真正的和谐。

同时,政府所追求的利益与公民所追求的利益可能产生不一致是社会

---

① 参见〔美〕戴维·波普诺:《社会学》,李强等译,中国人民大学出版社 1999 年版,第 133 页。
② 参见杨伟东:《关于我国纠纷解决机制的思考》,载《行政法学研究》2006 年第 3 期。
③ 参见张伟:《现代社会冲突理论》,载《学习时报》第 286 期。转引自杨伟东:《关于我国纠纷解决机制的思考》,载《行政法学研究》2006 年第 3 期。

的正常现象。我们应当客观地看到,政府所追求的国家利益、公共利益既与公民利益有一致性,在一定情况下也有矛盾的一面。在现实生活中,政府一般都以国家利益和公共利益维护者的身份出现,而公民则较多地从自身利益的角度提出诉求。当国家利益、公共利益与公民利益产生矛盾的时候,则较容易产生行政纠纷。在对待这类纠纷的问题上,我们应当使公民基本的诉求表达的权利得到保障。社会和谐需要两个基本条件:一是公众基本利益需求得到满足;二是公众基本诉求表达得到保障。而要满足这两个条件,就应当正确看待由于公众基本利益和基本诉求表达与政府在利益不完全一致的情况下而产生的行政纠纷。

行政救济属于行政法上的救济制度。对于制度的作用,有学者曾经论述道:"纵观现代化发展的历程,可以看到,现代人类文明的发展,是在三大推动力量下展开的:即人的发展、制度的建构与科学的进步。人的发展,使人获得日益自主和独立的空间;制度的建构,使财富的增长与公共秩序完善形成内在的统一;科学的进步,使有限的资源在无边的智慧中获得无限的能量。"①行政纠纷表现为政府在行政管理过程中与行政相对人之间所产生的纠纷,实际上是政府的行政权力与公民权利之间在一定程度上的冲突和对抗。这类纠纷在我们的社会中不但客观存在,而且已经被我们从制度上所确认。以解决行政争议、监督行政权力、维护公民合法权益为宗旨的行政复议、行政赔偿以及行政诉讼、信访等制度,就是以解决行政纠纷为己任的。这些制度的建立,实际上就是客观地承认了行政纠纷是客观存在的一种社会现象。

改革开放以来,我国一贯重视行政救济制度建设。在我国的重要文件中不止一次提出建立和完善行政救济制度,如党的十三大报告明确提出了要加强行政立法、制定行政诉讼法的任务。正是在这样的背景之下,被誉为我国"社会主义法制建设里程碑"的《行政诉讼法》于1989年4月顺利出台,随后的一系列行政救济制度的建立和完善,都是我们正确看待行政纠纷

---

① 林尚立:《在制度创新中聚合中国发展动力》,载《文汇报》2007年1月8日。

的体现。在现代法治国家,为了在行政权的运行上正确贯彻和实现以人民主权为核心的民主主义原则,必须强调民主参与,积极推进参与性行政。其中最为重要的,是建立并完善必要的利益表达与实现机制,使不同阶层和群体,甚至不同地域和个人的利益得到表达。

笔者认为,是否理性地看待行政纠纷,是一个观念问题,而如何解决行政纠纷,则是属于制度建设的范畴。但是,观念和制度是相互联系的,观念是制度的基础,如果没有在观念上对行政纠纷有正确的认识,就不可能有完善行政救济制度的积极性。肯定行政纠纷在一定程度上的积极意义,并不意味着放任其无秩序、无规则的发展,而是通过透视行政纠纷,反观我们制度建设中的不足,从而使我们认识到加强制度建设的紧迫性,并通过制度建设达到社会的公平正义。"社会公平正义是社会和谐的基本条件,制度是社会公平正义的根本保证。必须加紧建设对保障社会公平正义具有重大作用的制度,保障人民在政治、经济、文化、社会等各方面的权利和利益,引导公民依法行使权利、履行义务"[1]。同时,"纠纷积极功能的发挥,是以纠纷的合理解决和恰当处理为前提和基础的"[2]。因此,完善行政救济制度是构建和谐社会的重要制度保证,而通过正当、公平、合理的行政救济程序实现行政救济领域的社会公正则是完善行政救济制度的核心内容。

---

[1] 《中共中央关于构建社会主义和谐社会若干重大问题的决定》,人民出版社2006年版,第16页。
[2] 杨伟东:《关于我国纠纷解决机制的思考》,载《行政法学研究》2006年第3期。

第二章 现代行政纠纷解决机制：
行政救济与行政救济程序

一、行政救济的内涵

(一) 关于行政救济涵义与范围的分析

"有权利必有救济"是法治的一项基本要求，没有救济的权利不是真正的权利。

"救济"一词的本意是对生活困难者给予经济上的一种补救或帮助，如根据我国《现代汉语词典》的解释，救济是指"用金钱或物资帮助灾区或生活困难的人"①。但是，将"救济"一词用在法律制度上，则与一般意义上的经济补救有明显的区别。作为法律制度的救济，与法定权利受损以后的补救有关。按照《牛津法律大辞典》的解释，"救济是纠正、矫正或改正已发生或业已造成伤害、危害、损失或损害的不当行为。救济可以采取多种形式，主要有宽厚的行为，例如权利要求的撤回或出自恩惠

---

① 中国社会科学院语言研究所词典编辑室编：《现代汉语词典》(2002年增补本)，商务印书馆2002年版，第677页。

的给付；政治救济方法，例如向下议院议员或地方议员提出申诉，向议会或其他政治机关提出申诉；法律救济方法，须依法律规则获得的救济。法律救济方法可以依次采用行政或民事救济方法。行政救济可以通过向更高级的行政官员或大臣申诉取得，也可以通过向特殊的行政机关或法庭、仲裁庭提出申诉而取得。民事救济可通过在民事法庭中进行诉讼取得，亦可在可能的情况下通过当事人之间的磋商取得，还可通过对他方威胁要提起诉讼的方式取得。刑事诉讼一般不能向受害人提供救济，而是强制实施国家的社会政策。不过，刑事诉讼可以间接地提供救济，而且，在法律救济制度中，向更高级的法院或机关上诉，本身也可以称作是一种救济方法。法律和救济（或者权利和救济）这样的普通词组构成了对语，并得到了诸如在国际私法中人们所主张的原则的支持，即当事人的权利依准据法确定，而救济方法则依法院地法确定"[①]。法律意义上的救济，指的是一种法律制度，而非物质帮助。它是指国家通过裁决社会上的争议，制止或矫正侵权行为，从而使合法权益遭受损害者能够获得法律补救。[②] 当公民、组织的民事权利受到平等主体的损害时，可以请求民事救济获得权利补救；同样，当公民、组织的权利受到行政主体的侵害时，可以请求行政救济获得权利补救。

作为行政法上的重要制度之一，"行政救济"一词无论在我国，还是在其他国家，在法律条文中并不是一个专门的法定用语，而是行政法学研究中经常使用的一个法学术语，专门为了论述行政法上的救济制度而采用的概括性的总称。然而，对于其涵义及所涉及的范围，学者们却表达了不同的看法。根据笔者有限的视野，将行政救济的涵义的表述归纳为以下几种：

（1）将行政救济理解为行政机关所实施的救济，仅仅是行政机关内部的一种救济和监督制度。如认为行政救济是指当事人不服行政决定，向行政机关请求予以撤销或变更的制度，是通过行政机关自身纠正违法与不当的行政行为、保障公民权利的救济方式，属于行政机关内部监督机制的组成

---

① 《牛津法律大辞典》，光明日报出版社1988年版，第764页。转引自毕可志：《论行政救济》，北京大学出版社2005年版，第19—20页。

② 参见刘恒：《行政救济制度研究》，法律出版社1998年版，第6—7页。

部分,不同于来自法院的司法救济——行政诉讼,后者属于来自行政机关外部的监督机制。① 还有学者认为,行政救济是指行政管理相对人在其合法权益受到行政机关的违法失职行为侵犯后依法提出申诉,由拥有监督权的行政机关按照法定程序对其予以救济的一种法律制度,这种救济是由行政机关进行的,因而简称为行政救济。② 上述观点是从实施救济的主体,即行政机关的角度来认识行政救济的。

(2) 行政救济被理解为排除行政行为侵害的所有法律手段。如认为行政救济是国家为了防止或排除行政行为侵犯公民、法人和其他组织的合法权益,而采取由各种直接或间接、事先或事后的法律手段或措施所构成的补救制度。按照这种观点,行政救济既包括行政复议、行政诉讼、行政赔偿和行政补偿等手段与措施,也包括行政机关上下级之间的行政监督、公务员责任、监察机关对其他行政机关的监督及立法机关对行政机关的监督等各种为确保行政行为合法和适当的手段与措施,此外还包括为保证行政行为的合法与适当而于事先采取的行政公正程序。③ 这一观点将立法机关、行政机关、司法机关事先防止行政侵权与事后排除行政侵权后果的所有法律手段或措施都作为行政救济来看待。

(3) 将行政救济理解为当事人在行政行为作出后的申请救济和行政机关依法定职权所进行的所有监督行为。如认为行政救济是指"国家为排除违法或不当的行政行为对国家利益、集体利益以及公民、法人和其他社会组织的合法权益的侵害,依据法定的职权或行政管理相对人及其利害关系人的申请,依照法定的程序,对行政行为的合法、适当性以及公务人员的遵纪、守法性进行督促、察看和审查,并将违法或不当的行政行为予以撤销、变更,对违规乱纪的公务人员进行处理,使国家利益以及行政管理相对人的合法权益免受侵害或者得到恢复、补救的一种行政法律制度",并认为"行政救济

---

① 参见应松年主编:《比较行政程序法》,中国法制出版社 1999 年版,第 348 页。
② 参见韩德培总主编:《人权的理论与实践》,武汉大学出版社 1995 年版,第 699 页。
③ 参见〔日〕室井力:《日本现代行政法》,吴微译,中国政法大学出版社 1995 年版,第 186—187 页。

不仅包括以行政相对人的申请为前提的事后被动的救济,如行政复议、行政诉讼和行政赔偿等制度,而且还包括有关国家机关依职权主动进行的事前、事中、事后的救济,如行政监察、行政审计等制度"。① 这一观点是将行政机关以及司法机关对行政行为所实施的所有监督措施都视为行政救济。

(4) 行政救济是国家为排除不法行政行为的危害后果而采取的各种事后补救制度。如认为行政救济是国家为排除不法行政行为对公民、法人和其他组织合法权益的侵害,而采取的各种事后补救手段与措施所构成的制度。按照这种观点,行政复议、行政诉讼、行政赔偿、行政补偿、请愿、声明异议、申诉以及请求改正错误等排除不法行政侵权行为的事后手段与措施都属于行政救济的组成部分。②

(5) 行政救济是排除不法行政行为侵害的特定手段与措施所构成的制度。如认为行政救济是国家为排除不法行政行为对公民、法人和其他组织的合法权益的侵害,而于事后采取的特定手段与措施所构成的制度。按照这种观点,行政救济主要是指行政复议和行政诉讼,行政赔偿和行政补偿亦可被纳入行政救济范围。③

(6) 将行政救济理解为是一种当事人提出申诉的程序制度。如认为行政救济是"当事人受某一国家行政机关的违法或不当处分以至合法权益遭受损害时,依法向有关国家机关提出申诉的程序。各国规定不一,有的规定在宪法中,有的用专门法律规定。在旧中国,行政救济方法有两种,一种是诉愿,另一种是行政诉讼"④。

(7) 将行政救济理解为狭义、广义和最广义三种。我国台湾地区有学者认为,"狭义的行政救济系指人民因行政机关违法或不当之行政行为,致其权益受损,而向国家请求予以补救之法律制度。此一概念下之行政救济

---

① 参见关保英主编:《行政法与行政诉讼法》,中国政法大学出版社 2004 年版,第 450 页。
② 参见张载宇:《行政法要论》,翰林出版社 1977 年版,第 427 页。转引自张正钊、韩大元主编:《比较行政法》,中国人民大学出版社 1998 年版,第 736 页。
③ 参见张载宇:《行政法要论》,翰林出版社 1977 年版,第 427—428 页。转引自张正钊、韩大元主编:《比较行政法》,中国人民大学出版社 1998 年版,第 736 页。
④ 《法学词典》编辑委员会编:《法学词典》(增订版),上海辞书出版社 1984 年版,第 339 页。

制度,可称之为'行政行为审查制度'。在此概念下,只有个案的审查,没有抽象法规审查问题。属于此种概念的制度,包括'诉愿'、前置于诉愿之'异议程序'及'行政诉讼'";"广义的行政救济,从人民权利之保护及国家与人民之公法关系的确认为出发点,除狭义的行政救济外,并包括所有'公法争议'解决的制度。此一概念置重在'公法争议的解决',故其争议可能涉及机关行使职权的抽象争议";"最广义之行政救济则兼指'行政责任制度'。行政救济在作为权利救济的制度上,尚可包括'行政补偿制度'及'国家赔偿制度'"。①

(8) 行政救济包括行政内救济和行政外救济两大类。如认为"行政救济指公民的权利和利益受到行政机关侵害时或可能受到侵害时的防卫手段和申诉途径,也是通过解决行政争议,纠正、制止或矫正行政侵权行为,使受损害的公民权利得到恢复,利益得到补救的法律制度。因此,行政救济是针对行政权力运用的一种消极后果的法律补救"②。该观点认为,行政救济包括行政内救济和行政外救济两大途径,其中行政内救济包括复议救济、监察救济;行政外救济包括立法救济、纪检救济、诉讼救济,除诉讼救济外,其他都是诉讼外救济。③

(9) 仅从监督行政的角度理解行政救济。如认为"行政救济是指有关国家机关依法审查行政行为是否合法、合理,并对违法或不当行政行为予以消灭或变更的一种法律补救机制"④。这种观点不将行政救济与行政权利缺损相联系,而将行政救济看做是对行政行为的矫正制度,包括权力机关、司法机关、行政机关主动和依当事人申请直接地纠正行政违法、不当行为,也包括对违法、不当行政行为不予适用、不予执行而间接地矫正行政行为。⑤这一观点实际上就是将监督行政作为行政救济看待。

---

① 参见李惠宗:《行政法要义》(增订二版),台湾五南图书出版公司 2002 年版,第 568—569 页。
② 张树义主编:《行政法学新论》,时事出版社 1991 年版,第 235 页。
③ 同上书,第 250 页以下。
④ 叶必丰:《行政法学》,武汉大学出版社 1996 年版,第 222 页。
⑤ 同上书,第 222 页以下。

(10) 将行政救济理解为是对行政权力造成损害之后的法律救济的总称。如认为"行政救济是对于行政权力侵犯公民权利所造成损害给予补救的法律制度的总称,即行政救济是对行政权力侵犯公民权利的制度化的救济。具体说,行政救济是公民、法人或者其他组织认为行政机关的行政行为造成自己合法权益的损害,请求有关国家机关给予补救的法律制度的总称,包括对违法或不当的行政行为加以纠正,以及对于因行政行为而遭受的财产损失给予弥补等多项内容"[1]。一些学者持与上述论述基本相同的观点,认为"行政救济是国家有权机关为排除行政行为对公民、法人和其他组织合法权益的侵害,而采取的各种法律补救制度的总称",并以此认为"行政救济包括对违法或不当的行政行为加以纠正,以及对于因行政行为而遭受的财产损失给予弥补等多项内容;行政救济包括行政复议、行政诉讼、行政赔偿等排除行政行为侵权的多种事后法律手段和措施"。[2] 还有学者的观点更加突出了行政救济解决行政争议的功能,认为"行政救济是法律救济的一种,它是指国家机关通过解决行政争议,制止和矫正违法或不当的行政侵权行为,从而使行政相对人的合法权益获得补救的法律制度"[3]。

对于行政救济的范围,除了上述观点所涉及的之外,有的学者认为,行政救济包括行政诉讼、行政复议、行政赔偿三大制度。[4] 也有学者认为,我国现行行政救济制度主要由行政复议、行政诉讼、行政赔偿、信访以及集会、游行、示威五大制度组成,其中尤以行政复议、行政诉讼和信访制度应用率最高,此三者为行政救济机制的基本制度。[5] 还有学者认为,"我国行政救济的具体途径是行政复议和行政诉讼,二者共同构成我国的行政救济的完整渠道"[6]。也有学者提出,行政裁决也属于行政救济的范畴,而且属于行政

---

[1] 林莉红:《中国行政救济理论与实务》,武汉大学出版社2000年版,第7页。
[2] 参见毕可志:《论行政救济》,北京大学出版社2005年版,第23—24页。
[3] 刘恒:《行政救济制度研究》,法律出版社1998年版,第7页。
[4] 参见应松年:《完善我国的行政救济制度》,载《江海学刊》2003年第1期。
[5] 参见姜明安:《完善行政救济机制与构建和谐社会》,载《法学》2005年第5期。
[6] 刘恒:《行政救济制度研究》,法律出版社1998年版,第16页。

救济机制中非常重要的救济措施。①

笔者之所以花费一定的篇幅介绍(或者说是"罗列")上述对行政救济概念以及行政救济范围的不同论述,一是想从学术的角度去认识和了解对行政救济涵义和范围的不同观点,二是想通过对这一概念和范围的分析和确定,为本课题所阐述的内容确定一个明确的框架。如果行政救济的涵义和范围不能确定,本书以下各个章节的论述将无从进行,因此,笔者认为,上述"罗列"还是很有必要的。

以上所介绍的对行政救济的不同观点,实际上反映了学者对这一制度的认识。从这些学者认识的角度出发,应当说都有一定的道理,同时,这些不同的观点和论述,也正是学者独立学术精神的体现。然而,从学术、制度和现实的角度看,笔者认为,有些观点值得进一步商榷。为此,笔者这里对上述观点结合自己对行政救济制度的理解作一番简要的分析。

第一,行政救济只能是一种事后的补救制度,并不包括为排除行政行为违法或不当侵权的事前、事中在内的所有法律手段或措施。在上述观点中,有学者认为行政救济还包括行政行为事前、事中防止违法或不当的措施和手段以及事后的矫正。笔者认为,行政救济只能是在行政职权活动的违法或不当行为发生之后的"事后救济"。在侵权后果尚未发生之前,不存在所谓的"救济",因为事前、事中为防止行政职权行为侵权所采取的法律手段和措施仅仅是一种防范和保障措施,并不可能产生对被认为受到侵害的权利进行"救济"的效果。

第二,行政救济应当是一种依申请的行政行为,与有关国家机关的依职权监督行为应当有明显的区别,即行政救济程序的启动者应当是认为行政活动侵犯自己合法权益的行政相对人或者利害关系人,只有认为自己的权利受到侵害,才有可能提出行政救济的要求。包括国家权力机关和行政机关在内的国家机关依照法定监督职权对行政活动所实施的监督虽然同样也

---

① 参见张树义主编:《纠纷的行政解决机制研究》,中国政法大学出版社2006年版,第36—37页。

能起到矫正或纠正行政违法或行政不当的作用,但行政法制监督(或者说监督行政)与行政救济毕竟属于两个不同的范畴。

第三,行政救济包括对可能出现的违法或不当行政而应当事人的请求实施救济,也包括对已经被确认的行政侵权行为(如行政赔偿等)应当事人的请求依法实施救济,因此,不能将行政救济的前提仅仅限定在实际上已经出现并已经被确认的行政侵权范围内。当事人的权利是否受到侵害,是否应当获得相应的行政救济,要通过行政救济途径加以查明和解决。

第四,引起行政救济的行政侵权行为并不局限于行政行为。很多学者在论述中,都认为只有行政行为侵犯了公民、法人或者其他组织的合法权益,才可能引起行政救济。其实,行政救济的产生并不仅仅是因为行政行为侵权(行政行为侵权是引起行政救济的主要表现形式),行政行为之外的其他与行使行政职权有关的行政活动也可能引起有关行政救济的产生,如我国《国家赔偿法》所规定的行政赔偿的范围,既包括违法的行政行为所造成损害的行为,也包括以非行政行为形式表现出来的违法事实行为所导致的侵权损害,因此,仅仅认为引起行政救济的前提是由于行政行为的违法或不当是不够全面的。

第五,行政侵权既可能表现为违法的行为,也可能是不当的行为,因此,不能认为只有违法的侵权行为才可能引起行政救济,不当的行政活动也可能引起行政救济的产生。我国《行政复议法》第1条规定,行政复议的宗旨之一是"防止和纠正违法的或者不当的具体行政行为",如果仅仅认为违法的行政活动才可能引起行政救济,或者说只有针对违法的行政行为才能提出行政救济的请求,不但缩小了行政救济的范围,而且与现行的具体行政救济制度不相符合。

第六,行政救济制度虽然主要表现为程序制度,但不仅仅是一种程序制度。当然,程序是行政救济制度的主要内容,也是行政救济制度中的主要组成部分。然而,在行政救济制度中,还包括一定的实体内容,如《行政诉讼法》规定的行政行为合法与违法的具体标准、《国家赔偿法》规定的行政赔偿的具体标准等。"行政救济是基于一定的行政法律关系的发生而发生的,所要解决的是行政主体和相对人之间的行政纠纷,因而受行政法律规范调整。同时,因为它体现了国家行政救济权与相对人救济请求权的实现,并且这两种权利的实现必须依靠一定的程序来进行,因而它既是一个实体性规范,又是一个程序性规范。"①

第七,由当事人单方面所进行的行为不能称之为行政救济。在上述论述中,有的学者将请愿、集会、游行、示威等活动纳入行政救济的范围。但是,这些行为是当事人单方面所进行的对公民基本权利的行使,不符合行政救济是由一定的国家机关根据当事人的申请并由国家机关依法定程序后作出救济决定的特征。请愿系属"政治参与",请愿人"仅能陈述其希望,其请求并无法律之拘束力,故只视为民主政治下扩大政治参与之机会而已"。②集会、游行、示威是公民表达其意愿的重要表现形式,是其实现自我价值的主观性权利,通过公民的群体活动而得到实现,③它与行政救济制度有着本质的不同。

第八,行政救济不仅包括行政机关所实施的救济,还应包括以行政诉讼形式表现出来的救济。虽然从行政法学的角度来说,"狭义的行政救济仅指行政系统内的救济","在我国主要体现为行政复议"。④ 但是,行政救济毕竟属于行政法上的一种制度,必须全面地体现对公民权利进行救济的各种手段和措施,而且它同样也应当以一定的行政法制度作为依靠。在我国,行政复议制度、行政诉讼制度、行政赔偿制度、行政补偿制度,乃至行政性信访制度等都应当纳入行政救济的渠道。

综上所述,笔者认为,作为行政法上的救济制度,它在行政法领域中具有相对的独立性。行政救济是指一定的公民、组织认为行政主体在行政活动中,由于违法或者不当行使行政职权,侵犯其合法权益或者正当利益,而向法定的国家机关提出申请,由该国家机关依照法定程序,对行政主体在行

---

① 毕可志:《论行政救济》,北京大学出版社 2005 年版,第 22 页。
② 参见李惠宗:《行政法要义》(增订二版),台湾五南图书出版公司 2002 年版,第 568 页。
③ 参见胡锦光、韩大元:《中国宪法》,法律出版社 2004 年版,第 250 页。
④ 参见姜明安主编:《行政程序研究》,北京大学出版社 2006 年版,第 345、371 页。

政活动中的行政职权行为进行审查,从而消除行政职权违法或不当所造成的侵害,对受损害的公民、组织依法实施法律补救的各种制度的总称。根据上述涵义,行政救济具有如下特征:

其一,行政救济的存在是基于因行使行政职权而产生的行政纠纷。行政主体所行使的行政职权是一种国家权力,为维护公共利益和公共秩序的需要,行政权力具有强制性。这种强制性表现在:行政权是一种可以支配他人的力量,掌握着行政权力的行政主体根据公共秩序、公共利益的要求,可以支配被管理者,命令其从事或禁止其从事某种活动。同时,行政权也是一种强制他人服从的力量。在行政权力作用的过程中,行政主体可以单方面决定被管理者的活动,而不论这种决定是否遵从被管理者的意志,[①]因此,在行政职权的行使过程中,行政主体的意志和行为与作为被管理一方的行政相对人或者与之有法律上利害关系的公民、组织的权利就有可能产生冲撞,从而产生相应的行政纠纷,就必须通过一定的纠纷解决机制来解决这种纠纷。行政救济就是国家机关通过对相关行政纠纷的审理,从而解决这种行政纠纷为目的的法律制度。

其二,行政救济是通过救济手段的实施对行政权力进行监督的法律制度。根据前面的论述,在行政活动中,行政主体理应依照宪法和法律的规定依法享有行政职权,但这种权力是由于人民的委托而产生的,行使的过程和结果理应受到人民的监督。在我国,除了由一定的国家机关(如权力机关、行政监察机关、审计机关等)所实施的行政法制监督外,行政职权的行使也必须受到公民的监督。我国《宪法》第27条第2款规定:"一切国家机关和国家工作人员必须依靠人民的支持,经常保持同人民的密切联系,倾听人民的意见和建议,接受人民的监督,努力为人民服务。"行政救济制度则是人民实施对行政主体监督的法定途径和重要制度之一。"由于主权在民,政府只是受人民委托从事公务管理的机关,作为对管理者不得不拥有的国家权力

---

① 参见王连昌主编:《行政法学》,中国政法大学出版社1994年版,第9页。

的制衡,办法之一是设定行政救济制度"①。虽然在行政救济的过程中,认为行政职权行为侵犯自己合法权益的公民、法人或者其他组织仅仅是行政救济程序的启动者,并不拥有最终决定的权利,但通过整个行政救济过程中对行政主体认定事实、适用法律、运用程序、行使职权范围以及相关合理性问题的质证和辩论,并通过相应国家机关的审理、审查,可以对违法的行政决定予以撤销或确认违法,对不当的行政决定予以变更,对侵犯公民、法人或者其他组织合法权益并造成损害的违法行使行政职权的主体责令赔偿,这不但是一种对违法或不当行政的矫正和纠正,从本质上来说,则是体现了对行政权的依法监督。

其三,行政救济是依法对公民、法人或者其他组织的权利进行法律救济的制度。权利救济理论认为,有权利必有救济,没有救济就没有权利,立法机关在授予权利的同时,应设置各种救济手段,使权利在受到侵犯时能凭借这些手段消除侵害,获得赔偿或补偿。②在法治社会,公民和组织皆依照宪法和法律享有政治、社会、经济、文化和人身等各项权利,当认为自己的权利受到行政权的侵害时,同样依法享有向国家请求救济的权利。"设立救济权的理由在于:首先,法定权利在其现实化的运行过程中会发生缺损现象,而对于缺损权利进行补偿是恢复该权利完整性的必要措施","在现代社会,权利救济作为保障公民合法权益、衡平社会成员利益的调节器,越来越成为完善国家公正机制和人权保护的一项重要内容。"③作为一种对公民和组织的权利进行救济的行政法制度,行政救济若干制度所体现的对受损权利的救济、恢复和弥补方面的功能十分明显。

其四,行政救济是由认为行政职权行为侵犯了自己合法权益的公民、组织的申请而启动的救济。如前所述,行政救济的发动者是认为行政主体的行政职权行为侵犯了自己合法权益的公民、法人或者其他组织所启动的一

---

① 公丕祥主编:《法律文明的冲突与融合——中国近现代法制与西方法律文化的关联思考》,中国广播电视出版社1993年版,第220页。
② 参见林莉红:《中国行政救济理论与实务》,武汉大学出版社2000年版,第8页。
③ 林喆:《公民基本人权法律制度研究》,北京大学出版社2006年版,第93页。

种救济,即行政救济是一种依申请的救济。公民、组织认为行政职权行为侵犯了自己的合法权益,这种"认为"或者是申请救济者的一种主观认识,或者是已经经过相应的国家机关依法确认。是否申请救济,以及通过什么样的救济途径获得救济,而且想要达到何种救济结果,是申请救济者依法享有的权利,因此,都应当由申请者通过法定程序向依法拥有救济权的国家机关进行充分表达。"不告不理"是行政救济区别于由国家机关主动进行的行政法制监督机制的一个主要特征。

其五,行政救济是行政法上各种救济法律制度的总称。法律上的救济并不仅仅是一种意愿的表达,更表现为一种法定的制度。在法治国家,无论救济名称、内容和所包含的范围如何,都应建立相应的法律制度对公民权利实施有效的救济,因而行政救济具有法定性的特征:一是救济权利法定。公民或组织享有的行政救济权利,与人身权、财产权等一样,都是真正的法定权利,如果没有法律的赋予和规定,公民或组织就不可能寻求和获得行政救济。二是实施救济的主体法定。实施行政救济的主体是法定的国家机关,至于具体是哪些国家机关,完全取决于法律规定,在我国不外乎行政机关和人民法院。三是行政救济的途径法定。公民或组织的合法权益受到行政主体的侵害后可以通过多种途径获得补救,但作为法律意义上的行政救济是指那些具有法律效力意义的途径,即法定途径,如行政复议、行政诉讼等。四是行政救济的程序法定。救济机关实施行政救济,其中最重要的一点就是行政救济的程序法定。① 五是行政救济的范围法定。在很多国家和地区,行政救济都不只局限于一种形式,在各种形式中,又有不同的救济范围规定,而且这种范围是以实定法为基础的。在我国,根据目前所存在的救济法律制度,行政救济的范围应当包括行政复议、行政诉讼、行政赔偿、行政补偿以及行政性信访等制度。六是救济结果法定。在行政救济中,行政救济机关经过审理,最终将以何种方式作出何种内容和类型的行政救济结果,都由法律加以明确规定,如我国《行政复议法》规定了复议决定的类型,《行政诉

---

① 参见毕可志:《论行政救济》,北京大学出版社 2005 年版,第 27—28 页。

讼法》规定了行政判决的种类，《国家赔偿法》具体规定了赔偿的具体条件和标准等，因而行政救济是行政法上各种救济法律制度的总称。

行政救济是体现民主制度的基本精神，也是国家民主和法治的一个重要标志。作为一种由于行政权力的行使而产生公法上效果的救济制度，它在保障公民权利、抑制行政权力的滥用进而推进行政法治化的进程中所起的作用是十分重要的。

（二）关于行政侵权及其与行政救济的关系

行政侵权是行政救济中的重要问题，有很多学者认为行政侵权是行政救济存在和发生的前提。如有学者认为，"行政救济的产生是因为行政相对人的合法权益受到了具体行政行为的不法侵害"，"无侵权损害就不存在救济"。① 由于这一观点在我国行政救济制度的研究中具有一定的代表性，笔者认为，有必要在此对行政侵权及其与行政救济的关系进行分析。

"侵权"一词，源于民事侵权行为，最早是民法上的一个概念，并非行政法上的概念。1896年的《德国民法典》第一次将国家公务员的侵权行为作为一种特殊的民事侵权行为予以规定。一些学者在解释该词语时，一般是从民法角度阐述的。如我国《法学词典》认为，侵权行为是"不法侵害他人人身或财产权利而负担民事赔偿责任的行为"②。英国学者福莱明（Fleming）也认为："侵权行为是一种民事过错，而不是违法合同，对这种过错法院将在一种损害赔偿的诉讼形式中提供补救。"③这种观点实际上是承认侵权行为的私法性质。然而，随着世界民权运动的勃兴，主权豁免原则的衰落，"侵权"概念由民法领域移植到行政法领域。④ 尤其是随着国家赔偿法律制度的逐步完善，许多国家的立法和学说中已呈现出将行政侵权行为同民事

---

① 参见刘恒：《行政救济制度研究》，法律出版社1998年版，第8页。
② 《法学词典》编辑委员会编：《法学词典》（增订版），上海辞书出版社1984年版，第704页。
③ 〔英〕约翰·福莱明：《侵权行为法》，牛津大学出版社1971年英文版，第1页。转引自潘荣伟：《行政违法之七：行政侵权》，载胡建淼主编：《行政违法问题研究》，法律出版社2000年版，第406页。
④ 参见王世涛：《行政侵权研究》，中国人民公安大学出版社2005年版，第1页。

侵权行为相分离的趋势,更为强调行政侵权行为的自身特殊性。将"侵权"概念从民法领域引入行政法领域,实际承认了侵权行为在公共行政领域的存在,并由此引发建立和完善行政救济制度,并通过该制度的实施遏止或者减少公共行政领域的行政侵权,最大限度地保障公民、法人或者其他组织的合法权益。

行政侵权是一个在行政法学范畴中经常使用的概念,而不是一个法律上的概念。我国1982年《宪法》第41条规定:"中华人民共和国公民对于任何国家机关和国家工作人员,有提出批评和建议的权利;对于任何国家机关和国家工作人员的违法失职行为,有向有关国家机关提出申诉、控告或者检举的权利",其中"违法失职行为"的主体是指"任何国家机关和国家工作人员",必然包括行政机关及其工作人员,那么,"违法失职行为"就必定包含了"行政侵权"。1986年通过的《民法通则》第121条关于"国家机关或者国家工作人员在执行职务中,侵犯公民、法人的合法权益造成损害的,应当承担民事责任"的规定,其中"侵犯公民、法人的合法权益造成损害"的行为,同样包括"行政侵权"的内容。我国1990年10月1日起实施的《行政诉讼法》第九章的标题虽然为"侵权赔偿责任",内容实际上是指"行政侵权"的"赔偿责任"。该法第67条第1款规定:"公民、法人或者其他组织的合法权益受到行政机关或者行政机关工作人员作出的具体行政行为侵犯造成损害的,有权请求赔偿。"但上述法律条文未直接使用"行政侵权"一词。有学者指出:"行政侵权赔偿责任,是指国家行政机关公务人员,在执行职务,行使国家行政管理职权的过程中所作出的具体行政行为违法,给公民、法人或者其他组织造成损害,由国家机关承担的赔偿责任"[1]。此后,应松年教授在《行政法专题讲座》一书中,在"行政赔偿篇"中设专章论述了行政侵权行为。[2] 可见在当时,尤其是我国《行政诉讼法》颁布和实施之后,学者们认为行政侵权问题与行政赔偿关系密切。然而,笔者认为,行政侵权并不仅仅与

---

[1] 马原主编:《中国行政诉讼法讲义》,人民法院出版社1990年版,第215页。
[2] 参见应松年主编:《行政法专题讲座》,东方出版社1992年版,第312页以下。

作为行政救济制度之一的行政赔偿相联系,应当说它和整个行政救济制度都有密切关联,因此,在行政法学中,尤其是在对行政救济制度及其程序问题的研究中,有必要对行政侵权及其与行政救济制度的关系问题进行必要的关注。

行政侵权指的是行使行政职权过程中的侵犯公民、法人或者其他组织合法权益的行为。鉴于我国行政管理实践中行政侵权行为的客观存在,我国学者从20世纪80年代开始对行政侵权行为问题展开了理论研究。我国最早研究行政侵权问题的行政法著作是1988年由罗豪才教授主编的《行政法论》①,该书设专章对行政侵权问题进行专门研究。之后,张尚鹫教授主编的《走出低谷的中国行政法学——中国行政法学研究综述》对行政侵权问题作了归纳性质的研究。② 胡建淼教授在其多部行政法著作中也设专门章节对此问题展开了论述。③ 近年来,有学者出版专著对行政侵权问题进行系统研究。④ 然而,对于行政侵权的表述,学者却有不同观点。

第一种观点在阐述行政侵权时,将其界定为违法的行政行为并与承担行政赔偿责任相关联,如有学者认为,行政侵权是指"行政主体及其行政人不法侵害他人合法权益,为此必须依法承担行政赔偿责任的行政行为"⑤。第二种观点是将行政侵权界定为行政主体及其公务员违反法定义务的行为并应损害赔偿等法律责任的行为,"行政侵权行为是指行政主体及其行政人在行使行政权力时,由于违反法律规定的义务,以作为或不作为的方式,侵害相对人合法权益,依法应当承担损害赔偿等法律责任的行为"⑥。第三种

---

① 参见罗豪才主编:《行政法论》,光明日报出版社1988年版。
② 参见张尚鹫主编:《走出低谷的中国行政法学——中国行政法学研究综述》,中国政法大学出版社1991年版,第603页以下。
③ 参见胡建淼:《行政法教程》,法律出版社1996年版,第274页;胡建淼:《行政法学》,法律出版社1998年版,第506—508页;胡建淼:《行政法学》(第二版),法律出版社2003年版,第451—452页等。
④ 参见王世涛:《行政侵权研究》,中国人民公安大学出版社2005年版。
⑤ 胡建淼:《行政法学》(第二版),法律出版社2003年版,第451页。
⑥ 潘荣伟:《行政违法之七:行政侵权》,载胡建淼主编:《行政违法问题研究》,法律出版社2000年版,第407页。

观点是将行政侵权表述为一种法律责任,认为行政侵权是"国家因行政机关或者工作人员执行职务中违法侵害公民、法人或者其他组织的合法权益而依法承担的赔偿责任"①。第四种观点是在阐述行政侵权内涵时,仅仅描述其客观表现,并不直接在概念中将其与行政赔偿责任相关联,如认为"行政侵权行为,是指行政机关和行政机关工作人员在执行职务中,侵犯公民、法人或者其他组织合法权益的行为",并认为这一概念包括四层含义:第一,行为的主体为行政机关和行政机关工作人员;第二,行政侵权行为是在行使行政管理职权中形成的;第三,从行为的性质看,"侵犯合法权益"就意味着违法性质;第四,行政侵权行为的结果侵犯了公民、法人或者其他组织的合法权益。② 一些观点认为行政侵权是"指国家行政机关及其工作人员作出的职权行为侵犯公民、法人或者其他组织的合法权益的事实"③。第五种观点认为,所谓行政侵权是指行政主体及其工作人员在行使行政职权、履行行政义务过程中,违反法律规定的义务,以作为或不作为的方式侵犯行政相对人的合法权益,依法应当承担法律责任的行为。④ 第六种观点认为,所谓行政侵权,是指行政主体通过公务员实施了违法或不当的行政职权行为,造成了行政相对方"法益"(包括合法或可保护利益)的损害,解决途径是由国家通过行政侵权主体对受害的行政相对方给予法律救济。⑤

根据《走出低谷的中国行政法学——中国行政法学研究综述》进行归纳,笔者认为,行政侵权行为是指国家在实现行政权的过程中所实施的侵犯人民合法权益的行为,具体表现在公务员身上,即公务员在执行职务过程中所实施的侵犯人民合法权益的行为。行政侵权行为作为行政赔偿责任的必要构成要件是学者们所公认的,但在表述上各有不同。行政侵权行为有行政行为、行政违法行为、行政行为违法或不当、致害行为必须是违法行为等

---

① 余凌云:《警察行政权力的规范与救济》,中国人民公安大学出版社2002年版,第230页。
② 参见应松年主编:《行政法专题讲座》,东方出版社1992年版,第312页。
③ 张步洪:《行政侵权归责原则初探》,载《行政法学研究》1999年第1期。
④ 参见毕可志:《论行政救济》,北京大学出版社2005年版,第12页。
⑤ 参见王世涛:《行政侵权研究》,中国人民公安大学出版社2005年版,第32页。

名称。此外,还有学者不直接将行政侵权行为作为要件,而是将"行政侵权行为与损害事实之间有因果关系"作为要件,并在其中阐述行政侵权行为的内容。①

我国有很多学者是从行政赔偿角度研究行政侵权问题的,即把行政侵权行为作为行政赔偿实施的一个重要前提。我国《行政诉讼法》对行政侵权赔偿责任问题作出规定前后以及我国《国家赔偿法》颁布之后,行政侵权问题与行政赔偿责任的关系问题逐渐进入了学者的视野,学术界将行政侵权与行政赔偿责任联系在一起不仅是属于情理之中,而且符合当时制度建设的要求。随着社会的发展,尤其是我国行政法制建设的推进,对行政侵权问题的认识进一步深化。结合学者们对行政侵权概念的认识及笔者的理解和我国行政救济制度的发展,这里试对行政侵权及其与行政救济制度的关系作如下分析和阐述:

第一,行政侵权行为是行政主体的行为。行政侵权行为必须是拥有行政权的行政主体的行为。根据我国行政法学理论,行政主体特指能以自己的名义实施国家行政权(表现为行政管理活动),并对行为的效果承担责任的组织。② 在行政侵权行为中,国家是最终承担侵权责任的主体,而非侵权行为的主体。同时,行政主体的职权行为虽然都是通过公务员或其他公务人员实施,但由于公务员或其他公务人员作为个人,并不具备行政主体的资格,不能构成行政主体,他们仅是代表其所在的行政主体进行行政管理,从事与职务相关的活动,法律后果应由其所属的行政主体承担,因而公务员或其他公务人员不能成为行政侵权的主体。只有拥有行政权的组织,即行政主体才可能实施行政侵权行为,成为行政侵权行为的主体。

第二,行政侵权行为必须是行政主体在行政活动中发生的行为,其范围并不仅仅以行政行为侵权为限,也包括行政事实侵权。行政主体所进行的与其行政权行使有关的活动都是行政活动。德国学者毛雷尔认为:"实质意

---

① 参见张尚鷟主编:《走出低谷的中国行政法学——中国行政法学研究综述》,中国政法大学出版社 1991 年版,第 604 页。

② 参见罗豪才主编:《行政法学》,中国政法大学出版社 1996 年版,第 67 页。

义上的行政是指行政活动,即以执行行政事务为目标的国家活动。"① 根据笔者的理解,这里所谓"以执行行政事务为目标的国家活动",实际上就是指行政主体的行政职权行为。因此从理论上说,所谓行政活动,是在法定的职权范围内行政主体为实现行政目的所实施的具有国家组织管理职能性质的活动,行政活动是行政这一种国家职能在内容方面的具体展开和应用。在行政活动中,行政行为只是其活动方式之一,虽然它是行政活动中最重要的行为方式。然而,行政活动除了行政行为之外,还有其他活动方式。② 如行政主体作出吊销某企业营业执照的行政处罚决定,标志着该企业的经营权利在法律上的消灭,这是行政行为作为行政主体的法律行为的具体效力体现。与以对相对人产生相应法律拘束力为特征的行政行为相对应的,是行政主体实施的不产生相应法律效力的事实行为。如行政主体在吊销了企业的营业执照以后,发现该企业仍在经营,遂动用一定的武力手段阻止其继续经营,在阻止过程中,行政主体的工作人员与企业的员工发生冲突,在冲突中又将企业员工殴打致伤,这种行为就是典型的事实行为侵权。行政事实行为是指行政主体在实施行政管理、履行服务职能过程中作出的不以设定、变更或消灭行政法律关系为目的的行为。③ 有很多学者认为,行政侵权行为必须表现为行政行为。然而,在实践中,行政主体以非行政行为表现出来的行政侵权行为也经常发生。如行政主体的殴打行为或唆使他人的殴打行为,违法使用武器、警械等行为,这些行为表面上看都不属于行政行为,但都是与行使职权相关的行为,或者是在行使职权过程中发生的行为,理应属于行政侵权行为的范畴。这类行为可以说是行政主体在行使行政职权过程中发生的、与行使行政职权相关的行为。因此,行政侵权行为并不一定以行政主体的行政行为为唯一内容,行政主体所实施的与行政管理有关的其他行为,也能构成行政侵权。根据"行政活动受法律支配"的原理,对这类活动

---

① 〔德〕哈特穆特·毛雷尔:《行政法学总论》,高家伟译,法律出版社2000年版,第1页。
② 同上书,具体详见第三编和第四编的内容。
③ 参见闫尔宝:《行政事实行为》,载应松年主编:《当代中国行政法》,中国方正出版社2005年版,第1091页。

所产生的侵权后果,也应当有相应的行政救济制度。我国《国家赔偿法》所规定的行政赔偿的范围中,对事实行为侵权的规定已经明确地说明了这一点。

第三,行政侵权行为不但包括行政违法行为导致的侵权,同时也应当包括行政不当行为所导致的侵权。行政违法行为导致行政侵权,已经得到了很多学者的肯定和认可。但是,在很多情况下,不当的行政活动也会导致行政侵权。有学者认为行政侵权行为必须以"行政违法为前提",①对此,笔者有不同意见。诚然,行政侵权行为主要表现为行政违法行为,但是,不当的行政职权行为也可能导致公民、法人或者其他组织权益在一定程度上的损害。如《行政复议法》规定行政复议的范围既包括违法的行政行为所产生的争议,也包括不当的行政行为所产生的争议。行政不当主要表现为行政主体没有合理地行使行政裁量权。这种没有合理行使行政裁量权的行为,同样可能会对正常的法律秩序造成破坏,从而对公民权利产生损害。"行政自由裁量权的广泛存在及其可能导致的非正义,对法治的理念和制度而言无疑是一种威胁"②。我国《行政处罚法》第4条第2款规定,实施行政处罚必须以事实为依据,与违法行为的事实、性质、情节以及社会危害程度相当。这一规定确立了我国行政处罚中的"过罚相当"原则。但是,如果行政主体在实施行政处罚过程中,违背这一原则,就可能使相对人的权益受到一定的损害。譬如,根据《中华人民共和国治安管理处罚法》(以下简称《治安管理处罚法》)第69条规定,组织播放淫秽音像的,处10日以上15日以下拘留,并处500元以上1000元以下罚款,若作出行政处罚决定的公安机关为省却麻烦而不加区分地对所有组织播放淫秽音像的违法行为人一律处以15日拘留,并处1000元罚款,即属于怠于行使裁量权的行为,而这种怠于行使裁量权的行为必然会对未达到该处罚标准的相对人的权益产生不利影响,实际上损害了相对人理应得到区别对待的权利。笔者认为,正当、合理地行使

---

① 参见胡建淼:《行政法学》(第二版),法律出版社2003年版,第452页。
② 王锡锌:《自由裁量与行政正义——阅读戴维斯〈自由裁量与行政正义〉》,载《中外法学》2002年第1期。

行政裁量权,同样是行政主体的一项法定义务,如不履行该法定义务,也会产生行政侵权的后果。我国《行政复议法》第1条规定的"为了防止和纠正违法的或者不当的具体行政行为,保护公民、法人和其他组织的合法权益,保障和监督行政机关依法行使职权"的立法宗旨和第2条关于"公民、法人或者其他组织认为具体行政行为侵犯其合法权益,向行政机关提出行政复议申请,行政机关受理行政复议申请、作出复议决定,适用本法"的规定,以及我国《行政诉讼法》关于对"显失公正的行政处罚"可以"适用变更"判决的规定,就明确了行政侵权行为必然包括行政不当行为。因此,不仅行政违法行为会导致行政侵权,行政不当行为同样可能导致行政侵权,这已经被实践和相关制度所证明。

第四,关于行政侵权与行政救济的关系问题。很多学者在论述行政侵权时,都将其与一定的责任相关联,也有学者认为行政侵权本身就表现为一种法律责任形式。笔者认为,对于行政侵权行为,可以从两个互相递进的角度加以考察:一是从行政侵权的客观状态观察。从行政侵权行为的本意来说,它是一种侵害行政相对人合法权益的行为的客观存在,它最原始的表现形态应当是一种行为过程或者说是一种事实状态。这种事实状态在人类社会中长期存在。譬如,在古代社会普遍存在着行政侵权,却无相应的行政救济制度,即没有通过行政救济活动的展开追究侵权者相关法律责任的制度存在,所以,无论是行政救济制度或者追究行政侵权的法律责任制度存在与否,行政侵权都作为一种事实客观地存在着,因而从事实状态的角度对行政侵权进行研究是必要的。虽然有学者认为,对行政侵权的客观状况的描述,并未挖掘出行政侵权的精髓,显得较为苍白,[①]但笔者认为对行政侵权的客观事实描述还是有一定意义的,因为人们对任何社会现象的认识总是递进发展的。行政侵权作为一种社会现象,必然产生于对其制约和控制的相关法律制度之前。当我们设计某一个法律制度之前,应当首先对促使该法律制度产生的客观需求作出正确的分析和归纳。当然,从法治的层面来说,行

---

① 参见王世涛:《行政侵权研究》,中国人民公安大学出版社2005年版,第30页。

政侵权行为是应当承担法律责任的行为,这是一种应然状态,实际有无承担法律责任,并不影响其行为的认定。混淆了应然与实然,就等于否认了行政赔偿产生以前行政侵权是广泛存在的。① 通过对行政侵权的客观表述,明确它是行政主体在行使行政职权过程中侵犯公民、法人或者其他组织合法权益的行为,可以为进一步认识行政救济制度及其法律责任制度提供前提和基础。二是从行政侵权与行政救济以及相关法律责任制度之间关系的角度考察。行政侵权行为的客观存在以及由此给公民、法人或者其他组织合法权益所造成的实际损害,引发出将行政救济制度及相关法律责任制度与行政侵权行为进行制度"链接"的必要性,因为,任何法律制度都是社会需求的反映,都是为调整特定的社会关系服务的。尤其是在民主政治的背景之下,对行政主体行使公共权力的过程,更需要包括行政救济制度在内的法律制度的控制。"权力毕竟具有强制性质。行政机关所从事的活动可能对公民或其他组织的利益造成一定的损害,引来行政上的纠纷。由此也就引出了对行政权力进行法律调整的必要性"②。正确认识行政侵权的行为过程或事实状态,是建立行政救济制度的前提,也是对行政侵权作进一步深化认识的基础。在现代法治社会,关于行政侵权的存在都是与一定的行政救济相联系的,最终与通过行政救济程序的推进所产生的法律责任相联系。然而,行政侵权是否仅仅是与行政赔偿救济及行政赔偿责任联系在一起,值得探究。很多学者认为,行政侵权是一种必须承担行政赔偿责任的行为。但是,行政侵权是否仅仅与行政赔偿相联系,而不和其他救济形式或责任制度相联系? 答案应该是否定的。在法律制度上,行政侵权的救济形式有行政复议、行政诉讼、行政赔偿、信访等多种渠道,由此而产生的行政主体法律责任也有多种形式。例如,根据我国《行政诉讼法》规定,行政主体的行政行为主要证据不足,适用法律、法规错误,违反法定程序,超越职权和滥用职权的,应当承担行政行为被撤销的法律责任;行政主体该依法作为而不作为的,应

---

① 参见潘荣伟:《行政违法之七:行政侵权》,载胡建淼主编:《行政违法问题研究》,法律出版社 2000 年版,第 408 页。

② 王连昌主编:《行政法学》,中国政法大学出版社 1994 年版,第 9 页。

当承担限期履行法定职责的法律责任;行政主体所作出的行政处罚显失公正的,应当承担被依法变更的法律责任等。我国《行政复议法》也对违法或不当的行政侵权行为规定了多种责任形式。当然,如果行政职权行为被确认为违法,而且又符合《国家赔偿法》的规定,行政主体理应承担相应的赔偿责任,同时《国家赔偿法》所规定的责任,除了赔偿责任外,还包括消除影响、恢复名誉、赔礼道歉等方式,所以,与行政侵权行为有关的行政救济途径,并非只有行政赔偿一种;同样,行政侵权行为所产生的法律责任,也不仅仅是行政赔偿责任。

综合以上分析,笔者认为,所谓行政侵权,是指行政主体在行政活动中,因其行政职权行为或者与行使行政职权相关的行为违法或者不当,侵犯了公民、法人或者其他组织的合法权益,依法应当通过行政救济的途径而承担法律责任的行为。

同时,还应当指出的是,在行政救济程序中,对行政侵权行为存在的争议是贯穿于整个程序进行之中的。在行政救济的启动程序中,由于遵循"不告不理"的原则,公民、法人或者其他组织对行政主体行政侵权行为所提出的救济申请,在很多情况下仅仅是申请者主观上认为行政职权行为侵犯了其合法权益,在这种情况下,行政侵权行为的存在,还仅仅是申请者的一种主观认识,处于一种"或然性"的状态,尚未得到法律的确认。当然,行政职权行为已经被确认为违法的行政赔偿案件除外。而最后通过行政救济的方式,由国家有权机关依法对行政主体作出承担法律责任的决定,则表明行政侵权行为的实际存在已经得到依法确认,通过行政救济的方式追究行政主体的法律责任已经成为一种必然的结果,这也是我们在认识行政侵权与行政救济之间的关系时所必须明确的。

(三) 关于作为行政救济产生前提的行政争议

所谓行政争议,或称为行政纠纷,是行政主体在行政管理活动中,由于行政职权的行使而与公民、法人或者其他组织之间发生的有关行政权利和义务的争议。

在一个社会中,存在着行政、民事等多种争议,作为由于行政主体因行政职权的行使与公民、法人或者其他组织之间产生的行政争议,具有一定的特殊性。有学者认为,行政争议"具体表现为行政相对人对行政主体依据行政职权作出的具体行政行为不服或持有异议,在行政主体和行政相对人之间呈现的一种对抗状态"①,行政争议的特征表现为:一是在争议的主体构成上,一方是行政主体,另一方是行政相对人;二是争议发生的前提是由于行政主体行使行政职权作出了具体行政行为,行政相对人认为具体行政行为侵害了其合法权益,对该行为的合法性和适当性产生怀疑,从而引起行政争议;三是争议的焦点是行政主体的具体行政行为是否合法和适当。② 也有学者从公法争议与私法争议相区别的角度认识行政争议,认为"行政争议是行使行政权力的主体在行使公权力过程中与相对人(公民、法人和其他组织之间)之间发生的、依据公法可以解决的争议"③,同时,判断某一争议是否为行政争议,应当把握主体、公权力、权利义务的特殊性等多种因素。第一,主体因素。行政争议双方当事人中,必有一方是行政权力的行使者,另一方则是作为行政相对人的公民、法人或者其他组织。第二,公权力因素。凡国家或公共团体除去私经济作用之外的一切作用均为公权力行为,公权力行政即公共行政,可以分为政府的公共行政和社会的公共行政,政府的公共行政是指由国家的代表——政府根据法律规定所实施的对社会事务的管理,这是一种典型的权力行政,行政机关处于优越于人民的地位;社会公共行政则是指社会公共组织对一定领域内的社会公共事务进行的管理,社会公共组织与相对人之间存在着与权力行政不同的法律关系,很多情况下是服务提供关系。凡是行政权力的行使者运用公权力的行为而导致与相对人发生争议,即应当属于行政争议。第三,法律依据。如果争议的发生原因是行政权力行使者的公法适用行为,则应当认定为行政争议。公法是公权力主体或其机关所执行之职务法规,赋予权利或课以义务的对象仅限于行政主体

---

① 刘恒:《行政救济制度研究》,法律出版社1998年版,第1页。
② 同上书,第5页。
③ 马怀德主编:《行政诉讼原理》,法律出版社2003年版,第13页。

或国家机关;而对任何人皆可适用,均产生权利义务之可能者为私法。第四,权利义务的特殊性。依行政法而成立的法律关系为行政法律关系,它的内容是各种行政法律关系主体之间的权利义务,与作为私法关系内容的私法权利义务有很大的不同,根本原因就在于行政权力的行使者与人民在法律秩序中的不对等地位。基于依法行政原则的要求,无论行政权力的行使者或公民,法律关系的内容形成自由度远不及私法法律关系中的当事人,所以,在行政争议中作为行政法律关系的公民一方与行政主体一方各自的权利义务,相应地呈现出与民事争议双方当事人权利义务关系不同的特殊性。第五,公共利益。一般而言,在现代国家公益系以维持和谐的社会秩序,保障个人的尊严、财产、自由及权利,提供文化发展的有利条件等为其内容。行政主体的行政活动须以公益为目的。若背离了公共利益而掺入一些不正当的考虑,则该主体的行政活动将丧失正当性。在上述多种因素中,最主要的因素实际上是行政权力行使者的行为所依据的法律法规的内容,"因为它在一般情况下会决定某一行为主体是否为行政主体,其所作出的行为是否为公权力的行使"①。

在上述几种论述中,将行政争议界定为因行政主体作出具体行政行为而产生的争议,未免过于狭窄。诚然,从我国《行政诉讼法》、《行政复议法》规定看,行政诉讼和行政复议主要解决有关具体行政行为所产生的行政争议,这是由这类制度所规定的受案范围所决定的。但是,正像我们在前面所分析的行政侵权行为一样,行政争议并不完全表现为因具体行政行为所产生的争议,实际上它所包含的内容要广泛得多,其中既包括因行政主体作出具体行政行为而产生的争议,包括因行政主体作出抽象行政行为而产生的争议,还应当包括因行政主体实施的行政行为之外的其他行政职权行为导致公民、法人或者其他组织的不服或异议而产生的行政争议。从行政救济制度的整个内容来说,它所解决的行政争议并不完全局限于由于具体行政

---

① 马怀德主编:《行政诉讼原理》,法律出版社2003年版,第13—19页。

行为而产生的争议,或者说还将包括其他争议。① 认为行政争议是行政主体"在行使公权力过程中与相对人(公民、法人和其他组织之间)之间发生的、依据公法可以解决的争议"的看法,明确了从公共行政主体、公权力、行政法上的权利义务的特殊性、适用的法律依据以及公共利益等多种因素角度来认识行政争议,这样相对比较全面和科学。

笔者认为,行政争议实际上反映了公民与行使行政权力者的行政主体之间的争议。在我国,行政主体是一个具有特定涵义的概念,它"特指能以自己的名义实施国家行政权(表现为行政管理活动),并对行为的效果承担责任的组织"②。这一概念的成立,就是从行使行政权力的特殊角度考虑的。它之所以被称为行政主体,就是因为它在一定的行政法律关系中是行使行政职权的一方,同时行政职权的行使必须依据法律,必须以维护公共利益为其根本的出发点。从本质上说,行政争议反映的是公民权利与作为公权力的行政权力之间的争议,是被管理者与管理者基于行政管理而产生的争议,即是行政主体的行政职权行为是否侵犯公民权利的争议。而行政救济制度就是以解决这种争议为己任的一种法律制度,所以,研究行政救济,尤其是研究行政救济程序制度,必须认识行政争议,因为行政救济程序就是依法解决行政争议的程序。只有通过法定的程序,行政争议才能得到合法、公正的解决。这已经为世界各国和我国改革开放以来的法治实践所证明。

二、行政救济程序的意义

行政救济活动是一种权力性活动,实施行政救济的国家机关必须保障

---

① 在关于我国《行政诉讼法》修改的观点中,有很多学者已经提出将抽象行政行为纳入行政诉讼的受案范围。这说明因抽象行政行为所产生的行政争议已经是一种客观存在。参见马怀德主编:《司法改革与行政诉讼制度的完善》,中国政法大学出版社2004年版,第120页以下。
② 罗豪才主编:《行政法学》,中国政法大学出版社1996年版,第67页。

公民、法人或者其他组织获得救济的权利,同时更为重要的是,应当保障申请人救济权利的切实实现。可以说,所有这一切目标的推进和最终救济结果的产生,必须依赖于公正合理的行政救济程序。有学者指出,面向我国当代社会行政领域的多元纠纷解决机制,我们一个基本的主张就是要清理并论证各种纠纷解决机制的法律属性、基本步骤与主要技术,而程序问题则是所有纠纷解决机制的核心。理由在于:第一,当代社会纠纷形态和纠纷解决机制呈现出多元化状况,但基本的逻辑都必须是运用法律和理性在一定的制度内运行,而最重要就是要设计出一定的方式、步骤和过程来保证一个合理和公平的解决结果,即我们关注纠纷的圆满和理性解决,其中最关键的是关注纠纷的解决过程是否符合理性和法律要求。第二,从对纠纷解决机关的权力约束来说,由于纠纷解决机关的活动实质是对利益进行再分配,因此,我们必须保证这个能够分配社会利益的权力运作不违背基本的正义,只有对其规定严格的程序才能够实现这一目标。[①] 所以,产生于近现代民主政治背景下的行政救济制度及其所包含的行政救济程序制度,其存在的意义就在于解决行政争议,保证宪法所规定的保障人权原则的实现,促进行政主体的依法行政,从而达到建立政府与民众之间和谐关系的目的。

(一) 行政救济程序的内涵

行政救济必须通过程序才能进行,行政救济的结果也必须经过法定的程序才能最终得出。也就是说,公民、法人或者其他组织申请行政救济必须依照法定程序,有关国家机关实施行政救济同样必须依照法定程序进行,因而行政救济程序是行政救济制度的中心问题。

从现代汉语的语义上解释,"程序"是指"事情进行的先后次序",[②]它主要体现为一种过程,一般是指某个行为从开始到终结的过程。构成这一程序过程的不外是行为步骤和行为方式,以及实现这些步骤和方式的时间和

[①] 参见张树义主编:《纠纷的行政解决机制研究》,中国政法大学出版社 2006 年版,第 85 页。
[②] 参见中国社会科学院语言研究所词典编辑室编:《现代汉语词典》(2002 年增补本),商务印书馆 2002 年版,第 163 页。

顺序。① 而从法律学的角度看，"程序"一词有专门的含义，与"实体"相对称，所谓法律程序一般应指按照一定的顺序、方式和手续来作出决定的相互关系，普遍形态是按照某种标准和条件整理争论点，听取各方意见，使当事人在可以理解或认可的情况下作出决定。② 制作法律决定的程序一般由法律专门规定，因此，这种程序又被称为法律程序。"法律程序是规定法律主体行使权利（权力），承担义务（职责）时所应当遵循的方法、步骤和时限等所构成的一个连续过程。"③ 一般认为，现代法律程序包括立法程序、行政程序、诉讼程序、选举程序，以及私人之间订立契约等私法活动程序。它们作为权利义务实现的手段而存在且具有法定性和法律强制力，因此，基本上都有程序法明文规定。

  法律上的程序是一种制度，"程序法"便是各种程序法律制度的总称。程序法律制度的涵义在我国经历了一个认识过程。在法制建设刚刚起步阶段，我们曾经将"程序法"仅仅理解为"诉讼法"，如认为"程序法，为保证实体法所规定的权利义务关系的实现而制定的诉讼程序的法律。如民事诉讼法、刑事诉讼法等"④，"凡规定实现实体法有关诉讼手续的法律为程序法，又称诉讼法，如民事诉讼法、刑事诉讼法等"⑤。然而，随着社会的发展和法制建设的逐渐推进，尤其是法律程序在社会生活中的作用日渐突出，我们原有的程序法理念发生了根本性变化，不再拘泥于程序法就是诉讼法的观念，而是以一种更为宽广的眼光来看待法律程序。诉讼法是程序法固然不错，但除了诉讼法外，程序法还包括行政程序等各种有关程序的法律制度。尤其是近十年来，行政程序制度在行政法中地位和作用日益凸显，已经成为行政法制中极其重要的内容，依法行政必须依法定程序行政的观念已经被牢固树立，不但有关行政程序法方面的学术研究呈蓬勃发展之势，行政法律、

---

① 参见金国坤：《行政程序法论》，中国检察出版社2002年版，第1页。
② 参见季卫东：《比较程序论》，载《比较法研究》1993年第1期。
③ 章剑生：《行政程序法基本理论》，法律出版社2003年版，第21页。
④ 《法学词典》编辑委员会编：《法学词典》，上海辞书出版社1984年版，第914页。
⑤ 《中国大百科全书·法学》，中国大百科全书出版社1984年版，第80页。

法规以及规章中的程序性规定日益增多,统一行政程序法的立法也已经被列入立法议程。源于西方法治国家的现代行政程序制度,在我国已经得到了空前的重视,因为,通过法定的程序制度来监督和约束行政权力、保障行政相对人的合法权益已经成为社会的一种普遍共识,"程序不是次要的事情。随着政府权力持续、不断地急剧增长,只有依靠程序公正,权力才可能变得让人容忍"[1]。

行政救济作为行政法中的重要制度,程序制度当然是其中的主要内容。无论是行政复议制度、行政诉讼制度、行政赔偿制度还是信访制度,其中的程序性规定都贯穿始终,因为合理而公正的程序是行政救济功能得以实现的唯一途径。可以说,行政救济法律制度主要就是行政救济的程序法律制度。

对于行政救济程序的涵义,有学者认为,行政救济程序是指"行政机关的行政行为侵害相对方合法权益,相对方请求救济及行政救济主体实施救济的方式、方法、步骤以及时间延续性的总和"[2]。也有学者认为,行政救济程序应当被界定为"行政机关和司法机关对行政行为侵犯公民权利所造成的权利缺损所实施的救济的方式、方法、步骤以及时间延续性的总和"[3]。然而,在我国,除了少数学者外,却很少有人在论著中专门对行政救济程序作出界定。有很多著作在涉及行政救济程序时,往往只是提出和阐述行政救济的基本涵义,而着重阐述行政救济体系中的具体程序时,一般是在阐述行政救济的具体制度中展开其具体的程序规定,如行政诉讼程序、行政复议程序、行政赔偿程序等。实际上这一状况也表明,行政救济制度的主要内容就是行政救济的程序制度,厘清了行政救济制度的内涵,客观上也就对行政救济程序有了比较准确的认识。但是,本书作为专门以行政救济程序为主要内容的研究,有必要确定行政救济程序的涵义。

笔者认为,在认识行政救济程序的基本涵义时,要考虑以下因素:第一,

---

[1] 〔英〕威廉·韦德:《行政法》,徐炳等译,中国大百科全书出版社1997年版,第93页。
[2] 皮纯协主编:《行政程序法比较研究》,中国人民公安大学出版社2000年版,第453页。
[3] 周小梅:《我国行政救济程序存在的问题及完善思路》,载《人大研究》2003年第6期。

行政救济的范围。"行政救济有广义和狭义之分。广义的行政救济既包括行政机关系统内部的救济,也包括司法机关、立法机关对相对人的救济等外部救济机制。狭义的行政救济仅指行政系统内部的救济,是指相对人对行政行为表示不服,向作出该行为的原行政机关或者其上级行政机关或者法定的其他行政机关提出申请,要求撤销或变更违法、不当的行政行为,受理机关对该行政行为的合法性、合理性进行审查并作出相应的决定"[①]。以行政程序为主要内容的研究主要关注狭义的行政救济程序,即行政系统内部所进行的救济程序,这类救济程序实际上就是行政复议程序。从行政程序的角度而言,这种认识无疑是正确的。我国一些学者在有关行政程序的专著中着重研究行政复议程序,是与其研究宗旨相一致的。[②] 而根据本书的观点,笔者所研究的行政救济是"指一定的公民、组织认为行政主体在行政活动中,由于违法或者不当行使行政职权,侵犯其合法权益或者正当利益,而向法定的国家机关提出申请,由该国家机关依照法定程序,对行政主体在行政活动中的行政职权行为进行审查,从而消除行政职权违法或不当所造成的侵害,对受损害的公民、组织依法实施法律补救的各种制度的总称"。而且根据目前我国所存在的救济法律制度,行政救济的范围应当包括行政复议、行政诉讼、行政赔偿、行政补偿以及行政性信访等制度,其中既有关于行政系统内部的救济,也有关于司法机关所实施的救济,所以,行政救济程序应当是行政机关救济程序和司法机关救济程序的总和。第二,行政救济的程序应当由作为救济申请人的公民、法人或者其他组织启动,由受理救济申请的国家机关(行政机关、司法机关)经过审查以后作出相关决定。行政救济程序不仅仅是国家机关实施救济的程序,申请人申请行政救济的程序理应也是行政救济程序的内容之一。第三,行政救济程序不仅仅是对行政主体的行政行为导致对公民、法人或者其他组织权益侵害而实施救济的程序,

---

[①] 姜明安主编:《行政程序研究》,北京大学出版社2006年版,第345页。
[②] 参见上书,第345页以下。另可参见杨海坤、黄学贤:《中国行政程序法典化——从比较法角度研究》,法律出版社1999年版,第388页以下;章剑生:《行政程序法比较研究》,杭州大学出版社1997年版,第360页以下。

也应当包括对行政主体违法或者不当的行政行为之外的其他行政侵权行为所导致相关人权益损害的救济程序,如我国国家赔偿制度中有关行政赔偿程序的规定等。

笔者认为,所谓行政救济程序,是公民、法人或者其他组织认为行政主体的行政职权行为侵犯其合法权益而申请行政救济,有关国家机关依法实施行政救济的方式、步骤、顺序及时限的总称。它的内容从总体上可以分为申请人申请行政救济的程序制度和国家机关受理申请后实施行政救济的程序制度。行政救济程序是法律程序的重要组成部分,它伴随着我国行政救济制度而产生,是我国法律程序制度中具有独特内容的程序制度。

行政救济程序是一种特殊的程序制度,它与行政程序、司法程序之间既有联系,又有一定的区别。关于行政救济程序与行政程序之间的关系,一般来说,"行政程序主要关注的是行政活动过程中的程序规则,它以行政权的行使过程为调整对象,在性质上属于防火机制,可以防患于未然"①。当然,在行政程序之中,可以包括一定范围的行政救济程序,这主要是就行政救济中的行政机关救济而言的,因为行政机关所实施的救济活动,仍属于行政权的行使过程。虽然它相对于在救济程序中被审查的行为而言,属于事后的一种程序,但从行政机关救济的性质来说,它仍然是一种行政过程。从这一角度来说,行政机关实施救济的程序是行政程序中的组成部分,所以,对于由行政机关所实施的行政救济制度,有的国家和地区在《行政程序法》中有所体现,如瑞士、西班牙、奥地利、葡萄牙和我国澳门地区等,《行政程序法》中都专章规定了行政救济程序,其中意大利《行政程序法草案》与我国澳门地区《行政程序法》的规定非常相似。有的国家和地区则适用专门的法律,如日本适用1962年制定的《行政不服审查法》,我国台湾地区也适用专门的诉愿法。② 而行政救济中的司法救济程序,则明显属于司法程序,而非行政程序,因为,司法审查属于事后救济,不能涉足行政权力运行过程。"从性质

---

① 王万华:《中国行政程序法立法研究》,中国法制出版社2005年版,第7页。
② 参见应松年主编:《比较行政程序法》,中国法制出版社1999年版,第348页。

上说,司法审查属于灭火机制,当案件进入司法程序时,火已经烧起来了,损害总是已经发生了"[1]。1976年美国《联邦行政程序法》虽然对司法审查程序作了规定,但该程序从性质上应当属于司法救济程序,而非行政程序。行政程序既包括行政活动过程中的程序,也包括行政活动发生以后依行政权实施救济的程序,而行政救济程序则既包括行政机关的救济程序,也包括行政活动发生之后由司法机关所进行的救济程序。在很多情况下,行政机关的救济程序是司法救济程序的前提。

笔者认为,行政救济程序具有如下特征:

第一,行政救济程序的法定性。它是指用于规范行政救济活动的程序一般应通过预设的立法程序使其法律化。行政救济是一种法律制度,行政救济制度中的程序制度同样是法律制度中的组成部分,是法律程序的重要内容之一。以法律的形式规定行政救济程序,是行政救济的方式、顺序、步骤、时限等方面内容制度化、规则化以及具有法定强制性的重要体现。我国《行政诉讼法》、《行政复议法》、《国家赔偿法》以及其他相关司法解释和规定对行政救济程序所进行的具体规定,就是行政救济程序法定性的明确表现。

第二,行政救济程序的多样性。它是指因行政救济方式或途径的不同而使行政救济程序呈现出多样化特征,并有调整不同行政救济关系的格局。其中既有依行政程序所实施的,以调整行政复议关系、行政信访关系为内容的行政救济程序,也有依司法程序所实施的、以调整行政诉讼关系为内容的行政救济程序。根据相关法律规定,当事人对采用何种救济程序进行权利救济有一定的选择权利。如我国《行政诉讼法》第37条第1款规定:"对属于人民法院受案范围内的行政案件,公民、法人或者其他组织可以先向上一级行政机关或者法律、法规规定的行政机关申请复议,对复议不服的,再向人民法院提起诉讼;也可以直接向人民法院提起诉讼。"

第三,行政救济程序的分散性和多层级性。它是指由于国家通过多种

---

[1] 王万华:《中国行政程序法立法研究》,中国法制出版社2005年版,第5页。

法律形式规定行政救济程序,从而使行政救济程序分散于各种不同的法律文件中。法律中所规定的行政救济程序,如《行政复议法》的行政复议程序、《行政诉讼法》的行政诉讼程序、《国家赔偿法》的行政赔偿程序;行政法规中所规定的行政救济程序,如《信访条例》的信访程序;司法解释中所规定的行政救济程序,如《最高人民法院关于执行〈中华人民共和国行政诉讼法〉若干问题的解释》(以下简称《行政诉讼法解释》)中关于行政诉讼程序的具体规定,《最高人民法院关于行政诉讼证据若干问题的规定》(以下简称《行政诉讼证据规定》)对举证和质证的程序规则、认定证据的程序规则等问题所作的具体规定,以及有关国家赔偿的司法解释中行政赔偿程序的具体规则等。此外,还有各地区、各部门以行政规章等形式发布的有关行政复议程序的相关规定,如公安部发布的《公安机关办理行政复议案件程序规定》、国家民航总局发布的《民航总局行政复议办法》、民政部发布的《民政信访工作办法》、江苏省南京市人民政府发布的《南京市行政复议听证程序规则》等。由于行政救济程序规定的分散性,各种行政救济的程序法律规范在效力等级上呈现多层级性,这种多层级性的行政救济程序制度的内容应当统一于法律的基本规定。

第四,行政救济程序启动的被动性。行政救济只能依申请而进行,应当由认为行政主体的行政职权行为侵犯自己合法权益的公民、法人或者其他组织向依法拥有行政救济权的国家机关(行政机关、司法机关)提起申请。只有在申请人提起申请后,行政救济程序才能启动。由行政救济的功能所决定,行政救济的请求权只能由公民、法人或者其他组织行使,申请人是行政救济程序的启动者。行政救济机关只有在申请人提出救济的申请后,才能正式展开救济活动。

第五,行政机关救济程序与司法机关救济程序的衔接性。行政机关的救济程序与司法机关的救济程序虽然分别属于行政程序和司法程序,但两者之间具有一定的衔接性。有些国家和地区遵循"穷尽行政救济原则",即必须使用所有的行政机关救济的途径之后,才能向法院提起司法救济,行政机关救济是司法救济之前的必经程序。在我国,除法律、法规有特殊规定行政机关救济是司法救济的必经程序以及行政机关救济为最终裁决外,一般在经过行政机关救济之后,可以向人民法院提起行政诉讼,由法院对行政救济案件进行最后裁判,所以,行政机关救济程序与司法机关救济程序两者之间具有程序上的衔接性。

(二) 行政救济程序的功能

任何法律制度都有其特殊的功能,行政救济程序当然也不例外。这既是行政救济程序区别于其他程序制度的根本所在,也是由行政救济制度的特殊功能、价值所决定的。

关于行政救济程序的功能,学者们已经有很多论述。然而,一般法律程序的功能,并不能直接被认为是行政救济程序的功能。行政救济程序的功能,是与行政救济制度本身的价值和目的联系在一起的。有学者认为,从各国实行行政救济制度的综合情况看,行政救济制度的基本功能主要表现为"通过行政救济制度去维护国家政权,保护公民、法人和其他组织的合法权益,维护社会秩序,消除社会发展中的不安定因素",具体表现为保护相对人的合法权益,保证宪法的实施;监督行政主体依法行使行政职权,保证行政权力的实现;调整公私利益,实现社会公正,维护社会稳定。[①] 也有学者认为,行政救济的功能有三个方面:一是保护功能,即保护行政相对人合法权益的功能;二是监控功能,即监督行政机关依法行政的功能;三是平衡功能,即平衡和协调行政权力与公民权利的功能。[②] 还有学者认为,行政救济的功能,是指国家设立行政救济这种制度所希望起到的社会作用。由于受到社会政治、经济、文化和风俗等具体国情的影响,各国设立行政救济制度的原因不尽相同,而且期望它所发挥的功能也不尽相同。但一种制度一旦建立,它在社会上所发挥的功能也具有了一定的客观性,相同的制度必然会发挥相同或相似的功能。综观行政救济的发展过程,它主要发挥了以下功能:一

---

① 参见毕可志:《论行政救济》,北京大学出版社 2005 年版,第 36—40 页。
② 参见刘恒:《行政救济制度研究》,法律出版社 1998 年版,第 39—49 页。

是排除不法侵害,恢复和弥补受损的合法权益;二是监督、制约行政行为的行使,促进和保护行政权力的实现;三是调整公私利益,实现社会公正,维护社会安定;四是弘扬民主法治、推动社会发展。① 对行政救济整个制度的功能而言,上述论述都有一定的道理。然而,如果仅仅从行政救济程序的角度而言,则应当体现出在行政救济活动中程序的特殊功能。

"法的功能,泛指法对个人以及社会发生影响的体现。"②行政救济程序作为确认行政职权行为是否侵权和侵权以后如何对公民权益进行补救,并因此而解决行政争议的程序法律制度,它的功能在于保证有关行政救济的法律规范的实施,从而通过程序规则起到保障公民权利、体现社会正义的作用。为此,笔者认为,行政救济程序的功能主要是实现宪法的维权功能、保证行政救济目的的实现功能、体现程序正义性和促进社会和谐功能等。

1. 行政救济程序功能之一:实现宪法的维权功能

实现宪法的维权功能,是行政救济程序的首要功能。各国宪法中都明确规定了公民的基本权利。但是,宪法所规定的公民基本权利,必须通过具体的法律制度加以实现,尤其是必须通过一定的程序制度加以实现。我国《宪法》在第二章中规定了公民的平等权、政治权利、宗教信仰自由的权利、人身自由的权利、社会经济权利、文化教育权利、对国家机关的监督权和损害赔偿请求权等基本权利,尤其是《宪法》第 41 条特别明确规定,中华人民共和国公民,"对于任何国家机关和国家工作人员的违法失职行为,有向有关国家机关提出申诉、控告或者检举的权利","由于国家机关和国家工作人员侵犯公民权利而受到损失的人,有依照法律规定取得赔偿的权利"。同时,2004 年经修正后的《宪法》第 10 条第 3 款规定:"国家为了公共利益的需要,可以依照法律规定对土地实行征收或者征用并给予补偿",第 13 条第 3 款规定:"国家为了公共利益的需要,可以依照法律规定对公民的私有财

---

① 参见杨建顺、李元起主编:《行政法与行政诉讼法教学参考书》,中国人民大学出版社 2003 年版,第 468 页。

② 沈宗灵主编:《法理学》,北京大学出版社 2003 年版,第 82 页。

产实行征收或者征用并给予补偿",从而确立了公民在土地或私有财产被征收或者征用后获得国家补偿的宪法依据。但是,公民基本权利的实现,尤其是基本权利受损害之后的监督权和请求赔偿权的实现,都必须依赖于一定的具体制度与程序。权利是权利主体依照法定形式实现其意志的行为,权利主体享有权利并实现权利具有目的性,即实现一定的利益。利益虽不是权利的本质,但利益的追求是权利主体的内在动机,权利和利益有着密不可分的联系。从一般意义上说,权利主体的活动可能给主体带来不同形式的利益,实现主体的意志。从权利的法定性要求看,主体实现其意志的方式并不是自由选择的,它遵循法律规定的具体形式。主体意志的自由性与选择方式的法定性是相统一的,它是权利法定性的内在要求。权利作为一种行为,可以采取作为和不作为两种行为模式。一方面,权利主体依照法律规定作或不作某种行为以获得某种利益;另一方面,权利主体要求其他公民或者国家机关、社会团体、企事业组织作或不作某种行为,使主体的利益得到满足。① 而行政救济程序,就是权利主体实现利益、维护宪法所确立的基本权利的法定方式之一。

我国《行政复议法》、《行政诉讼法》、《国家赔偿法》都在其第 1 条明确表明了其立法的依据是《宪法》。在行政救济过程中,公民可能或者已经受到损害的基本权利得到弥补,必须依赖于行政救济程序的逐步推进。行政救济申请权利的行使来源于《宪法》规定,行政救济的具体实施必须来源于《宪法》有关规定,依照行政救济程序所得到的行政救济结果同样应当符合宪法对公民基本权利保障的规定。同时,行政救济程序也是一种对行政权实施监督的程序,通过行政监督程序实施监督的过程,同样是公民对国家机关进行监督的权利在行政救济领域的具体化。

在具体实践中,通过行政救济程序维护自身的合法权利,已经越来越成为当今我国很多公民的选择,这表明相对人对通过行政救济程序解决行政争议的意识逐渐增强。下面的一篇报道反映了相关问题:

---

① 参见胡锦光、韩大元:《中国宪法》,法律出版社 2004 年版,第 172 页。

记者从国家税务总局获悉,据税务总局近日对1994年新税制实施以来全国发生的税务行政复议及应诉案件进行的调查显示,2000年以后6年间的税务行政案件总数是此前7年的2倍还多。有关负责人表示,税务行政案件数总体上升说明纳税人的维权意识正不断增强,并已比较习惯利用法律途径获得救济。

调查显示,大多数税务行政案件由个人和私营企业提起。有关负责人表示,私人经济主体维护自己经济利益的意识更加强烈,个人利益驱动使他们更有勇气运用法律武器防止行政权对私人财产权的侵犯。

调查中,征税和处罚则是引发税务争议最多的问题。有关负责人认为,这一方面反映纳税人对税务部门执法行为反响最大的是直接涉及其经济利益的行为,另一方面也反映出税务机关的具体执法行为和某些税收政策仍存在一定问题。

他分析说,税务行政案件数量增多的主要原因,是行政复议法1999年颁布以后,复议范围和条件放宽了,申请渠道也进一步疏通,加之纳税人的维权意识不断增强,已较习惯于通过法律途径获得救济。这也说明了纳税人对税务机关自我纠正问题的信任度提高,愿意通过复议渠道解决争议。

据税务总局统计,1994年至2006年,税务总局共办理行政复议案件88件,其中78件是2000年以后办理的。复议决定维持的约占55%,复议决定撤销或者责令省级税务机关撤销的约占45%。

税务行政诉讼方面,1994年至2006年,税务总局共办理了10件行政应诉案件,其中9件经过了二审。除1994年1件外,其他9件全在2000年以后发生。所有案件的一审、二审,法院均判决国家税务总局胜诉。2006年还办理了1件申请国务院复议裁决案,国务院终止了复议。

此外,1994年至2005年,全国地方各级税务机关还发生了1399件税务行政诉讼案,其中77%发生在2000年以后,税务机关胜诉与败诉的比例约为55:45。在税收规范性文件附带审查方面,2000年以来,税务总局办理了近40件纳税人申请复议审查税收规范性文件案,并经审查对其中1/3的文件进行了修改完善。①

征税与税务行政处罚一般都涉及关于财产权的争议,而财产权又是《宪法》所规定的公民基本权利之一。以上一则简单的新闻报道,虽然仅仅是从税务行政领域的角度介绍了行政相对人选择行政救济的方式解决行政争议的事例,但也从一个侧面说明了行政相对人通过行政救济的程序维护自身合法权利已经成为一种选择,表明行政救济程序在保障公民基本权利方面的作用愈发凸显。

2. 行政救济程序功能之二:保证行政救济制度目的的实现

我国行政救济制度的目的,就是通过行政救济制度的实施,监督行政主体依法行使行政职权,从而达到保障公民合法权利的根本目的。

任何法律都有其立法目的,我国行政救济的法律制度也同样如此。如我国《行政诉讼法》立法目的是"保证人民法院正确、及时审理行政案件,保护公民、法人和其他组织的合法权益,维护和监督行政机关依法行使行政职权";我国《行政复议法》立法目的是"防止和纠正违法的或者不当的具体行政行为,保护公民、法人和其他组织的合法权益,保障和监督行政机关依法行使职权";我国《国家赔偿法》立法目的是"保障公民、法人和其他组织享有依法取得国家赔偿的权利,促进国家机关依法行使职权";我国《信访条例》的立法目的是"保持各级人民政府同人民群众的密切联系,保护信访人的合法权益,维护信访秩序"。这实际上明确了国家制定诸项制度的宗旨所在。从上述规定我们可以看出,我国行政救济制度的目的,主要体现在以下三个方面:第一,保证有关国家机关正确、及时地解决行政争议;第二,监督行政主体依法行使行政职权,防止和纠正违法或不当的行政职权行为;第三,通过行政救济制度的实施,保护公民、法人和其他组织的合法权益。

---

① 《全国税务行政案件6年翻番,征税和处罚引发的税务争议最多,纳税人已习惯法律救济手段》,载《法制日报》2007年2月7日。

我国行政救济程序制度应当是根据上述目的而建立的。德国法学家鲁道夫·冯·耶林所创立的目的法学认为:"目的是全部法律的创造者。每条法律规则的产生都源于一种目的,即一种事实上的动机。"①我国学者也认为:"法之目的,犹如指导法学发展的'导引之星',其在法学中的地位,犹如北极星之于航海者。"②立法目的的实现,程序是关键因素。从我国行政救济制度的内容而言,它反映了行政救济原则、制度、规范之间的内在联系。在立法目的的引导下,整个制度程序才能有序地进行。而行政救济程序,则是将行政救济的目的引向具体原则、制度和规则的一个"桥梁"。只有将法律制度的目的作为该制度中程序运行的目标,程序才有意义;只有将制度的目的与程序的运行紧密地联系在一起,制度才可能是有序的制度。在我国行政救济制度中,通过公民、法人或者其他组织的申请程序,从而实现将行政主体的行政职权行为纳入行政救济过程中进行审查的可能性;通过申请人或者行政主体在行政救济过程中的举证、质证程序,明确了当事人在行政救济程序中的权利与义务,而这些权利与义务又与特定行政救济制度的目的相关联;通过有关国家机关对行政职权行为是否违法或不当的认定程序,确立了行政救济中的审查规则;而救济结果则明显体现出行政救济制度解决行政争议、监督行政权、保障公民权利的目的。可以说,行政救济程序是实现行政救济制度目的的根本途径和方法。没有完善的行政救济程序,行政救济制度的目的是难以实现的。

3. 行政救济程序功能之三:体现程序正义,促进社会和谐

体现程序规则的正义是行政救济程序的又一个重要功能。在行政救济活动中,行政主体与公民、法人或者其他组织之间处于一种争议和对抗的状态,如何通过程序的作用解决争议,化解对抗,是行政救济程序的重要任务。同时,由于行政救济本质上是国家机关的一种权力性活动,因此,行政救济过程的运作应当承载《宪法》中关于权力的行使必须遵循正当法律程序的要

---

① 转引自〔美〕埃德加·博登海默:《法理学——法哲学及其方法论》,邓正来、姬敬武译,华夏出版社1987年版,第104页。

② 梁慧星:《民法解释学》,中国政法大学出版社1995年版,第65页。

求,将其制度化、具体化,建立体现程序正当的行政救济程序制度。从本质上讲,程序合理性问题就是程序正当、程序正义问题。

正当法律程序的理念来源于英国普通法上的自然公正原则。所谓自然公正,是指任何人基于其固有的理性认为正当者。在英国普通法上,它包括两个最基本的程序规则:(1)任何人或团体在行使权力可能使别人受到不利影响时必须听取对方意见,每一个人都有为自己辩护和防卫的权利。(2)任何人或团体不能作为涉及自身案件的法官。① 英国普通法上的自然公正原则所体现出来的程序正义思想为美国法律所承继。美国也属普通法国家,传统上即重视通过正当法律程序控制行政权力,保护公民的权利。美国《宪法》第5、14条修正案规定联邦和州"未经正当的法律程序,不得剥夺任何人的生命、自由和财产",这标志"正当程序"在美国作为一条宪法原则得以确立和保障,是公民在宪法上所享有的权利,任何制定法和权力行使机关不得侵犯。根据美国法院的解释,正当程序条款包含"实质意义上的正当程序"和"程序性正当程序"两种含义,前者要求任何一项法律必须符合公平与正义;后者要求一切权力的行使剥夺私人的生命、自由或财产时,必须听取当事人的意见,当事人具有要求听证的权利。②《布莱克法律词典》对程序性正当程序的解释是:"任何权益受判决结果影响的当事人有权获得法庭审判的机会,并且应被告知控诉的性质和理由……合理的告知、获得法庭审判的机会以及提出辩护和主张都体现在'程序性正当程序'中。"③可见,程序的正义性是程序制度的核心要求。

行政救济程序的功能主要体现在解决行政争议的过程的正当性,公正的程序规则可以说是行政救济程序乃至行政救济制度的灵魂。"公正的程序规则使权力依预定的时序、方法、步骤运作,限制裁量,防止恣意、专断,以

---

① 参见王名扬:《英国行政法》,中国政法大学出版社1987年版,第152页。
② 参见王名扬:《美国行政法》,中国法制出版社1995年版,第383—384页。
③ 《布莱克法律词典》"due process"条。转引自王万华:《中国行政程序法立法研究》,中国法制出版社2005年版,第9页。

保证权力不致在运作过程中变质,可以避免权力滥用和权力腐败"①。只有过程是正义的,才能保证结果的正当性,当事人对结果才可能有信服感。同时,行政救济程序的正义性还必须体现行政救济的特殊要求。如我国《行政诉讼法》规定,当事人在行政诉讼中的法律地位平等。这一规定就明确了无论是原告、被告,还是第三人,在行政诉讼这类救济过程中,平等地享有诉讼权利,平等地履行诉讼义务。由于在行政法律关系中,相对人一般居于被动地位,与行政主体的地位并不对等,所以在行政救济中,作为作出行政职权行为的行政主体应当承担相对人所不承担的诉讼义务,如《行政诉讼法》和《行政复议法》所规定的举证义务等。

行政救济程序还具有促进社会和谐的功能。季卫东教授对法律程序的功能作了全面的概括,认为程序对于法律行为的作用主要表现在以下几个方面:第一,对各种主张和选择可能性进行筛选,找出最适当的判断和最佳的决定方案;第二,通过充分、平等的发言机会,疏导不满和矛盾,使当事人的初始动机得以改变和中立化,避免采取激烈的手段来压抑对抗倾向;第三,既要排除决定者的"恣意",又要保留合理的裁量余地;第四,决定不可能实现皆大欢喜的效果,因而需要"吸收"部分甚至全体当事人的不满,程序要件的满足可以使决定变得容易为失望者所接受;第五,程序参加者的角色分担具有归责机制,可以强化服从决定的义务感;第六,通过法律解释和事实认定,作出有强制力的决定,使抽象的法律规范变成具体的行为指示;第七,通过决定者与角色分担的当事人的相互作用,在一定程度上可以改组结构,实现重新制度化,至少使"变法"的必要性容易被发现;第八,可以减轻决定者的责任风险,从而也就减轻了请示汇报、重审纠偏的成本负担。② 争议的存在是行政救济产生的根本动因,所以,通过公正的程序,对于及时解决行政争议,化解社会矛盾,从而促进社会和谐,具有积极的意义。"公众们之所以把程序公正作为一个重要的方面来看待,不仅仅是因为它可以使公众对

---

① 钱弘道:《中国司法改革再思考》,载江平主编:《比较法在中国》,法律出版社2003年版,第223页。
② 参见季卫东:《法治秩序的建构》,中国政法大学出版社1999年版,第37—38页。

依靠政府权力而作出的决定持有积极配合的态度;同时,也可以增进他们对自身法律体验的满意度,从而,最终决定他们对法律的遵从和对社会权威合法性的评判。通过公正程序,国家的活动在许多情况下都会变得让公众易于理解和接受"[1]。而这一目标,正是我们在建设和谐社会的进程中所追求的。

---

[1] 杨寅:《中国行政程序法治化》,中国政法大学出版社2001年版,第73页。

第三章 我国行政救济程序分析

一、我国行政救济程序制度

我国行政救济的程序制度,是行政救济制度的重要组成部分,甚至可以说是行政救济制度的核心内容,因为行政救济如何进行、采取何种方式和途径,是行政救济得以开展的前提。我国《行政诉讼法》、《行政复议法》、《国家赔偿法》、《信访条例》以及相关的司法解释和其他行政法规范中规定了行政救济的程序,这是理解我国行政救济程序的基础。

(一)法治背景下的我国行政救济程序制度

在我国,行政救济程序是行政诉讼程序、行政复议程序、行政赔偿程序、行政补偿程序以及行政性信访程序制度的总称。行政救济程序存在于行政救济制度之中。行政救济作为体现对行政权力的制约、解决政府与公民之间矛盾、维护公民权益的重要法律制度,它的产生和发展需要一定的社会、经济和文化基础。

在我国高度集中的计划经济时代,是不可能存在、也不需要行政救济的。有学者曾有如下阐述：

> 计划经济体制下的社会不需要行政诉讼。因为在计划经济条件下，个人不能从事经济活动，政府是这个体制内各组织和个人的大管家，体制内的各种经济和社会关系都是一个家庭内的行政和政治关系，政府机关与组织、个人的关系是内部的行政领导与被领导的"组织关系"。任何组织和个人相对于主管政府机关来说都没有法律上的独立地位，它们之间发生的矛盾没有法律性质。政府机关对于体制内组织和个人在行政上和政治上高度的控制力决定了，行政的或政治的手段是解决这种矛盾的最有效的方法，而法律方法多无用武之地。①

上述论述虽然仅就计划经济时代不需要行政诉讼原因而论述，但是实际上就整个行政救济制度而言又何尝不是如此。由于在计划经济时代，一切个人和组织与主管政府机关实际上都形成了一种上下级的"行政隶属关系"或者是一种"单位关系"，②在这样高度集中的体制所产生的社会关系中，政府和上级单位是主宰一切的，即使发生矛盾，也是"家庭"内部的矛盾。而这种矛盾的解决，没有法律，也无需法律，更不需要法律程序。这就不难理解为什么在这样的体制之下，我们难以寻觅行政救济制度的踪影了。

我们对行政救济制度的认识经过了艰难的历程。如1989年《行政诉讼法》的颁布，无疑是在中国这块古老的土地上响起的一声惊动天地的春雷。此前由当时我国最为著名的法学家组成的编辑委员会所编撰的大型综合性百科全书的法学卷，在解释"行政诉讼"的词条时，还认为行政诉讼是"在西方国家中，个人在其权利或利益受到行政机关的违法行为或不当行为侵害时，向法院申诉请求撤销或制止这种违法行为和命令行政机关为某种行为或赔偿其所受损失的一种救济手段"③。这说明即使在当时的法学家眼中，

---

① 宋炉安：《正确把握行政诉讼的历史性发展机遇》，载《法制日报》2007年1月31日。
② 这种观念在目前情况下还没有完全根除，很多组织和个人还是非常习惯于将政府部门称为"上级"。我们从一些商店门口贴出"接上级指示"之类的告示中就可以确切地感受到这一点。
③ 《中国大百科全书·法学》，中国大百科全书出版出版社1984年版，第675页。

行政诉讼制度也只有在西方才可能出现。

在我国传统的计划经济体制之下,政府的作用是全方位的,不仅要发挥维护公共秩序和社会利益的"守夜警察"的作用,而且要发挥分配资源、安排生产、照顾社会的"家长"作用。普通百姓认为政府是他们衣食住行的唯一依靠。于是,政府的职能日益增加,机构不断膨胀,地位日趋显赫,行使权力自然没有任何边界可言。可见,由于没有合适的土壤,行政救济制度在计划经济时代难以产生。

然而,随着我国的改革开放和民主政治的逐步发展,不但我们的观念发生了变化,我们的制度也经历了前所未有的变革。党的十一届三中全会以后,经济建设和民主政治建设成为全党工作的重点,实行党政分开、政企分开,从而逐渐使政府的职能发生了前所未有的转变,政府不再是个人或组织一切活动的主宰,尤其是政企分开原则确立,意味着企业将逐步摆脱与政府的行政隶属关系而成为具有独立地位的经济活动的主体,政府也将逐步以公共权力享有者的身份依照法律对市场进行监督和管理,而不再是以企业"上级"身份直接"领导"企业的经济活动。正是在这种深刻的变革中,蕴涵着对法律的追求,对规范政府与企业、政府与公民之间关系的行政法的追求,更蕴涵着一旦政府的权力侵犯公民和组织的权利,如何对公民和组织被侵犯的权利予以补救的法律规则的追求。我们的行政法律制度正是在这样的一种社会需求中显示出勃勃生机的。改革开放以来,一系列行政法律规范的出台,使我国的行政法经历了从被人遗忘到逐渐被高度重视,再到前所未有的发展的历程。有学者归纳,这一时期行政法的发展有以下几个特点:行政机关从主要依政策办事到主要依法办事;官民关系从只可"官告民"到亦可"民告官";行政侵权责任从"落实政策"到国家赔偿;人事管理从实行"干部制度"到推行公务员制度;政府和政府工作人员从只监督他人到自己也接受监督;对行政权的控制从只注重实体制约到同时注重程序制约。[①] 在这一历史的变迁过程中,我国行政救济制度应运而生。

---

① 参见姜明安主编:《中国行政法治发展进程调查报告》,法律出版社1998年版,第1—9页。

我国在改革开放的进程中,进一步提出了扩大人民民主、加强法制建设的要求。在这一思想的指导下,1982年12月4日,五届全国人大五次会议重新修订了《宪法》。这部《宪法》开辟了我国法制发展的新时期,对行政法制的发展具有指导性的作用。《宪法》虽然没有直接规定行政救济制度,但其中有关规定为行政救济制度提供了宪法基础和依据:第一,《宪法》第5条规定,一切国家机关都必须遵守宪法和法律,一切违反宪法和法律的行为,必须予以追究。第二,《宪法》第27条规定,一切国家机关和国家工作人员必须依靠人民的支持,经常保持同人民的密切联系,倾听人民的意见和建议,接受人民的监督,努力为人民服务。第三,《宪法》第41条规定,公民对于任何国家机关和国家机关工作人员的违法失职行为,有向有关国家机关提出申诉、控告或者检举的权利。由于国家机关和国家工作人员侵犯公民权利而受到损失的人,有依照法律规定取得赔偿的权利。第四,《宪法》第123条规定,人民法院是国家的审判机关。《宪法》第126条规定,人民法院依照法律规定独立行使审判权,不受行政机关、社会团体和个人的干涉。《宪法》的上述规定,为我国行政救济制度的建立和具体程序制度的设计提供了充分的依据,也对今后行政法制的发展奠定了良好的宪法基础。

我国的改革开放促使我们不得不思考这样的问题:当公民的权利与政府部门所认为的"大局"发生冲突时,是要求公民无条件地服从政府所认为的"大局"而牺牲自己的权利,还是政府必须以尊重公民的个体权利为最基本的出发点而放弃其所追求的"大局",或者是两者兼顾?这是改革开放以来摆在公民和政府面前的一个非常现实的问题。"直至20世纪90年代,我们的经济体制开始根本性的转变:市场经济体制开始逐步取代计划经济体制。此种转变才促使和逼迫我们较多地思考一些宪政问题:对于政府的权力,即使是人民政府的权力,是不是也要进行适当的限制和控制?政府的权力,即使是人民政府的权力,如果不加限制和控制,是不是也会侵犯人民(包括工人、农民,也包括企业主、个体劳动者等)的权益?是不是也会成为市场的障碍和经济发展的阻力?人民政府如果侵犯人民的权益,人民可不可以向法院控告人民政府,要求人民政府赔偿?作为这种思考的结果,20世纪

90年代我们出台了很多重要的法律,如确立'民告官'制度的《行政诉讼法》和《行政复议法》,确立国家向人民承担赔偿责任的《国家赔偿法》,确立政府行为应遵守正当法律程序规则的《行政处罚法》,确立公务员行为规则和公务员制度的《国家公务员暂行条例》,确立对整个政府机关及其工作人员法制监督制度的《行政监察法》等等。由此可见,20世纪90年代的中国法治显然已经贯穿了若干宪政精神了,是已经有相当法治味的法治了。"①笔者认为,真正"贯穿了若干宪政精神"、具有"相当法治味的法治"的产生,是从1989年4月4日颁布、1990年10月1日起实施的《行政诉讼法》开始的。由于《行政诉讼法》的颁布,一系列体现维护公民权利、监督政府依法行政等体现宪政精神的行政救济制度的出台,不但确立了行政救济的程序制度,而且更重要的是确立了一种民主政治的理念,即公民有权监督政府以及公民的权利在受到行政权的侵犯后有权实行救济,不仅是宪法文本上规定的一种权利,而且是可以通过具体的法定程序来加以实现的真正的权利。

(二)我国行政救济程序制度的组成体系

1. 行政诉讼救济程序制度

行政诉讼救济程序,是我国行政诉讼制度的具体内容。现在,学术界一般都将1982年3月8日颁布的《中华人民共和国民事诉讼法(试行)》(以下简称《民事诉讼法(试行)》)中关于行政诉讼的规定作为大陆地区行政诉讼制度正式建立的标志。② 更确切地说,该法关于行政诉讼的规定,实际上就是关于行政诉讼程序的规定。

1982年3月8日,由五届全国人大常委会第二十二次会议通过《民事诉讼法(试行)》第一次从诉讼程序的角度规定了法院依照民事诉讼程序审理行政案件。该法第3条第2款规定:"法律规定由人民法院审理的行政案件,适用本法规定",以法律的形式肯定了行政案件在法律程序上的可诉性,

---

① 姜明安:《宪政论丛·总序》,载姜明安主编:《行政程序研究》,北京大学出版社2006年版,"总序"第2页。
② 参见应松年主编:《行政诉讼法学》(修订本),中国政法大学出版社1999年版,第37页。

解决了行政案件的审理程序问题。虽然当时法院审理行政案件还没有被称做"行政诉讼",仅仅适用民事诉讼程序,但行政案件由法院依法定程序进行审理的事实已经构成了行政诉讼程序制度的实质。

实际上,在《民事诉讼法(试行)》颁布之前,我国的一些法律中就曾经出现对行政机关行政行为不服可以向法院起诉的规定,如1980年《中华人民共和国中外合资经营企业所得税法》(以下简称《中外合资经营企业所得税法》)、1981年《中华人民共和国外商投资企业和外国企业所得税法》(以下简称《外国企业所得税法》)等法律中就有"同税务机关在纳税问题上发生争议时,必须先按照规定纳税,然后再向上级税务机关申请复议。如果不服复议后的决定,可以向当地人民法院提起诉讼"的条款,但从当时来说,还缺乏相应的诉讼程序制度使这类诉讼权利加以实现。而《民事诉讼法(试行)》第3条第2款的规定,则使这类诉讼有了明确的诉讼程序依据。

从《民事诉讼法(试行)》颁布开始,在我国法律和行政法规中更多地出现了当事人对行政决定不服可以向法院起诉的规定,如1982年《中华人民共和国海洋环境保护法》、《中华人民共和国商标法》,1983年《中华人民共和国海上交通安全法》,1984年《中华人民共和国专利法》、《中华人民共和国药品管理法》,1985年《中华人民共和国外国人入境出境管理法》、《中华人民共和国公民出境入境管理法》,1986年《治安管理处罚条例》,1989年《中华人民共和国进出口商品检验法》、《中华人民共和国传染病防治法》等。至1989年,"已有130多个法律和行政法规规定了公民、组织对行政案件可以向法院起诉"①。这些法律、法规所确定的行政诉讼的范围逐渐从涉外的立法向对内的立法,从经济行政立法向涉及公民人身权、财产权的立法扩展。② 尤其是1986年《治安管理处罚条例》规定,当事人对行政处罚不服的,可申请复议;经行政复议后对复议裁决仍然不服的,可以向人民法院起诉,从而使行政诉讼进入到社会治安管理领域。这一法律的颁布和实施直

---

① 王汉斌:《关于〈中华人民共和国行政诉讼法(草案)〉的说明》,载《中国法律年鉴》编辑部编:《中国法律年鉴(1990)》,中国法律年鉴社1990年版,第159页。
② 参见林莉红:《行政诉讼法学》,武汉大学出版社2003年修订版,第32页。

接产生两个极为广泛的影响:第一,行政案件增加引起广泛关注。治安处罚案件较之于其他行政处罚案件数量多,涉及面广,被告为公安机关,在社会上引起很大震动。许多学者认为,随着该法的实施,法院受理的行政案件将会大量增加,如果仍适用《民事诉讼法(试行)》的规定审理行政案件,难以适应新的情况,因而提出了应建立独立的行政诉讼制度的主张。第二,大量的治安行政诉讼实践为《行政诉讼法》的制定提供了实践和理论依据。《治安管理处罚条例》颁布以前,有关法律、法规规定法院所受理的行政案件主要是所谓的经济行政案件,因而这类案件是由当时的经济审判庭受理的,而治安行政案件显然不属于经济行政案件,由法院的经济审判庭审理显然不合适,因此,各地法院开始建立行政审判庭。① 《治安管理处罚条例》中有关行政诉讼的规定以及相应的行政诉讼实践,为行政诉讼制度的建立提供了制度基础,也直接导致了各级法院行政审判庭的设立。随着民主和法制建设的日益完善和人们法律观念、法律意识的不断加强,行政纠纷越来越多,也促使各级法院开始试建行政审判庭。1986年11月3日,湖北省武汉市中级人民法院建立了全国第一个行政审判庭。截止到1989年9月,全国已有60%的法院建立了行政审判庭。最高人民法院于1988年9月5日宣布成立行政审判庭并正式开展工作。② 至1989年3月底,最高人民法院和地方各级人民法院陆续建立了1400多个行政审判庭,审理了不少行政案件,为制定《行政诉讼法》创造了条件,积累了经验。③ 这表明法院行政审判进一步走向规范化、专业化。同时,不断丰富的行政诉讼实践也为《行政诉讼法》的制定乃至行政法的迅猛发展提供了良好的契机。

随着我国经济体制和政治体制改革的深入,商品经济获得较大发展,确立市场经济体制的目标也日渐明确,这就必然要求进一步加快民主和法制

---

① 参见林莉红:《行政诉讼法学》,武汉大学出版社2003年修订版,第33页。
② 参见最高人民法院办公厅:《人民法院审判工作40年》,载《中国法律年鉴》编辑部编:《中国法律年鉴(1990)》,中国法律年鉴社1990年版,第14页。
③ 参见王汉斌:《关于〈中华人民共和国行政诉讼法(草案)〉的说明》,载《中国法律年鉴》编辑部编:《中国法律年鉴(1990)》,中国法律年鉴社1990年版,第159页。

建设,而制定一部专门规范行政诉讼活动的法律是建立民主与法制社会的必然途径。从 1986 年开始,全国人大常委会法制工作委员会组织法律专家研究和起草《行政诉讼法》。经过多次研究和修改,《行政诉讼法(草案)》被提请第七届全国人大常委会第四次会议审议,并由会议决定将草案全文公布,征求全国人民的意见。在综合各方面的意见并作了进一步修改之后,又经第七届全国人大常委会第六次会议审议,决定提请于 1989 年 3 月召开的第七届全国人大第二次会议审议。1989 年 4 月 4 日,《行政诉讼法》由大会审议通过和颁布,于 1990 年 10 月 1 日起实施。这部法律明确规定"公民、法人或者其他组织认为行政机关或者行政机关工作人员的具体行政行为侵犯其合法权益,有权依照本法向人民法院提起诉讼",从而赋予了行政相对人对行政行为的起诉权,确立了行政诉讼的依法起诉和法院对行政行为司法监督的原则和程序。《行政诉讼法》的颁布,表明我国已经比较全面地建立了行政诉讼制度。同时,相关的程序规则也已经确立,标志着我国行政立法在指导思想和价值取向上的一个重大转变,这个转变集中体现在:效率与公正并重;对行政权的确认与对公民权利的保障并重;实体立法与程序立法并重。这也标志着我国民主与法制建设的真正开始。①

《行政诉讼法》的主要内容是:第一,确立了《行政诉讼法》的立法宗旨是"保证人民法院正确、及时审理行政案件,保护公民、法人和其他组织的合法权益,维护和监督行政机关依法行使行政职权",规定了"人民法院审理行政案件,对具体行政行为是否合法进行审查",以及人民法院独立行使行政案件审判权,确立以事实为依据、以法律为准绳,合议、回避、公开审判、两审终审,当事人法律地位平等,使用民族语言文字进行诉讼,当事人有权辩论,检察院对行政诉讼实行法律监督等基本原则。第二,明确了行政诉讼的受案范围,规定了公民、法人或者其他组织对认为侵犯人身权、财产权以及法律、法规规定可以提起诉讼的其他行政案件可以依法起诉。同时,该法规定

---

① 参见张春生 1998 年 11 月在上海召开的"东亚行政法研究会暨行政程序法国际研讨会"上所作的题为《中国行政程序法的发展与展望》的报告。

了法院不予受理公民、法人或其他组织对下列事项提起的诉讼：国防、外交等国家行为；行政法规、规章或者行政机关制定、发布的具有普遍约束力的决定、命令，即抽象行政行为；行政机关对行政机关工作人员的奖惩、任免等决定；法律规定由行政机关最终裁决的具体行政行为。第三，确立在行政诉讼中被告对具体行政行为的合法性承担举证责任的制度。第四，规定行政诉讼的程序制度，确立行政案件的起诉、受理以及审判程序制度。第五，规定行政审判的依据是法律、行政法规和地方性法规，并以规章作为参照。第六，规定行政诉讼的判决制度，确立对合法行政行为的维持判决，对主要证据不足、适用法律和法规错误、违反法定程序、超越职权、滥用职权行为的撤销判决，对不履行或者拖延履行法定职责行为的限期履行判决，以及对显失公正行政处罚的变更判决制度。同时，也对管辖、当事人、执行、行政侵权赔偿责任以及涉外行政诉讼等问题作出规定。《行政诉讼法》比较全面地规定了行政诉讼的若干制度和程序规则，它对于通过诉讼程序贯彻宪法、保障人权、建设民主与法制社会起到了前所未有的作用。

  有学者归纳，我国行政诉讼制度同其他国家和地区的行政诉讼制度相比，具有如下几个特点：一是受案范围仅限于具体的、外部的行政行为，抽象的、内部的行政行为不属于司法审查的范围；二是主管行政诉讼的机关为普通法院而不是专门的行政法院；三是为方便原告起诉，对诉讼形式只作原则规定，不作具体要求；四是拥有行政权的行政主体不得提起行政诉讼，被告恒为拥有行政管理职权的机关或组织；五是除了在二审中法院认为事实清楚的行政案件以外，行政案件一律实行开庭审理；六是被告对作出的行政行为承担举证责任；七是法院不仅可以对事实和法律问题进行审查，对违法的行政行为依法撤销，而且可以对显失公正的行政处罚行使司法变更权；八是行政机关可以申请人民法院强制执行其作出的业已确定的行政行为。① 笔者认为，除上述特点之外，我国行政诉讼制度还具有以下两个特点：一是复

---

  ① 参见应松年、袁曙宏主编：《走向法治政府：依法行政理论研究与实证调查》，法律出版社2001年版，第346页。

议以诉讼当事人选择为原则,复议前置为例外,除法律、法规有特殊要求外,并不要求当事人必须先经过行政复议才能提起诉讼;二是行政诉讼原告仅限于认为被诉的具体行政行为侵犯自己合法权益的公民、法人或者其他组织,公民认为公共利益受到行政权的侵犯尚不能提起行政诉讼。

我国《行政诉讼法》被誉为"社会主义法制建设中的里程碑"可以说毫不过分,它体现了社会向良性化发展的趋势。"正是在这种社会结构的变迁中,对行政诉讼提出了必然的要求。如果说维系传统体制的媒介是行政命令的话,那么,维系新体制的媒介则必然是法律;如果说信访是与传统体制相适应的解决纠纷的方式的话,那么,与新体制相适应的解决纠纷的方式则是行政诉讼。"《行政诉讼法》的颁布,"实在是我们顺应体制的变化所作的一种明智选择"。①

《行政诉讼法》虽然已经对行政诉讼中的各项原则、制度和程序作出规定,但客观地说,该法是在行政诉讼的实践基础还不深厚、理论研究并不深入的情况下制定的。② 从1982年《民事诉讼法(试行)》的颁布到1989年《行政诉讼法》的出台,毕竟只有短短的几年,《行政诉讼法》颁布之前的行政审判实践虽然为这部法律的实施提供了一定的经验和基础,但还不可能使行政诉讼可能遇到的各种问题都充分显露出来,作为行政诉讼基本法典的《行政诉讼法》就难以作出全面、详尽的规定,从而解决行政诉讼实践中所遇到的各种复杂的问题。因此就有必要在《行政诉讼法》的基础上,对行政诉讼实践中已经遇到或者可能遇到的问题作比较全面的司法解释,以规范行政审判活动,保障《行政诉讼法》的切实实施。1991年5月,最高人民法院发布了《关于贯彻执行〈中华人民共和国行政诉讼法〉若干问题的意见(试行)》(以下简称《行政诉讼法意见》)。《行政诉讼法意见》对于受案范围、管辖、诉讼参加人、证据、起诉和受理、审理和判决、执行、侵权赔偿责任、期间、诉讼费用、涉外行政诉讼以及其他问题作了具体解释。

---

① 参见张树义:《冲突与选择——行政诉讼的理论与实践》,时事出版社1992年版,第3页。
② 参见张树义主编:《行政诉讼实务详解》,中国政法大学出版社1991年版,"序言"第1页。

虽然《行政诉讼法意见》根据《行政诉讼法》实施的需要,对该法涉及的具体问题作了必要的解释,但是随着行政诉讼的发展,一些新的问题不断涌现,有的规定已经过时,有的不能满足贯彻《行政诉讼法》的需要,还有一些问题需要重新作出解释。因此,最高人民法院 2000 年 3 月 8 日公布了《关于执行〈中华人民共和国行政诉讼法〉若干问题的解释》(以下简称《行政诉讼法解释》),同年 3 月 10 日起施行。《行政诉讼法解释》的出台,反映了我国行政诉讼制度的发展进程。

第一,可诉行政行为及其主体范围更为明确和宽泛。《行政诉讼法解释》明确界定了可诉性行政行为的主体范围,规定了公民、法人或者其他组织对具有国家行政职权的机关和组织及其工作人员的行政行为不服,依法提起诉讼的都属于人民法院行政诉讼的受案范围。该规定将具有国家行政职权的组织的行政行为纳入行政诉讼的受案范围,不但扩大了可诉行政行为的范围,而且扩大了可诉行政行为主体的范围。行政行为主体不仅仅包括行政机关和法律、法规授权的组织,还包括大量具有国家行政职权但不具有公法人资格的非政府组织机构。在此基础上,《行政诉讼法解释》还明确规定了法定不可诉行为的内涵和外延,如对国家行为、抽象行政行为、内部行为和行政终局行为作出界定,并根据行政诉讼原理,对不应受理的行为作出明确规定。这样从法律上拓宽了行政行为的范围,即行政行为既包括行政机关和法律、法规授权的组织的行为,也包括拥有公共管理的其他组织及其工作人员的行为;行政行为的内容与行政职权有关,不仅包括法律行为,还包括事实行为等。这些规定为法院全面规范行政活动提供了依据。

第二,行政诉讼原告资格更加确定。根据《行政诉讼法解释》,作为行政诉讼原告,必须与被诉行政行为有法律上的利害关系。同时,对法律上的利害关系作了扩大解释,如相邻权人、公平竞争权人、与被诉的行政复议有法律上利害关系的人、在复议程式中被追加为第三人的人、要求主管机关追究加害人法律责任的人、与撤销和变更具体行政行为有法律上利害关系的人等,都被视为与被诉具体行政行为有法律上利害关系的人,依法具有原告资格。因此,该解释在更大的范围内保护了公民、法人或者其他组织的行政诉权,加大了对起诉权的保护力度,对监督行政职权的依法行使非常具有意义。

第三,在《行政诉讼法》规定的基础上完善了诉讼管辖制度。《行政诉讼法解释》在确定行政诉讼案件管辖时,除了考虑一般诉讼法所要考虑到的分工的均衡性和管辖的确定性外,还考虑了以下三个因素:一是确定地域管辖时,充分考虑原告一方行使诉权的便利,尤其是被限制人身自由、难以行使诉权的人的便利;二是充分考虑了法院承受某一特定案件的能力和抗干扰的能力;三是考虑了一些相关联的案件,尽可能由一个法院管辖,避免不同法院作出不同的判决。

第四,完善了当事人的举证责任制度。《行政诉讼法》对举证责任的规定比较原则,《行政诉讼法解释》对举证责任的规定进行了一定的细化:一是在强调被告对其作出的具体行政行为承担举证责任的同时,对原告的举证责任也作了明确规定,打破了行政诉讼仅是由被告承担举证责任的观念和模式;二是完全摒弃了法院承担举证责任或者证明责任的说法,规定法院只能在有限的范围内调取证据;三是限制被告完成举证责任的时间,规定被告在法定期限内不提供或者无正当理由逾期提供证据的,应当认为该具体行政行为没有证据;四是对被告补充证据的范围作了规定。从这些规定可以看出,举证责任的分配制度更加合理,被告对具体行政行为的合法性承担举证责任的制度得到了进一步的强化。

第五,规范了起诉期限的规定。《行政诉讼法解释》对起诉期限作了特别规定,一是根据行政机关应当告知起诉期限和诉权而没有告知或者行政机关不告知具体行政行为的内容等具体情况,设立了不同的起诉期限;二是规定除斥期间的内容,明确规定了由于不属于起诉人自身的原因超过起诉期限的,被耽误的时间不计算在起诉期限内,如因人身自由受到限制而不能提起诉讼,被限制人身自由的时间不计算在起诉期限内;三是首次确定了对行政不作为行为的起诉期限。通过这些规定,完善了行政诉讼起诉期限制度。

第六,完善了行政诉讼的判决制度。《行政诉讼法》规定了四种一审判决形式,即维持判决、撤销判决、履行判决、变更判决,随着行政案件类型的不断增加,行政管理方式的不断发展,这四种判决已不能满足行政诉讼的需要。《行政诉讼法解释》根据行政审判的实践,并借鉴了国外有关裁判形式的经验,增加了驳回诉讼请求的判决和确认判决。同时规定,如果某一个行政行为被撤销将会对国家利益、公共利益产生重大的损害,就不适用撤销判决,而应当确认该具体行政行为违法,进而确定被告是否应当承担赔偿责任。上述规定是对裁判理论的重大发展。

由于行政诉讼中的证据问题毕竟是一个非常重要而又相对独立的问题,所以,有必要对其作出单独规范。为进一步完善行政诉讼的证据制度,最高人民法院在《行政诉讼法》和《行政诉讼法解释》对证据问题规定的基础上,于 2002 年 7 月 24 日公布了《行政诉讼证据规定》,该规定从行政诉讼证据的特点出发,对行政诉讼证据的特殊问题作了较为系统的规定。主要内容是:第一,规定了举证责任分配和举证期限。分别规定了原告、被告以及第三人的举证责任和期限,其中对被告的举证问题作了更为详细的规定。第二,规定了提供证据的要求。《行政诉讼证据规定》根据《行政诉讼法》关于证据种类的规定,用整章篇幅的形式规定了当事人所举证据的形式要求,明确了证据的形式要件,对于规范当事人的举证行为具有实际意义。第三,规定了调取和保全证据的具体规则。明确了法院依职权调取证据的范围、当事人申请调取证据的规则以及证据的保全等。第四,规定了证据的对质辨认和核实规则。确立了证据应当在法庭上出示并应经庭审质证以及证人出庭作证等具体规则。第五,规定了证据的审核认定制度。确立法院审理行政案件应当以证据证明的案件事实为依据的原则,并具体规定了法院审核证据的具体规则等。

此外,最高人民法院还以"复函"、"答复"、"批复"等形式作出了相关的司法解释,这些司法解释也同样对我国行政诉讼活动进行了必要的规范,也是我国行政救济制度中的组成部分。

从以上内容可以看出,目前,我国行政诉讼的程序,已经形成了以《行政诉讼法》为主体、以最高人民法院的《行政诉讼法解释》和《行政诉讼证据规定》和其他司法解释为重要补充的行政诉讼制度体系。

2. 我国行政复议救济程序

《行政诉讼法》的颁布与实施，客观上要求与之相关的行政法律、法规的完善和健全。可以说，1989年以后的重要行政法律、法规的研究、起草和制定，都直接受到《行政诉讼法》的影响，我国行政复议制度亦是如此。

与行政诉讼制度一样，在行政复议制度全面建立之前，一些制度中已经有了关于行政复议的规定，这些可以被视为我国行政复议制度最早的雏形。如在1950年《中央人民政府财政部设置财政检查机构办法》中有"被检查的部门，对检查机构之措施，认为不当时，得具备理由，向其上级检查机构，申请复查处理"的规定。这里虽然没有采用"复议"一词，但从语义上解释，这种"复查"制度实际上就是行政复议制度。不久，我国制定税务复议制度，如1950年《税务复议委员会组织通则》第一次使用了"复议"一词，该通则规定："为各大城市人民政府贯彻国家公平合理的税收政策，调整税务工作中的公私关系，本着集体协商共同负责精神，得视实际需要，依本通则组织税务复议委员会。"这里的"税务复议委员会"就是行政复议机关。同年颁布的政务院《印花税暂行条例》也使用了"复议"一词。50年代中后期，行政复议制度得到初步发展。这一时期行政复议制度的突出特点是行政复议决定为终局决定，当事人对复议决定不服，不能提起行政诉讼。[①] 不过，当时虽有复议的做法，但名称上却不统一，有复核、复议、复查、复审、申诉等不同提法，尚未建立起全面、统一的行政复议法律制度。改革开放以后，特别是20世纪80年代中后期，行政复议制度作为社会主义法制建设的一项重要内容得到迅速发展，规定行政复议制度的法律、法规越来越多。据统计，到1990年12月为止，我国已有百余项法律、法规对行政复议作出规定。如前文提到的1980年《中外合资经营企业所得税法》、1981年《外国企业所得税法》等法律中就有"同税务机关在纳税问题上发生争议时，必须先按照规定纳

---

① 参见应松年、袁曙宏主编：《走向法治政府：依法行政理论研究与实证调查》，法律出版社2001年版，第294页。

税,然后再向上级税务机关申请复议。如果不服复议后的决定,可以向当地人民法院提起诉讼"的规定;1986年《治安管理处罚条例》第39条规定,被裁决受治安管理处罚的人或者被侵害人不服处罚的,"在接到通知后5日内,可以向上一级公安机关提出申诉,上一级公安机关在接到申诉后5日内作出裁决",这里的"复议"或者"申诉",其实就是行政复议。然而,此时的法律、法规没有对行政复议制度进行统一规范,尤其是关于行政复议的范围、管辖、申请、时效、审理程序、复议决定等方面还缺乏统一规定,所以还不能说我国已经全面地建立了行政复议制度。

由于《行政诉讼法》存在若干关于行政诉讼与行政复议关系的规定,为了与《行政诉讼法》的有关内容相配套和衔接,国务院于1990年制定了《中华人民共和国行政复议条例》(以下简称《行政复议条例》),行政复议作为一项重要的行政救济法律制度在我国全面确立。该条例于1994年进行了一定的修改。《行政复议条例》进一步规范、健全我国的行政复议制度,为行政复议工作的开展提供了直接的依据。经过多年实践,行政复议工作积累了不少成功经验。同时,实践中也还存在不少问题,主要是:申请复议的条条框框较多,公民、法人和其他组织申请复议不方便;有的行政机关怕当被告或者怕麻烦,对复议申请应当受理而不受理;有的行政机关"官官相护",对违法的具体行政行为该撤销的不撤销,对不当的具体行政行为该变更的不变更。为了及时、有效地纠正违法和不当的具体行政行为,切实保护公民、法人或者其他组织的合法权益,在认真总结《行政复议条例》实践经验的基础上,制定《行政复议法》,从制度上进一步完善行政机关内部自我纠正错误的机制,这是当时社会迫切需要的。[1] 根据八届全国人大常委会的立法规划,原国务院法制局于1996年3月开始起草《行政复议法》,并就其中需要解决的主要问题,在一定范围内征求了有关机关和部门的意见。1998年6月,国务院法制办将该法的征求意见稿印发国务院各部门、各省级人民政府

---

[1] 参见杨景宇:《关于〈中华人民共和国行政复议法(草案)〉的说明》,载全国人大常委会法制工作委员会研究室编著:《中华人民共和国行政复议法条文释义及实用指南》,中国民主法制出版社1999年版,第17—18页。

和部分城市人民政府以及最高人民法院征求意见,同时又召开座谈会,听取了部分行政机关和专家学者的意见。根据各方面的意见,对征求意见稿进行了认真研究、修改,形成了《行政复议法(草案)》,经国务院常务会议讨论通过后,提请全国人大常委会审议。1999 年 4 与 29 日,第九届全国人大常委会第九次会议通过了《行政复议法》。这一法律的颁布,标志着我国行政复议制度进一步得到健全和发展,同时也表明我国行政复议法律制度的真正确立。行政复议虽然属于行政机关的内部监督制度,但它与行政诉讼制度相互配套,是对行政诉讼制度的一个重要补充。《行政诉讼法》确立了法院对行政机关的具体行政行为是否合法的司法审查制度,至于具体行政行为是否合理,则由行政机关在行政复议过程中加以解决。《行政诉讼法》与《行政复议法》体现了行政权与审判权在人民代表大会制度下的相互分工合作的宪法精神。

我国《行政复议法》共 7 章 43 条。主要内容是:第一,规定了行政复议的宗旨是防止和纠正违法或者不当的具体行政行为,保护公民、法人或者其他组织的合法权益,保障和监督行政机关依法行使职权。第二,确立了合法、公正、公开、及时、便民和有错必纠的行政复议基本原则。第三,在《行政复议条例》的基础上扩大了行政复议的范围,明确规定对所有的具体行政行为都可以依法申请行政复议,改变了原来只有涉及人身权、财产权以及法律、法规规定的具体行政行为才可以申请行政复议的状况。该法规定,公民、法人或者其他组织认为行政机关的具体行政行为所依据的国务院部门的规定、县级以上地方各级人民政府及其工作部门的规定、乡镇人民政府的规定不合法,可以在对具体行政行为申请行政复议的同时,一并提出审查申请,从而使一部分抽象行政行为在行政复议中得到了审查。第四,明确了行政复议的申请程序。该法以专章的形式,规定了行政复议申请的期限,行政复议的当事人(申请人、第三人和被申请人)以及代理人制度,行政复议的管辖机关,以及行政复议与行政诉讼的关系。第五,规定了行政复议的受理程序,在行政复议机关不受理行政复议申请或者受理后在法定期限内不作复议决定的行政诉讼问题等。第六,规定了行政复议的决定程序。该法同样以专章的形式规定了行政复议机关审理行政复议案件的审理和决定程序，具体为行政复议的审查方式、被申请人对复议申请提出答复、提交证据和依据的程序以及当事人查阅答复、证据和依据的权利，对在复议中一并审查的部分抽象行政行为的审查程序，明确了行政复议决定的种类和适用的具体条件及行政复议决定的作出期限。同时，对在行政复议中涉及的行政赔偿问题以及对自然资源所有权或者使用权的行政决定申请复议与行政诉讼的关系作出规定。第七，明确了行政复议中的法律责任制度。

从《行政复议法》的基本内容可以看出，作为严格意义上的行政机关救济制度，我国行政复议制度主要是关于行政复议程序的制度，主要特点在于强调这种救济程序的行政性，积极体现行政复议作为行政机关内部监督的特点，不宜搬用司法机关办案的程序，使行政复议"司法化"。在这一思想的指导下，我国采取一级复议体制，行政复议由行政复议机关负责法制工作的机构具体承办，行政复议原则上采取书面审查的方法进行等。[①]

《行政复议法》颁布之后，各地、各部门也相继以地方性法规和行政规章的形式制定了本地、本部门关于行政复议程序的具体规定。从广义上说，这些规定也是我国行政复议程序制度的组成部分。

同时，为了进一步发挥行政复议制度在解决行政争议、建设法治政府、构建社会主义和谐社会中的作用，从"依法完善、方便申请、积极受理、改进和创新方式、强化监督"的指导原则出发，[②]国务院于2007年5月29日颁布了《行政复议法实施条例》，并于同年8月1日起施行。该条例针对多年来的行政复议实践，对行政复议制度，尤其是行政复议的若干程序作出规定。这部行政法规进一步细化了行政复议的程序规则，吸收了行政复议实践中的许多有益做法，为完善行政复议程序制度作出了一定的贡献。

[①] 参见杨景宇：《关于〈中华人民共和国行政复议法（草案）〉的说明》，载全国人大常委会法制工作委员会研究室编著：《中华人民共和国行政复议法条文释义及实用指南》，中国民主法制出版社1999年版，第18—19页。

[②] 参见国务院法制办公室：《中华人民共和国行政复议法实施条例（草案）的说明》，载曹康泰主编：《中华人民共和国行政复议法实施条例释义》，中国法制出版社2007年版，第264—265页。

3. 我国行政赔偿救济程序

行政赔偿是国家赔偿制度的重要组成部分。我国在 1954 年《宪法》中就规定了国家赔偿制度,即中华人民共和国公民对于任何违法失职的国家机关工作人员,有向国家机关提出书面控告或口头控告的权利。由于国家机关工作人员侵犯公民权利而受到损害的人有取得赔偿的权利。这是我国第一次以宪法的形式确认了国家侵权和公民有权获得赔偿的权利。同时,在当时的个别法规中也出现了一些行政赔偿的规定,如 1954 年的《中华人民共和国海港管理暂行条例》第 20 条规定:"港务局如无任何法律依据,擅自下令禁止船舶离港,船舶得向港务局要求赔偿由于未离港所受之直接损失,并得保留对港务局之起诉权。"然而,由于上述宪法和法规的规定缺乏相应的具体法律制度,即没有具体的国家赔偿法律制度与之相配套,更不可能存在赔偿程序的规定,这导致在我国对于国家机关或者国家机关工作人员的违法失职行为而产生的"冤假错案"问题,基本上都是以一种名为"落实政策"的方式加以解决,即通过对受害人在精神上、名誉上予以"平反"、"昭雪"(实际上是属于"恢复名誉"的一种做法),在物质上进行一定的经济补偿,如补发工资等。而这种"落实政策"没有任何法律的规范,其范围很广,涉及的人和事可以向前追溯几年、几十年;性质可以是政治性的(如反右运动和"文革"中的被害者)、政策性的(如"上山下乡"的知识青年)、工伤事故性质的或行政机关及其工作人员日常执行职务造成损害性质的。"落实政策"的措施包括恢复城市户口、安排住房、安排受害人或其家属子女工作,给予经济补偿等等。这种制度在不同的历史时期对于受害人虽然也起到了积极的救济作用,但是不足之处在于政策变化快,弹性大,标准不一;从而施行起来有失公正,导致很多应该得到救济的受害人得不到救济;或者同样的受害人有的能得到相当优厚的救济,有的却只能得到微薄的或根本得不到救济。由于没有统一的救济标准,这种"落实政策"的制度还可能导致执行政策的机关和工作人员腐败,①所以,以法律的形式建立正式的国家赔偿制度势在必行。1982年《宪法》第41条第3款规定:"由于国家机关和国家工作人员侵犯公民权利而受到损失的人,有依照法律规定取得赔偿的权利。"这一规定,实际上明确提出了以法律的形式规范国家赔偿的具体要求。1986年《民法通则》规定,国家机关或者国家机关工作人员在执行职务中,侵犯公民、法人的合法权益造成损害的,应当承担民事责任。这虽然是我国宪法之外的基本法律对国家侵权赔偿责任的首次规定,但它是从民事责任的角度进行规定的,与国家赔偿责任的公法性质不符。在此之后的有关法律,如《治安管理处罚条例》、《海关法》、《民用航空器适航管理条例》等法律、法规中也规定了国家赔偿内容,但由于对国家赔偿的范围、方式、标准、程序等缺乏具体规定,使得国家赔偿责任的实现仍存在一定困难。②

1989年《行政诉讼法》以专章的形式首次具体规定了我国的行政赔偿制度。该法第九章以"侵权赔偿责任"为题,规定了"公民、法人或者其他组织的合法权益受到行政机关或者行政机关工作人员作出的具体行政行为侵犯造成损害的,有权请求赔偿",从而在法律上正式确立了我国的行政赔偿制度。该法进一步对行政赔偿的程序作出规定。但是,该法关于行政赔偿的规定,仅限于对行政主体违法的具体行政行为所导致损害的赔偿,对违法的具体行政行为之外的其他行政违法行为导致损害的赔偿问题,尤其是对于赔偿方式、赔偿标准等具体问题没有涉及,因而并不能说该法规定了完整的行政赔偿制度。

《行政诉讼法》施行之后,行政案件的数量增加,行政赔偿案件也逐年增加。由于行政赔偿并不仅仅是违法的具体行政行为致害所产生的赔偿,还包括违法的具体行政行为之外的其他行政侵权行为致害所产生的赔偿;行政赔偿也不是国家赔偿制度的全部内容,还应当包括司法赔偿等;此外,应

---

① 参见姜明安主编:《行政法与行政诉讼法》,北京大学出版社、高等教育出版社1999年版,第66页。
② 参见应松年、袁曙宏主编:《走向法治政府:依法行政理论研究与实证调查》,法律出版社2001年版,第370页。

当对国家赔偿的程序、方式、标准等问题进行统一的规范，这是公民的赔偿权利得以实现的根本途径，因此，客观上要求有一部全面规范国家赔偿的法律规范。1994年5月12日，第八届全国人大常委会第七次会议审议通过了《国家赔偿法》，于1995年1月1日起实施。

我国《国家赔偿法》规定了行政赔偿和司法赔偿两大种类。在行政赔偿部分，该法在《行政诉讼法》对行政赔偿规定的基础上，对行政赔偿的范围、程序、标准作了更加明确的规定。该法在确立了"国家机关和国家机关工作人员违法行使职权侵犯公民、法人和其他组织的合法权益造成损害的，受害人有依照本法取得国家赔偿的权利"的前提下，具体对行政赔偿的程序作出规定：第一，在法定范围内，受害人不但有取得赔偿的实体权利，也有依法提出赔偿申请和要求的程序权利。第二，规定了受害人申请获得行政赔偿的具体程序，如受害人要求行政赔偿，既可以直接向赔偿义务机关提出申请，在赔偿义务机关作出赔偿决定或不作出赔偿决定的情况下，还可以向人民法院提起单独的行政赔偿诉讼或在行政复议和行政诉讼中一并提起行政赔偿。此外，该法还规定了行政赔偿可以通过调解程序解决以及行政赔偿的追偿程序等。

《国家赔偿法》中对行政赔偿程序的相关规定，是对实施《行政诉讼法》的一个必然要求。建立行政诉讼制度的目的之一，就是使当事人被行政活动所侵犯的权益得到补救。"如果赔偿问题得不到解决，人民法院的一些判决无法执行，公民、法人和其他组织被侵犯的权益不能得到恢复和赔偿，不能达到建立行政诉讼制度的目的"[①]，所以，《国家赔偿法》的制定，使得国家和公民个人处于平等地位，国家对自己行为也要承担法律上的赔偿责任，而公民行使自己取得赔偿的权利也有了比较充分的程序保障。

《国家赔偿法》颁布以后，最高人民法院也颁布了有关行政赔偿的司法解释，如《最高人民法院关于审理行政赔偿案件若干问题的决定》，有的地方和相关部门也颁布了一些关于行政赔偿的具体规定。

---

① 王汉斌：《关于〈中华人民共和国行政诉讼法（草案）〉的说明》，载《中国法律年鉴》编辑部编：《中国法律年鉴（1990）》，中国法律年鉴社1990年版，第161页。

然而,在我国《国家赔偿法》所规定的行政赔偿程序中,还存在着与法治要求和及时解决行政赔偿争议的要求不相符合的一些规定。虽然,在我国行政救济制度中,从总体上说,行政赔偿程序可以与行政复议程序及行政诉讼程序相衔接,基本上能保证求偿人实现其权利。[①] 但是,从切实保障相对人获得行政赔偿权利和法制和谐角度出发,在行政赔偿程序中存在着一些必须进一步加以完善的问题。最典型的就是在与行政复议、行政诉讼一并提起行政赔偿的途径之外单独提起的行政赔偿案件中,法律规定由被认为是实施了违法行政职权行为的行政机关的先行处理程序和由该行政机关对自己的行政职权行为是否违法进行确认,而且《最高人民法院关于审理行政赔偿案件若干问题的规定》第4条第2款规定:"赔偿请求人单独提起行政赔偿诉讼,须以赔偿义务机关先行处理为前提。"从立法的本意来讲,"先行处理"和"确认"这两个程序实际上是给了行政机关一个认识违法行为和改正违法行为并向受害人进行道歉的机会,从而有利于构建和谐的官民关系。然而,立法者良好的立法愿望并不可能一定会转化为良好的法律实践。实际上,这两个程序方面的规定在很多情况下已经在实践中成为受害人获得赔偿救济的障碍,因而受到了多方的非议。如应松年、杨小君教授认为,虽然先行处理程序有其可取之处,如果赔偿义务机关能够与受害人达成协议,就能及早、有效地解决赔偿纠纷。但是,把先行处理程序作为必经程序,就会成为妨碍受害人获得赔偿的障碍,所以,应将必需的先行处理程序改为受害人可以选择程序,让受害人自己进行选择,或者先向义务机关提出申请,双方协商解决,或者直接向法院提起赔偿请求,通过司法程序尽快弥补其损失。这样,先行处理程序才不至于成为一种受害人实现权利的障碍。同时,现行国家赔偿确认程序,把侵权机关自己是否承认错误与受害人是否获得赔偿联系起来,违背了起码的合理性,没有任何可取之处。该确认程序在实践中存在的问题最多,有些赔偿义务机关滥用确认权,拒不作出确认,也不

---

① 参见马怀德、高辰年:《国家赔偿法的发展与完善》,载中国法学会行政法学研究会编:《修宪之后的中国行政法》,中国政法大学出版社2005年版,第11页。

给受害人书面的答复,按照《国家赔偿法》的规定,受害人在这种情况下只能申诉。该申诉程序不是一个严格、有效的法律程序,形成了受害人多年申诉、反复上访的状况,增加了社会不稳定因素。"由赔偿义务机关自行确认的程序制度,既不是一个有效的制度,也不是一个公平的制度,而且,还是一个多余的程序,应当废除。可规定由受害人直接向法院提出赔偿申请,由法院在诉讼程序中完成认定事实、适用法律和作出结论的全部过程。这样的程序,既方便了受害人,简化了赔偿程序,也保证了最起码的公正。"[1]笔者认为这一分析很有针对性。如果实施了侵权行为的行政机关一直不予确认,受害人就不可能进入赔偿的实质程序;即使在违法问题已经得到了有关法律途径依法确认的前提下,还是要由赔偿义务机关"先行"处理赔偿问题,当赔偿义务机关拒绝作出赔偿决定,虽然根据《国家赔偿法》的规定,可以向人民法院提起行政赔偿诉讼,但其中一审、二审程序客观上又使受害人的维权成本增加了许多。这种状况是与我们所强调的及时化解行政争议、尽快解决行政纠纷从而构建和谐社会的目标相违背的。笔者认为,有必要修改《国家赔偿法》,对单独提起行政赔偿请求所涉及的这两个程序进行必要的改造。第一,将行政机关的确认程序予以取消,明确赋予凡是认为行政职权行为违法侵犯自己合法权益的公民、法人或者其他组织都有向人民法院提起行政赔偿诉讼的权利,并由人民法院在诉讼中对行政违法行为是否存在依法进行确认。第二,在违法的行政职权行为已经依法通过行政复议、行政诉讼等途径得到确认的情况下,将赔偿义务机关的先行处理程序改造为赔偿请求人可以选择的程序,即赔偿请求人既可以选择由赔偿义务机关先行处理,或不经过赔偿义务机关,直接向人民法院提起行政赔偿诉讼。在选择由赔偿义务机关先行处理的情形中,应当引入听证程序,使受害人对行政赔偿的结果有充分发表意见的机会。对赔偿义务机关的先行处理不服的,可以依法再向人民法院提起行政赔偿诉讼。

---

[1] 应松年、杨小君:《国家赔偿若干理论与实践问题》,载《中国法学》2005年第1期。

4. 我国信访救济程序

信访是我国特有的一种制度,具有浓厚的中国特色。所谓信访,是指公民、法人或者其他组织采用书信、电子邮件、传真、电话、走访等形式,向各级人民政府、县级以上人民政府工作部门反映情况,提出建议、意见或者投诉请求,依法由有关行政机关处理的活动。信访是行政救济制度之一同时也是公民的基本权利,我国《宪法》第 41 条第 1 款关于"中华人民共和国公民对于任何国家机关和国家工作人员,有提出批评和建议的权利;对于任何国家机关和国家工作人员的违法失职行为,有向有关国家机关提出申诉、控告或者检举的权利"是公民享有信访权利的宪法依据。

信访制度一直是我国的一项重要制度。1951 年 6 月 7 日,政务院颁布了《关于处理人民来信和接见人民工作的决定》,这是我国第一部规范信访工作的行政法规,为我国信访工作的制度建设奠定了基础。改革开放以后,随着我国法制建设的推进,对信访工作进行进一步规范的要求逐渐受到重视,国务院于 1995 年 10 月 28 日发布《信访条例》,对信访工作的原则、信访事项处理程序、信访人的权利和义务、信访机构的设置等作出规定。为了进一步规范信访活动,总结多年来我国信访工作的经验,更有效地发挥信访制度的功能,维护公民权利和信访秩序,经 2005 年 1 月 5 日国务院第 76 次常务会议通过,国务院又于 2005 年 1 月 10 日公布了修订后的《信访条例》,自 2005 年 5 月 1 日起施行。

与 1995 年颁布的《信访条例》相比,新修订的《信访条例》不仅全面规范了民众的信访活动和国家行政机关的信访工作,并且充分体现了政府的"亲民"宗旨和建设"责任、透明、法治"政府的决心。① 除了进一步强化了对信访人和政府对信访工作的责任要求外,该条例对处理相关信访事项有明确的程序要求:第一,规定了信访的形式,以及各种形式的具体要求。第二,规定了行政机关信访工作机构办理事项的手续、时限。如在期限上规定,信访事项应当在 60 日内办结,延长不得超过 30 日。信访人对行政机关作出

---

① 参见林喆:《公民基本人权法律制度研究》,北京大学出版社 2006 年版,第 217 页。

的信访事项处理意见不服的,可以自收到书面答复之日起 30 日内请求原办理行政机关的上一级行政机关复查。收到复查请求的行政机关应当自收到复查请求之日起 30 日内提出复查意见,并予以书面答复。复查请求人对复查意见仍然不服的,可以在收到书面复查意见之日起 30 日内再请求复查机关的上一级行政机关复核。复核的行政机关应当在收到复核请求之日起 30 日内提出复核意见。信访人对复核意见再不服,仍然以同一事实和理由提出投诉请求的,各级人民政府信访工作机构和其他行政机关不再受理。第三,规定了县级以上人民政府信访工作机构办理信访事项应及时督办或提出改进建议程序,以及收到改进建议的行政机关应当在 30 日内书面反馈情况;未采纳改进建议的,应当说明理由。第四,规定了信访的听取意见、调查和听证程序。例如,《信访条例》规定:"对信访事项有权处理的行政机关办理信访事项,应当听取信访人陈述事实和理由;必要时可以要求信访人、有关组织和人员说明情况;需要进一步核实有关情况的,可以向其他组织和人员调查","对重大、复杂、疑难的信访事项,可以举行听证。听证应当公开举行,通过质询、辩论、评议、合议等方式,查明事实,分清责任。听证范围、主持人、参加人、程序等由省、自治区、直辖市人民政府规定"。第五,首次规定了复核机关可以举行听证,经过听证的复核意见可以依法向社会公示的程序。

由此可见,修订后的《信访条例》从程序上规范了我国的信访制度,体现了信访程序的公正、公开和对公民程序权利的尊重,具有十分重要的意义。尤其是将听取意见制度、听证制度和说明理由制度纳入信访程序,更是正当程序原则的一个具体体现,反映了政府对民情、民意的一种尊重,对构建和谐的信访制度十分有益。

5. 我国行政补偿救济程序

行政补偿又称行政损失补偿,是行政主体合法行政行为造成行政相对人损失而对相对人实行救济的制度。① 我国《宪法》规定，国家为了公共利益的需要，可以依照法律规定对土地和公民的私有财产实行征收或者征用并给予补偿。这里的"依照法律"进行补偿，实际上就蕴涵了依照法律所规定的程序进行补偿的涵义。新中国建立以后，有很多法律、法规对行政补偿作了规定，尤其是改革开放以后，随着我国民主法制的发展，较多的法律对行政补偿作了规定，以更好地保障公民的基本权利。如《中华人民共和国中外合资经营企业法》、《中华人民共和国野生动物保护法》、《中华人民共和国城镇国有土地使用权出让和转让暂行条例》、《中华人民共和国城市房地产管理法》、《中华人民共和国戒严法》、《行政许可法》等法律、法规，1998年新修改的《中华人民共和国土地管理法》对行政补偿的程序作了较明确的规定，使行政补偿在立法上有了很大的进步。

由于我国关于行政补偿的制度都散见于各种法律、法规之中，没有统一的行政补偿法律规范，通过单行法律、法规对补偿进行规定的立法方式局限性太大。我国现实发挥作用的有关补偿规定是分散的、各自独立并针对不同行政部门的行政执法领域作出的，主要集中在财产的征收和征用方面，这些规定在各自执法领域中对合法行政行为造成的损害救济起到了一定积极作用，但这种依靠单行法律、法规立法的方式过于局限，难以穷尽行政补偿的所有事项。② 更由于长期以来重实体、轻程序观念的影响，我国在行政补偿方面虽有相关规定，但由于没有统一的行政补偿立法，更缺乏相对统一和完善的行政补偿程序。如有学者认为，"由于我国长期'重实体，轻程序'，从而导致立法、执法和司法过程中，程序问题都很容易不受重视。在公用征收补偿领域，本身立法规定就较为欠缺，已有征收补偿规范又概括、原则，很不具体，导致公用征收补偿程序往往无法可依，甚至有了规定也得不到很好的执行。违反正当程序是我国公用征收补偿过程中一个突出的违法问

---

① 参见姜明安主编：《行政法与行政诉讼法》（第二版），北京大学出版社、高等教育出版社2005年版，第712页。
② 同上书，第720页。

题"①。与行政诉讼、行政复议等行政救济制度相比,我国在行政补偿程序方面的制度建设相对来说非常薄弱。这是我们在构建和谐社会进程中必须思考并应当大力建设的一个行政救济程序领域。

从构建和谐的行政补偿程序的角度出发,理应按照正当程序规则的要求,在行政补偿程序中设置通知或公告程序、申请程序、登记或受理程序、审查或调查程序、协商签订补偿协议或依法作出决定程序以及执行程序。② 此外,笔者认为,从保障行政相对人的参与权和话语权的角度来说,还应当设置行政补偿的听证程序,使行政补偿这种特殊的权利补偿方式尽可能地获得公众的认可,从而减少由于行政补偿而产生的纠纷。同时,应当在行政复议和行政诉讼的程序中对行政补偿的救济程序作出进一步的明确规定,从而全面保障行政相对人依法获得补偿的权利。

二、我国行政救济程序的意义

我国行政救济程序制度的建立和逐步走向健全,是我国社会主义民主与法制建设的重要标志,对我国法治建设具有重大的意义。由于行政救济程序本身与行政救济制度难以割舍,所以在论述行政救济程序的意义时,必然以阐述行政救济制度的意义为主。

(一) 行政救济制度的完整建立,表明我国真正具有现代意义的行政法的产生

1988年,一位世界知名的比较法学家访华,当她被告知中国有行政法时惊诧不已:"中国有行政法吗?"她的疑惑与惊异的原因之一大概是当时我国《行政诉讼法》尚未颁布。在身处以司法审查作为行政法核心机制的国家

---

① 沈开举主编:《行政补偿法研究》,法律出版社2004年版,第212—213页。
② 参见应松年主编:《行政法与行政诉讼法学》,法律出版社2005年版,第590—591页。

的她看来,没有司法审查自然就谈不上行政法。① 然而,我国自1989年以后以《行政诉讼法》为标志的行政救济制度的建立与完善,尤其是救济程序制度的建立,使公民、法人或者其他组织的权益受到行政权侵犯,与行政机关发生行政争议时有了明确的救济途径。《行政诉讼法》的颁布以及由此带来的对公民权利的空前维护力度,不但使政府尊重公民个体权利成为一种法定的目标,也预示着政府执政理念将逐渐走向完善,更体现公民的个体权利在我们社会中的价值不断得到提升。

从制度角度说,我国当代行政法制的真正实现,是从《行政诉讼法》的颁布开始的。我国进行政治体制改革与经济体制改革之后,为适应社会经济之发展,制定了大量的行政管理的法律、法规,但这些法律、法规尚不足以证明现代行政法已经形成。"真正有现代意义的行政法,便是1989年制定的行政诉讼法。"《行政诉讼法》对行政的管理和监督,不是从行政权内部寻找力量,而是从外部引进审判权,以审判权来监督行政权。由于该法首先必须以宪法上的审判权和行政权相互分立作为前提,所以,我国现代意义上的行政法制开始形成。② 更有学者将《行政诉讼法》称做中国行政法的"出生证"③,它对我国行政法的重要意义由此可见一斑。同时,行政诉讼以及其他相关救济制度的建立和完善,使公民权益在受到行政权侵害时能得到切实保障,这也是市场经济条件下"权利本位"意识增强的必然反映。行政救济制度进一步扩展了宪法中的平等观念,将法律面前人人平等扩展到行政机关与公民之间。在法律面前,行政权力和公民权利是平等的,若两者有争议,则通过法治的途径解决。以行政诉讼制度为代表的行政救济制度直接促进了我国行政法治理念的形成,同时表明我国现代意义上的行政法制开始形成。

---

① 参见陈端洪:《对峙——从行政诉讼看中国的宪政出路》,《中外法学》1995年第4期。
② 参见罗豪才主编:《现代行政法制的发展趋势》,法律出版社2004年版,第39页。
③ 陈端洪:《中国行政法》,法律出版社1998年版,第6页。

（二）行政救济制度直接促进了依法行政原则和理念的形成

行政救济制度直接促进了依法行政理念的形成，1993年3月31日，第八届全国人大第一次会议通过的《政府工作报告》，正式以政府文件的形式确立了依法行政原则。该报告明确指出：各级政府都要依法行政，严格依法办事。从一定意义上说，行政救济制度不仅建立了一种补救制度，更重要的是建立了一项民主制度，同时又通过这一制度确立了政府必须依法行政的法治理念。如《行政诉讼法》第一次在法律中确立了具体行政行为合法与违法的标准，并规定法院有权对违法的具体行政行为予以撤销。正是在行政诉讼制度的推动下，促进了行政机关依法行政的自觉性，促进了政府管理理念的转变。《行政诉讼法》颁布和实施之后，依法行政的要求常见于各种政府文件，并逐步在全社会形成共识。行政救济制度的建立和实施，使行政机关认识到依法行政的重要性，并通过对这一重要性的认识促进依法行政原则的实施，同时，促进了政府管理理念的转变。2004年3月，国务院发布《全面推进依法行政实施纲要》，提出要在未来的十年中，基本实现建设法治政府的目标。法治政府的基本要求，就是合法行政、合理行政、程序正当、高效便民、诚实守信、权责统一。而这一新型的政府理念的形成，行政救济制度居功至伟。

（三）行政救济制度表明以人为本精神的凸显和行政立法理念的转变

我国行政救济制度的建立，改变了过去只能"官管民"而"民不能告官"的历史传统，表明我国法治建设开始转向以人为本。尤其是《行政诉讼法》和《行政复议法》将违反法定程序的具体行政行为规定为违法无效，是在立法上明确将程序违法提到了与实体违法同等重要的位置，促使人们从更高的层面上审视行政程序法的价值，改变了过去重目的轻手段、重实体轻程序的历史传统，从而有力地推动了行政程序立法的发展。这标志着行政立法在指导思想和价值取向上的一个重大转变，即效率与公正并重，对行政权的确认与对公民权利的保障并重，这些措施对推进我国的法治进程起到了前所未有的重要作用。① 再如我国《国家赔偿法》的颁布,也是对实施《行政诉讼法》的一个必然要求。建立行政诉讼制度的目的之一,就是使当事人被行政活动所侵犯的权益得到补救。"如果赔偿问题得不到解决,人民法院的一些判决无法执行,公民、法人和其他组织被侵犯的权益不能得到恢复和赔偿,不能达到建立行政诉讼制度的目的。"②《国家赔偿法》的施行,使得国家和公民处于平等地位,国家对自身行为也要承担法律上的赔偿责任,《国家赔偿法》使得国家走下"神坛"。《行政诉讼法》、《行政复议法》、《国家赔偿法》构成了我国完整的行政救济法律体系,这是一个巨大的历史进步。"没有救济,就没有权利;没有监督,权力就会腐败。但我们在改革开放之前,甚至在改革开放后的一段时间里,当公民、法人与其他组织的合法权益受到行政主体的不法侵害时,除信访、申诉制度之外,几乎不存在什么有效的法律救济,尤其得不到司法审查。在权利救济与监督行政方面,法院基本上无能为力,从而导致相对方的合法权益无法得到有效的法律保障。这种不正常情况因《行政诉讼法》的出台而发生实质性改变。目前,行政诉讼、行政复议、国家赔偿等行政救济制度业已确立,权利救济与行政权的司法监督体系基本形成,这对于推进行政主体依法行政、保障相对方合法权益而言,的确举足轻重。"③我国行政救济制度以及该制度中所确立的程序制度对我国法治建设的影响是重大的。在制度的发展与演进过程中,各种观念的碰撞、行政救济理论与实践的冲突以及不断的磨合始终伴随其间。然而,从总体情况看,我国行政救济制度在不断完善,而这种发展完善的过程明显凸显了对行政权的依法监督和对公民权利的依法维护。仅从行政诉讼角度,就非常能够说明我国行政诉讼制度的现状与发展,如 22 个国务院部委已经当过被告,这表明对行政行为的司法监督已从基层走向高层。由于基层行政机关

---

① 参见张春生 1998 年 11 月在上海召开的"东亚行政法研究会暨行政程序法国际研讨会"上所作的题为《中国行政程序法的发展与展望》的报告。
② 王汉斌:《关于〈中华人民共和国行政诉讼法(草案)〉的说明》,载《中国法律年鉴》编辑部编:《中国法律年鉴(1990)》,中国法律年鉴社 1990 年版,第 161 页。
③ 罗豪才:《社会转型中的我国行政法制》,载《国家行政学院学报》2003 年第 1 期。

离社会生活最近,与基层群众的关系最密切,所以《行政诉讼法》的实施是从基层开始的。然而,随着行政诉讼制度的演进,对行政行为的司法监督逐步向高层发展。以北京为例,由于北京特殊的区位特点,各级法院还要受理和审理各类涉及中央国家部委和在京中央直属机构的行政案件,被诉主体从乡镇政府到中央政府各部门共4级行政机关。据2005年的统计,国务院28个部委中,有22个部委被行政相对人以各种诉由推上被告席,案件几乎涉及所有行政管理领域。① 同时,据2006年的统计,在辖区内集中了近七成国家部委的北京市第一中级人民法院,自2003年以来,所审理的行政案件中,将国字头的部委行政机关送上被告席的就有111件。② 这说明无论是基层还是高层的执法者,无论是哪个行政领域,都受到法律的严格约束,老百姓懂得了用法律"治官"。再如,2005年3月,150名无锡农民因国土资源部不受理其行政复议申请,而状告国土资源部行政不作为。该案已于2005年3月18日在北京市第一中级法院宣判,国土资源部一审败诉。法院判决国土资源部受理150名农民针对国土资源部《关于无锡市城市建设农用地转用和土地征用的批复》所提出的行政复议申请。在这场诉讼中,代表150名无锡农民前来出庭的胡雪妹等4名村民代表,平均年龄在60岁以上。"4位江苏农民操着浓重的家乡话和国土资源部政策法规司的官员在法庭上论法,但他们有板有眼的表现并不比专业律师差多少。"③ 更为重要的是,通过这样一场诉讼,他们能感受到法律诉讼中的人格平等,感受到法庭是真正说理的地方。无疑,他们将带着这种感受回到他们的乡土,传播一种法治的理念,让更多的人拿起法律的武器来维护自己的合法权益。这一案件彰显出农民在法律意识、规则意识上的进步,是国家民主法制的进步,充分体现了法律面前人人平等。而国土资源部作为国家职能部门,对于普通农民的起诉认真对待,积极应诉,专门派来了政策法规司官员出庭,凸显了国家职能

---

① 参见《民告官案件大幅攀升,国务院22个部委当过被告》,载《法制日报》2005年9月21日。
② 参见《审理状告国家部委案的背后》,载《法制日报》2006年12月31日。
③ 《农民告赢国土资源部》,载《法制日报》2005年3月23日。

部门尊重神圣的法律法规的意识。而法院依法判决国土资源部败诉,则又是对司法公正理念的最好诠释。同时,浙江省高级人民法院于2006年4月14日审理一起由农民起诉的行政案件中,以终审判决的形式确认浙江省人民政府的具体行政行为违法。① 这些案件的判决结果都清楚地说明,我国行政救济的功能,尤其是通过法定的救济程序制度所体现的对公民权利的救济功能在实践中已经发挥了重大的作用。

三、完善我国行政救济制度的核心是完善行政救济程序制度

要完善行政救济制度,主要目标应当是完善行政救济的程序制度。这不仅仅因为行政救济制度主要是由程序规则所组成,程序是行政救济制度的核心,更主要是因为程序是走向公正的桥梁。而行政救济的公正,首先必须体现为救济过程的公正。救济过程的公正,才可能体现救济结果的公正,因为,我们所追求的行政法治,是实体公正与程序公正相统一的行政法治。

(一)我国行政救济程序制度中还存在一些与和谐社会建设不协调之处

行政救济制度是衡量一个国家法治发展水平的重要标准之一。从社会发展的进程来说,这是一个历史性的进步。我国行政救济制度对于促进政府的依法行政,保护公民、法人和其他组织的合法权益方面确实起到了前所未有的重要作用。"行政诉讼和行政复议制度在我国的诞生使人们认识到了为行政相对人提供法律救济程序的重要性"②,同时,这一制度的建立和发展也极大地唤醒了民众的民主法治意识和政府的依法行政意识,沉痛的历史教训使人们深刻地认识到法治建设的重要。改革开放进一步唤醒了人

---

① 参见《民告官诉讼击溃奉化2700亩圈地计划》,载《法制日报》2007年3月18日。
② 马怀德主编:《行政诉讼原理》,法律出版社2003年版,第360页。

们对民主和法治的向往,反映在行政领域,就是要求政府必须依法行政。而要求政府依法行政的最为重要的途径之一就是通过行政救济制度监督政府,即我国行政救济制度使个人和政府在法律框架内对话在制度上形成了可能性。正如有学者所说的,"'个人——政府'对峙结构的建立将对话制文明和一种新的审美原则引入了中国的政治","从此,个人与国家的关系不复是权威与虔诚服从加献身的宗教关系,个人不再跪服在国家阴影之下,而发展成对话关系"①。

二战以后的六十多年里,各国行政法制发展的一个共同趋势就是强化对公民权利的保护,重视权利救济制度的完善,致力于权利救济和救济程序的完整、实效。然而,应当承认,我国行政救济制度在运行过程中,其本身与飞速发展的社会需求之间也存在着不和谐的一面。正如罗豪才教授指出的那样:"虽然这些权利救济与行政权司法监督制度的确立及其实施,对于改变中国行政法制传统而言具有不同凡响的意义,但现在看来,有三个问题仍然比较突出:一是有些制度本身的创制比较粗糙,各种制度之间的衔接不够紧密,规范体系的协调性不够,甚至存在着规范冲突;二是权利救济种类与司法审查范围有限,诸如抽象行政行为至今尚未被纳入行政诉讼的受案范围,这难以有效维护相对方的合法权益、监督行政主体依法行政,也与 WTO 的要求不相适应;三是法律制度与法律实践之间的差距还比较明显,各项权利救济与监督行政制度的实效性还很不够。就此而言,中国行政法制的进一步发展,不仅要继续完善权利救济与行政权监督制度,不断拓宽权利救济与监督行政范围,而且还要严格执法、公正司法,以确保权利救济与监督行政制度富有实效。"②笔者认为,按照中共中央提出的构建和谐社会必须"适应我国社会结构和利益格局的发展变化,形成科学有效的利益协调机制、诉求表达机制、矛盾调处机制、权益保障机制"③的要求,从总体上说,我国行

---

① 陈端洪:《对峙——从行政诉讼看中国的宪政出路》,载《中外法学》1995年第4期。
② 罗豪才:《社会转型中的我国行政法制》,载《国家行政学院学报》2003年第1期。
③ 《中共中央关于构建社会主义和谐社会若干重大问题的决定》,人民出版社2006年版,第27页。

政救济程序在制度层面上还存在着不够完善之处,主要体现在以下几个方面:

1. 行政救济程序的公正性难以得到全面保障

我国的行政救济制度对保障救济程序的公正性作出了一系列的规定,也在实践中对行政救济制度起到了很好的保障作用,然而,这一机制确实还存在着一定的问题。如行政主导性过于强烈,做自己"法官"的倾向过于严重。在行政复议程序中,行政复议机关对于自身所作出的具体行政行为自己复议、自我裁决;在行政赔偿中被认为侵权的行政机关自己确认自己有无违法行为,这已经成为一些行政赔偿案件得不到有效处理的法律障碍,同时也是行政赔偿制度在一定程度上难以得到有效实施的制度性瓶颈等。这种程序公正性制度上保证不足的状况,尤其是难以摆脱做自己"法官"的困境,客观上使行政救济程序的公正性难以得到全面保障。特别在行政复议过程中,行政复议机构不独立,对行政复议的审查原则上采用不予公开的书面程序,同时对行政复议具体承办人员缺乏回避的规定,从而使相关救济结果的公正性难以得到有效的保证。

2. 行政救济程序效率较低,维权的成本过高

有些行政救济程序效率过低,使公民、法人或者其他组织维护自身权利的成本过高。在实践中,公民即使在行政救济中胜诉,所花费的时间和精力也是令人吃惊的。比较典型的一个例子就是,浙江余姚农民朱利峰家,自建的房屋被余姚市政府组织人员强拆。他与政府及其职能部门打起了官司,官司最终打赢了,法院认定政府无权组织强拆,余姚市政府败诉。① 此案虽然被国内法学界称为"里程碑式"的判决,但我们从该判决的形成过程中却看到了其中的很多艰辛:

> 余姚农民朱利峰虽然最终胜诉了,但我从中读到的却并非胜诉者的喜悦,反而是维权道路上的种种艰辛:从起诉规划局不成到起诉规划局和建设局,到驳回起诉再到上诉直至败诉;从又起诉规划局被法院驳

---

① 参见《余姚政府强拆民房输了官司》,载《民主与法制时报》2007年1月29日。

回,转而寻求举报,再到向省政府两次提起行政复议;从将市政府告上法庭一审败诉到终审判决胜诉,农民朱利峰在不到两年的时间里历经了"百转千回"般的维权之路,其过程怎一个"艰辛"了得!①

在实践中,以一个走正常程序的普通行政案件为例,如果法律、法规规定需要复议前置的,申请人申请了行政复议之后,复议机关依法应当在60日内作出复议决定(不算上可能延长的30日);如果对复议决定不服,原告可在接到复议决定书的15日内向人民法院提起诉讼;人民法院即使立案,应当在立案之日起3个月内作出判决;如果当事人对一审判决不服,可在接到判决书的15日内提起上诉,法院对上诉案件应在两个月内作出终审判决。这其中还不包括一审和二审法院之间的周转时间以及法院立案的时间。即使仅按照上述期限计算,一宗普通案件的行政救济程序共需要花费整整8个月时间,如果存在延期审理、中止诉讼、延长审理期限等特殊情形,实际花费的时间可能就要1年以上。在实践中,对于最终原告胜诉的案件复议机关和人民法院总要"慎重又慎重",而这就要公民花费漫长的时间和忍受心灵上的煎熬去等待。有时起诉人千辛万苦终于等来了胜诉的判决,实际上的权利却已经丧失,难以维护,如房屋已被拆成了废墟,厂房已被夷为平地,再去花费时间、精力和财力申请行政赔偿,已是力不从心,且申请赔偿的道路又是极其漫长和艰难的。这种状况,在很大程度上影响了公民申请行政救济的信心。

3. 有些行政救济程序之间的协调性不够

由于国家机关分别设立纠纷解决机制,彼此并不配套,没有形成一套完全无遗漏和无冲突的纠纷解决系统,纠纷的解决有时出现部分解决部分不能解决或部分没人解决的局面。② 在我国行政救济程序中,一些制度和制度之间的协调性还存在相当大的问题,尤其是行政复议与行政诉讼程序之间的某些环节上存在脱节和矛盾,如在受案范围、审查程度、审查依据、决定或

---

① 傅达琳:《公民维权不应"历经磨难"》,载《民主与法制时报》2007年2月5日。
② 参见杨小君:《和谐社会与纠纷解决制度》,载《中国党政干部论坛》2005年第5期。

判决的种类等方面存在很大的差异,《行政复议法》和《行政诉讼法》在这方面缺乏有效的程序规定,只是简单地规定当事人对两种救济途径有选择权,而当事人选择之后的法律结果又有明显的差异。再有就是从行政诉讼程序的角度对行政复议等其他行政救济行为进行有效监督难以体现,两者之间在法律上应有的监督与被监督、救济与再救济的关系在行政救济程序上没有得到很好的显现。此外,法律或者司法解释规定了当事人的程序义务,但却缺乏具体程序规则保障这些程序规则的实施,导致实践中有些程序规则适用的随意性和无序性。这些状况的存在,影响了我国行政救济程序规则之间应有的协调性,从而对救济功能的全面发挥产生了消极的影响。

4. 有的程序设置不合理

在我国的一些行政救济程序中,有些救济程序的设置明显不合理,如在一些涉及税务纠纷方面的行政案件中,相关法律基本上都是规定当事人应当先缴纳税款后才能申请行政复议,而当事人就是因为税务机关所核定的税款过高或者不合理而想通过救济途径加以解决的。如果当事人在申请救济之前无力缴纳税款,行政复议程序乃至此后的行政诉讼程序的启动将无从谈起。这种规定从某种程度上说,是剥夺了当事人申请救济和获得救济的权利。

5. 公开性存在问题

行政救济程序中的某些规则缺乏一定公开性,如《行政复议法》虽然将"公开"作为其基本原则,但实际的运作程序却是原则上采用书面审查的方式,申请人在一般情况下无法与被申请人公开质证和辩论,对复议机关审查案件的具体过程不了解,难以树立对行政复议的信心,也难以从公民的角度对行政复议过程的合法性实施有效的监督。在行政诉讼中,对于被告是否依照法定期限举证等程序性义务的履行过程,也无相应的程序性规则将其公开,难免使公众对这一程序的公正性产生怀疑。

6. 某些程序上还出现了明显的空缺状况

在一些行政救济程序中,有些规定仅仅是"宣示"性质,缺乏与之配套和衔接的具体程序,如《行政复议法》在制度中虽然规定了合法、公正原则,但却缺乏说明理由、禁止单方面接触、当事人复制有关材料、质证、辩论等与法治要求相吻合的程序制度,难以杜绝实践中可能出现的"暗箱操作"现象。同样,《行政复议法》虽然也规定了复议机关在"认为有必要时,可以向有关组织和人员调查情况,听取申请人、被申请人和第三人的意见",但对于调查、听取意见的程序却没有作任何规定。此外,行政补偿虽被作为一种重要的行政救济制度,但我国在行政补偿程序方面的具体规定基本上是处于"阙如"状态,不利于公民行政补偿权的具体实现。最典型的就是我国《行政许可法》第8条规定的信赖保护原则。该条明确规定:"公民、法人或者其他组织依法取得的行政许可受法律保护,行政机关不得擅自改变已经生效的行政许可。行政许可所依据的法律、法规、规章修改或者废止,或者准予行政许可所依据的客观情况发生重大变化的,为了公共利益的需要,行政机关可以依法变更或者撤回已经生效的行政许可。由此给公民、法人或者其他组织造成财产损失的,行政机关应当依法给予补偿。"然而,如何给予补偿,应当按照哪种程序申请补偿和给予补偿,在《行政许可法》已经生效多年后的今天,仍然是一个空白。

7. 缺乏对违反行政救济程序的责任追究机制

由于长期以来对行政纠纷存在的不合理观念,在实践中对于行政救济的诉求采取回避、推诿等行为屡见不鲜,甚至"官官相护",对应当受理的救济请求而不受理,即使受理也不认真进行审查,甚至没有任何理由地使行政救济案件从人间"蒸发"。姜明安教授在《完善行政救济机制与构建和谐社会》一文中所分析的一则案例,就说明了我国行政救济程序在实际运作中的问题:

> 福建省莆田市城厢区龙桥街道办事处外延寿村农民对政府征用他们的土地给予其补偿的标准过低(政府规定每亩补偿9,000元,他们认为根据《土地管理法》等相关法律的规定,每亩补偿费应为30,000元以上)不服,向市政府提出异议,市政府不予理会。之后,农民们依据《行政复议法》向市政府正式申请复议,市政府告知农民:依据《土地管理法

实施条例》第 25 条的规定,相对人对征用土地补偿有异议,应向批准征用土地的人民政府申请复议,请求批准征用土地的人民政府裁决。外延寿村农民们土地征用是由福建省人民政府批准的,故应向福建省人民政府申请复议裁决。于是,农民们向福建省人民政府提出了复议申请,但福建省人民政府以其批准行为属"内部行为"而不予受理。具体理由是:"省政府对莆田市政府 2003 年度第五批次征地的闽政地[2003]159 号批复文件不过是针对莆田市政府关于征地请示所作的内部批复,不直接发生法律效力"。复议不被受理,农民们怎么办呢?根据《行政复议法》的规定,农民们有两个选择,一是直接向法院提起行政诉讼;二是请求复议机关的上级行政机关责令其受理或由上级行政机关直接受理。于是,农民们同时"两条腿走路":一方面通过国务院法制办请求国务院撤销福建省政府"不予受理"的决定和责令福建省政府受理;另一方面向福州市中级人民法院提起行政诉讼。但是,"两条腿走路"没有一条走通了:国务院法制办那边一直没有回复;福州市中级人民法院则拒绝受理,既不立案,也不作出裁定。法院不作为,农民们怎么办?根据最高人民法院关于《行政诉讼法》的司法解释,受诉法院既不立案,也不作出裁定,起诉人可以向上一级法院申诉或者起诉,上一级法院认为符合受理条件的,应予受理;受理后可移交或指定下级法院受理,也可自行审理。于是,农民们向福建省高级人民法院起诉。但福建省高级人民法院也拒绝受理;最后,农民们向最高人民法院起诉,最高人民法院立案庭的法官则建议农民们去信访。于是农民们找到全国人大常委会信访办,全国人大常委会信访办接待了他们,介绍他们到福建省人大常委会办公厅"接谈处理"。就这样,农民们折腾了近两年,吃了多少苦不说,但问题仍没有得到解决。①

对于上述案例,作者发出了这样的感叹:"这说明了什么?说明了我们

---

① 姜明安:《完善行政救济机制与构建和谐社会》,载《法学》2005 年第 5 期。

的现行行政救济机制还有问题,还有缺陷,还不'灵'。"①笔者认为,这一案例中所出现的问题,就是在实践中有关部门没有根据法律履行相关的救济程序义务。从形式上分析,农民们向法院以及其他有关部门所提出的救济请求,都符合法律规定的条件。之所以这些"路"都没有能够走通,关键还是有关部门没有遵守法定程序的结果。这是一起典型的程序"消极冲突"的案件,作者由此发出了质问:此类程序"推磨现象"在全国有多少?② 而这些现象的出现,确实是我国一些行政机关漠视公民的行政救济程序权利和履行自身行政救济程序义务的结果。而关键的问题,则是因为没有责任,没有对违反程序规则的责任追究机制,或者虽有责任追究机制,但这种追究机制却客观上处于"休眠"状态。

总之,构建和谐社会,完善行政救济制度,除了要理性看待行政纠纷外,必须首先在制度建设和实践层面上认识行政救济程序的重要意义。

(二)构建和谐的行政救济程序

和谐社会不是没有纠纷的社会,而是在发生纠纷以后有公正的解决程序,从而使纠纷得到及时、有效的化解。纠纷是由利益引发的,人们正是受利益的驱动而萌发了创造正义规则的需求。从一定程度上说,人们对利益的需求创造了法律。世界上很多的法律制度,尤其是纠纷解决制度,实际上都是为了解决纠纷而有了生存的空间。适度的纠纷促进了人类的制度向良性化方向发展。

有学者指出:"和谐社会并不是一个没有纠纷的社会,任何社会和社会发展的任何阶段,都会有这样或那样的纠纷,无一例外。但是,和谐社会却应当是一个能够将全部社会纠纷纳入解决范围的社会,是一个冤有处伸、诉有人管的社会。从法律制度的整体设计上,不应当留有法律调整不到的'空白',更不应当出现纠纷解决机制不解决的事项。"③综观我国行政救济程序

---

① 姜明安:《完善行政救济机制与构建和谐社会》,载《法学》2005年第5期。
② 参见《莆田农民土地被征投诉无门》,载《法制日报》2005年4月13日。
③ 杨小君:《和谐社会与纠纷解决制度》,载《中国党政干部论坛》2005年第5期。

的制度和实践,都或多或少地存在着一些与构建和谐社会不相协调的现象,我们必须从制度层面和实践层面上努力加以克服,因此,从构建和谐社会的角度而言,完善行政救济制度的关键,就在于要着力构建和谐的行政救济程序。

1. 和谐的行政救济程序是保障公民、组织权利的有效机制

权利依赖于救济,而救济的实现则主要依赖于程序。同样,这首先应当来源于程序的公正,因为,"只有完善之行政救济程序始得确保人性尊严完整实现"①。我们的社会中之所以会发生政府与公民、组织之间的行政纠纷,从一定程度上讲,是实践中还存在着诸多行政侵权的事实。有侵权的存在,必然有被侵犯权利的救济,这是法治社会的一个基本要求。而完善行政救济制度,使其能够有效解决各种行政纠纷,必须首先从行政纠纷解决的程序上进行完善。一是应当把启动纠纷解决程序作为一种法律权利赋予当事人,同时必须在法律上尊重当事人这种程序权利的行使。二是在纠纷的解决过程中,遵循正当、合理的程序规则,以独立的解决机构和体现当代法治公开、透明和平等保护的原则,公正地体现解决行政纠纷的全部过程。三是一切行政纠纷的解决结果,都是在正当程序规则的推进下所产生的。

2. 和谐的行政救济程序是化解行政纠纷、促进社会和谐的有效机制

我国台湾地区学者吴庚认为,程序是以产生裁判或行政行为为目的之处理法律事件的过程及手续,而所谓过程及手续,包括管辖、传唤、送达、调查证据、听取辩论、确定事实、作成决定以及过程中争议之解决等各种事项。② 可见,程序的内涵之一包括了解决争议的过程。根据法治的一般原则对现代纠纷解决程序的要求,应当在纠纷的解决过程中坚持程序权利和义务的平等性,遵循公开和争辩原则,这是纠纷解决程序应当具有的本质特征。尤其是对于政府与公民、组织之间因行政侵权方面的争议而产生的行政纠纷,更应当强调程序的公正和公开,在政府与民众之间构筑一条通向公

---

① 蔡志方:《行政救济与行政法学》,三民书局1998年版,第397页。
② 参见吴庚:《行政法之理论与实务》(增订八版),中国人民大学出版社2005年版,第333页。

正的"桥梁",并通过这种程序,达到及时化解行政纠纷的目的,从而促进政府与公民、组织之间的相互信任,并在根本上促进社会和谐。

3. 和谐的行政救济程序可以降低社会和个人的成本,促进效率的最大化

迅速、及时地解决行政纠纷,尽快化解政府与公民、组织之间的矛盾,应当是行政救济程序制度的最根本的目标。但是,由于无论在制度上还是在实践中,我国行政救济程序还存在着诸多与和谐社会建设的要求不相符合的状况,从而使救济成本增加,公民、法人或者其他组织的救济道路还比较艰难。这必须对我国行政救济程序的各种关系进行协调,消除程序上的某些障碍和冲突,弥补程序规则上的不足,并从制度建设的角度降低纠纷解决成本,简化纠纷解决程序,及时高效地解决行政领域的纠纷冲突。无论是利用行政手段处理纠纷还是通过诉讼程序解决纠纷,都应当健全和扩大简易程序的适用范围,如针对大量的、小额的、简单的行政纠纷,适用简易程序和简单规则及时解决。通过对行政救济程序制度的整合和改造,促进解决行政纠纷效率的最大化,从而实现对公民、法人或者其他组织权利救济效果的最大化。

4. 完善的行政救济程序制度,促进行政纠纷解决机制的规范化

完善行政救济程序制度,可以促进行政纠纷解决机制进一步向规范化、制度化方向发展,从而遏止纠纷解决的非法治化、非制度化倾向,真正发挥行政救济程序制度在建设和谐社会进程中的独特作用。在实践中,由于对行政纠纷还存在着思想上、观念上的一些问题,加上制度本身还存在着一些不足,我国在行政纠纷方面的诉求表达和解决过程中的非法治化、非制度化倾向还十分严重,表现在一些公民、组织在与政府发生争议时,不是通过正当的程序提出问题,而是采取一些非正常的方法表达诉求;有些政府部门和其他部门也存在着不按程序规则办事的倾向,这就不可避免地使一些行政纠纷的解决过程呈现非理性化、非制度化的状况,甚至激化矛盾,产生更严重的冲突。这些状况不仅严重影响了制度功能的正常发挥,也极大地影响了社会稳定,阻碍了和谐社会建设。一位研究信访制度的学者提出了这样

的质问:"如果说无讼、畏官这些传统因素使行政相对人习惯了忍气吞声,那么,为什么每年又有至少数百万的人用信访的方式去争取自己的权利?如果说诉讼费用高妨碍了行政相对人到法院'打官司',那么,为什么每年又有上百万的人不远千里一次次到省城、到北京去'讨说法'?如果说行政诉讼撤诉率高是因为行政相对人担心被地方官员报复,那么,每年数十万的人一而再、再而三地到高层机关重复上访,不依不饶地非要解决问题不可,难道就不怕被地方官员秋后算账吗?"① 虽然信访也是一种表达诉求、获得救济的途径,然而,一味地放弃行政复议和行政诉讼的途径,仅仅以频繁进行上访、信访,甚至以到高层机关去上访和信访为唯一手段,明显地凸显了我们某些制度在范围、功能上的无奈和缺失。完善行政救济制度的根本立足点,还是在于强化各种救济形式的制度,尤其是要通过正当、公正的程序规则体现对公民权利的维护。如由于行政补偿程序规则的缺失,使得公民依法获得补偿的权利无法得到实现,必然会使一些公民以不断上访、信访甚至闹访的形式企图获得补偿。再如在行政赔偿中,由于违法行为不能得到应有的确认,从而使受害者获得行政赔偿的权利落空,也必然会引发无休止的上访甚至闹访等。这种状况的存在,与我们建立行政救济制度的初衷是相违背的,更是与我们所提倡建立的和谐社会格格不入。我们必须在对我国的行政救济程序进行全面和总体分析的基础上,从各个环节上强化其对纠纷解决机制的程序规范作用,使行政救济程序制度真正成为一种科学有效的利益协调机制、诉求表达机制、矛盾调处机制和权益保障机制。

正如有学者指出的,法律程序对于法治国家建设的重要性,理论与实务界已少有争议,但对于如何认知和把握现代法律程序的结构、功能与价值,仍有待进一步研究。我国改革开放所取得的成就,无疑令世人瞩目,而更值得我们关注的是,行政法领域的改革也已经从早期的偏重实体行政法制建设,逐步转向实体制度与程序制度并重的态势。通过规范行政权活动的程

---

① 应星:《论作为行政相对人救济手段的信访》,载周汉华主编:《行政复议司法化:理论、实践与改革》,北京大学出版社 2005 年版,第 276 页。

序来促进公共行政体制改革、提升行政活动效率和民主化程度,并尊重与保障相对方在行政过程中的各种权益,也日益成为社会转型过程中重要的"社会需求"。① 从构建和谐社会的角度而言,通过完善的行政救济程序体现行政救济的制度公正,是体现社会公平正义的重要途径之一。社会公平正义是社会和谐的基本条件,制度是社会公平的根本保证。通过一定的法律程序解决纠纷,是社会不断发展的直接体现。法治在构建和谐社会中的功能之一就是化解社会矛盾,维护社会稳定。在法治社会中,法律和司法承担着社会矛盾"减压阀"的作用。当人们在政治生活中发生分歧和冲突时,通过公开、平等、公正的法律程序,双方可以各抒己见,摆问题,讲道理,澄清事实,使各自所主张的价值与利益通过平衡得到实现。经过正当化过程的决定也能够最大限度地消除抵触情绪,使决定更容易权威化。当人们的利益受到来自他人或组织的损害时,他们可以通过法律或司法得到保护,而不需要通过暴力来发泄他们心中的怨恨。② 作为限制和规范公共权力、保障公民权利的行政法应当担当起这一重任。曾有学者认为,行政法作为调整行政权力和公民权利关系的公法,对行政机关来说,是以法制约其权力以避免侵犯公民权利;对公民来说,是确保公民的权利受到行政机关侵害后能得到有效的救济。从这个角度来说,行政法就是权利救济法。③ 笔者认为,行政救济程序应当担当权利救济这一功能。作为我国法律制度重要组成部分的行政救济制度的建立,使个人和政府在法律框架内对话在制度上形成了可能性。从对立走向对话,不但是一种政府执政观念的根本转变,更重要的是政府与公众之间信任和谐关系建立的开始。从这个角度上说,充分发挥行政救济制度的整体功能,构建和谐的行政救济程序对和谐社会建设的意义非常重大。

---

① 参见应松年、王锡锌:《中国的行政程序立法:语境、问题与方案》,载《中国法学》2003年第6期。
② 参见孙谦:《法治与和谐社会》,载中国博士后科学基金会、中国社会科学院、中国社会科学院法学研究所主编:《法治与和谐社会建设》,社会科学文献出版社2006年版,第7页。
③ 参见张树义:《行政法与行政诉讼法学》,高等教育出版社2002年版,第132—133页。

第四章 构建和谐的行政复议程序

从广义角度说,行政复议是行政救济的一种。而从狭义角度而言,行政救济一般指行政复议,即指行政系统内部的救济。在我国,行政复议是指公民、法人或者其他组织认为行政主体的具体行政行为侵犯自己的合法权益,而向法定的行政机关申请复查,行政机关对具体行政行为进行审查后作出复议决定的活动。

行政复议制度是一种重要的法律制度。根据我国《行政复议法》的规定,通过行政复议,行政复议机关在对被申请复议的具体行政行为进行审查的基础上,可以依法撤销或者改变违法或者不当的具体行政行为,使公民、法人或者其他组织的合法权益得到保护,同时通过行政复议,可以有效地保障和监督行政机关行使行政职权,促进依法行政。与行政诉讼等救济形式相比,行政复议是行政机关自我反省、自我纠错的一种自律性质的法律机制。同时,作为一种行政救济手段,行政复议的程序是实现救济目的的重要途径。行政复议是解决行政争议、化解行政纠纷、促进政府与公民之间关系和谐的重要法律制度。鉴于我国行政复议制度的具体情况,党的十六届六中全会所通过的《中共中央关于构建社会主义和谐社会若干重大问题的决定》明确提出了"完善行政复议制度"的要求,由此可见行政复议制度在构建和谐社会进程中的独特作用。

自 2007 年 8 月 1 日起,由国务院根据党中央关于"完善行政复议制度"的要求所制定的《行政复议法实施条例》施行。由于该条例是在《行政复议法》实施 8 年之际才颁布和施行的,所以有必要从制度与实践的角度在对我国《行政复议法》所规定的复议程序进行全面分析的基础上,对我国行政复议程序的和谐性进行分析。

一、我国《行政复议法》中关于复议程序的内容

根据我国《行政复议法》的规定,行政复议所应当遵循的原则是:(1) 行政复议遵循合法、公正、公开、及时、便民的原则。根据上述原则,行政复议活动必须符合《行政复议法》以及其他法律、法规的规定,体现其过程和决定的合法性;行政复议机关在行政复议过程中必须公正地对待行政复议当事人,平等地保障当事人行使权利,不能对其中的一方有所偏袒,以体现复议程序和复议结论的公正性;行政复议的过程和结果应当公开、透明,杜绝暗箱操作;行政复议机关对行政复议申请应当及时受理、审查、作出复议决定,以保障能够尽快地对公民权利予以及时的救济;行政复议应当发挥其简便、易行的特点,为公民申请复议、参加复议活动提供便利。(2) 行政复议遵循"有错必纠"的原则。该原则要求行政复议机关在复议过程中,发现有违法或者不当的具体行政行为,必须依法予以纠正。行政复议制度的宗旨,就是防止和纠正违法或者不当的具体行政行为,监督行政机关依法行使职权,维护公民、法人或者其他组织的合法权益。要发挥这一功能,就必须坚持"有错必纠"的原则。(3) 行政复议遵循保障法律、法规正确实施的原则。在行政复议过程中,无论是纠正违法的具体行政行为,还是纠正不当的具体行政行为,目的都是为了保障法律、法规的正确实施。(4) 行政复议遵循司法最终解决原则。行政复议和作为司法救济手段的行政诉讼的目的基本上是一

致的,都是通过一定的救济程序纠正错误的具体行政行为,保障公民、法人或者其他组织的合法权益。行政复议是对公民权利进行救济的一种方式,但不是唯一和最终的方式,除了法律有特殊规定的情形之外,一般情况下,当事人对行政复议决定或者复议机关的不作为行为不服的,可以再向人民法院提起行政诉讼,由司法机关进行最终的救济。行政复议的原则是行政复议程序的基本准则。依照上述内容,我国行政复议制度中的程序主要包括行政复议申请程序、行政复议受理程序、行政复议审查和决定程序、对行政复议的监督和救济程序。

(一)行政复议申请程序

行政复议必须由认为具体行政行为侵犯自己合法权益的公民、法人或者其他组织依法向复议机关提出救济的申请。行政复议的申请程序包括:申请复议的范围、申请的期限和方式、复议机关、申请行政复议救济与提起行政诉讼救济的关系等。其中很多程序性的规定体现了行政复议基本原则的要求,如申请行政复议的范围基本包括了所有具体行政行为;国务院各部门、县级以上地方人民政府及其工作部门、乡镇人民政府的规定也可以在行政复议程序中一并被申请审查;对国务院部门、省级人民政府对自己作出的具体行政行为进行复议后所作出的复议决定不服的,可以选择向国务院申请裁决或者向人民法院提起行政诉讼等规定,具体体现了行政复议有错必纠、保障法律、法规正确实施的原则。关于申请期限和方式以及对复议机关选择等方面的规定,同样体现了便民和公正原则的要求,如规定公民、法人或者其他组织认为具体行政行为侵犯其合法权益的,可以在知道具体行政行为之日起60日内申请行政复议,但是法律规定的申请期限超过60日的除外;申请行政复议,既可以书面申请,也可以口头申请,口头申请的,行政复议机关应当场记录申请人的基本情况,行政复议请求,申请行政复议的主要事实、理由和时间;行政复议管辖方面的规定更便于申请人选择复议机关等,从而更有利于保护当事人申请行政复议救济的权利。

(二)行政复议受理程序

《行政复议法》规定,行政复议机关收到行政复议申请后,应当在5日内进行审查,对不符合法律规定的行政复议申请,决定不予受理,并书面告知申请人;对符合法律规定,但是不属于本机关受理的行政复议申请,应当告知申请人向有关行政复议机关提出。除上述规定外,行政复议申请负责法制工作的机构收到之日起即为受理。与原来《行政复议条例》相比,缩短了行政复议机关受理行政复议申请的审查期限,《行政复议条例》规定行政复议机关受理行政复议申请的审查期限为10日。同时,《行政复议法》规定了公民、法人或者其他组织依法提出的行政复议申请,行政复议机关无正当理由不予受理的,上级行政机关应当责令其受理;必要时,上级行政机关也可以直接受理。对于行政复议机关的不予受理行为,申请人可以依法向人民法院提起行政诉讼。这些规定对于体现便民、公正和"有错必纠"原则,加强对行政复议受理阶段的法律监督等都具有积极意义。

(三)行政复议审查和决定程序

审查和决定程序是行政复议的中心环节。在这一环节中,《行政复议法》规定了相关程序:第一,规定行政复议的审查方式,行政复议原则上采取书面审查的办法,但是申请人提出要求或者行政复议机关负责法制工作的机构认为有必要时,可以向有关组织和人员调查情况,听取申请人、被申请人和第三人的意见。这一规定明确了书面审查仅是原则上的审查方式,并不排除公开听取意见的方式的使用。这有利于行政复议机关在必要的情况下广泛听取意见,以保障复议的公正性。第二,明确规定被申请人的举证责任和举证程序以及申请人查阅有关证据、材料的权利。要求被申请人必须在收到复议申请书副本或者申请笔录复印件之日起10日内提出书面答复,并提交当初作出具体行政行为的证据、依据和其他有关材料,申请人、第三人可以查阅被申请人提出的书面答复及作出具体行政行为的证据、依据和其他有关材料,除涉及国家秘密、商业秘密或者个人隐私外,行政机关不得拒绝,而且被申请人在行政复议过程中不得自行向申请人和其他有关组织或者个人收集证据。该法进一步规定,被申请人不按照法定程序提出书面答复,提交当初作出具体行政行为的证据、依据和其他有关材料的,视为该具体行政行为没有证据、依据,行政复议机关应当决定撤销该具体行政行为。上述规定,强化了被申请人在行政复议中的举证责任,使行政复议的证据制度基本上符合救济制度的要求。第三,规定对有关规定进行审查的程序。申请人申请复议时,一并提出对国务院各部门、县级以上地方人民政府及其工作部门、乡镇人民政府的规定的审查申请的,行政复议机关有权处理的,应当在 30 日内处理;无权处理的,应当在 7 日内按照法定程序转送有权处理的行政机关依法处理,有权处理的行政机关应当在 60 日内依法处理。对于行政复议机关在对被申请人作出的具体行政行为进行审查时,认为其依据不合法,本机关有权处理的,应当在 30 日内依法处理;无权处理的,应当在 7 日内按照法定程序转送有权处理的国家机关依法处理。在上述两种情形的处理期间,中止对具体行政行为的审查。这一规定,对于从程序角度赋予相对人对部分规范性文件的审查请求权,体现包括对一部分抽象行政行为在内的行政行为的监督权,贯彻"有错必纠"和保障法律、法规正确实施和公正等原则具有重要意义。第四,规定行政复议机关对具体行政行为作出复议决定前的审查程序。行政复议机关负责法制工作的机构应当对被申请人作出的具体行政行为进行审查,提出意见,经行政机关的负责人同意或者集体讨论通过后,依法作出行政复议决定。这对于保证行政复议决定的合法性、公正性具有一定的积极意义。第五,规定在一定范围内行政复议是行政诉讼的前置程序以及行政复议为最终裁决的。如《行政复议法》第 30 条规定,公民、法人或者其他组织认为行政机关的具体行政行为侵犯其已经依法取得的土地、矿藏、水流、森林、山岭、草原、荒地、滩涂、海域等自然资源的所有权或者使用权的,应当先申请行政复议;对行政复议决定不服的,可以依法向人民法院提起行政诉讼。同时,根据国务院或省、自治区、直辖市人民政府对行政区划的勘定、调整或者征用土地的决定,省、自治区、直辖市人民政府确认上述自然资源的所有权或者使用权的行政复议决定为最终裁决。从立法本意来说，上述规定有利于减少解决问题的费用，提高解决问题的效率，体现及时解决纠纷的要求。① 第六，明确规定了行政复议机关对具体行政行为审查并作出行政复议决定的期限以及行政复议决定书的形式。《行政复议法》第31条规定，行政复议机关应当自受理申请之日起60日内作出行政复议决定；但是法律规定的行政复议期限少于60日的除外。若案件情况复杂，不能在规定期限内作出行政复议决定的，经行政复议机关的负责人批准，可以适当延长，并告知申请人和被申请人；但是延长的期限最多不超过30日。行政复议机关作出行政复议决定，应当制作行政复议决定书，并加盖印章。上述规定对于保证行政复议机关及时作出行政复议决定、体现行政复议决定的法定形式要求具有积极意义。

（四）对行政复议的监督和救济程序

行政复议虽然属于行政救济制度的范畴，但由于属于行政系统内部的救济，其行为本身也是一种行使行政权力的体现，具有行政行为的特征，因此，行政复议行为同样要受到监督，同时公民、法人或者其他组织对行政复议行为不服的，理应可以再申请相关的救济。《行政复议法》从保证行政复议的合法性、公正性，体现"有错必纠"，保障法律和法规正确实施以及司法最终原则的角度，对行政复议的监督和救济程序作出规定。其一，规定行政复议决定受司法监督的原则。该法规定，公民、法人或者其他组织对行政复议决定不服的，可以依照《行政诉讼法》的规定向人民法院提起行政诉讼，但是法律规定行政复议为最终裁决的除外。这一规定在一定范围内确立了司法最终原则。其二，规定国务院对省、部级行政机关对自身作出的具体行政行为所作的行政复议决定的监督权。根据《行政复议法》第14条规定，对国务院部门或者省、自治区、直辖市人民政府的具体行政行为不服的，向作出该具体行政行为的国务院部门或者省、自治区、直辖市人民政府申请复议。

---

① 参见乔晓阳主编：《中华人民共和国行政复议法条文释义及实用指南》，中国民主法制出版社1999年版，第139—142页。

对行政复议决定不服的,可以向人民法院提起行政诉讼;也可以向国务院申请裁决,国务院作出的裁决为最终裁决。上述规定在一定程度上强化了国务院对省、部级行政机关对其自己作出的具体行政行为所作的行政复议决定的监督权,从而对保障省、部级行政机关行政复议决定的合法、公正具有一定意义。

然而,一个基于良好愿望所制定的法律,在应对现实问题时,也可能出现与愿望相违背的状况。尤其是在制度设计还存在一定缺陷的情况下,与现实需要的距离就会更明显。《行政复议法》虽然力图以比原《行政复议条例》更为科学和公正、便民的面貌出现,但由于在有关制度的设计以及实践中对行政复议制度的认识还有待于进一步提高,使这部法律在实施过程中产生了很多问题,极大地影响了行政复议制度功能的有效发挥。其中出现的较多问题,是与程序中的缺陷密切相关的。

二、我国《行政复议法》背景下的行政复议程序问题分析①

我国《行政复议法》对于完善我国的行政复议制度,尤其是对于健全我国的行政复议程序制度,起到了一定的积极作用,与原来的《行政复议条例》相比,增加了很多有意义的规定。然而,从制度的完备性角度来说,我国行政复议程序的缺陷也是明显的。虽然,全国每年通过行政复议解决八万多起行政争议,纠正了一大批违法、不当的具体行政行为,但行政复议工作还面临不少问题。有的地方和部门的领导不善于运用行政复议手段解决矛盾和问题;有的地方和部门不积极受理审查符合法定条件的行政复议案件,相互推诿、敷衍塞责,致使相当一部分行政争议的处理仍游离于法定渠道之外。根据 2006 年 12 月召开的全国行政复议工作座谈会上传出的信息,有

---

① 由于我国《行政复议法实施条例》于 2007 年 8 月 1 日起实施,所以本部分内容主要以《行政复议法》背景下的制度和实践为分析对象。

70%进入行政诉讼的行政案件没有经过行政复议程序。① 这表明我国行政复议作为一种行政救济制度的功能在实践中还没有得到完全的体现,尤其是其中一些程序上的缺陷和观念上的落后,制约了行政复议制度正常功能的发挥。

(一) 我国行政复议程序的不足之一：与行政行为中的听证程序之比较

我国《行政复议法》在程序上的某些不足之处,可以通过和一般行政行为的听证程序的比较中看出。行政复议制度与一般行政行为的听证制度都是由第三者听取争议双方意见后再作出相应决定的行为。不同之处在于,行政行为听证一般属于行政行为进行过程中的事中程序,而行政复议属行政行为事后监督与救济程序。一般来说,涉及事后监督与救济的程序应当比一般行政行为的事中程序更为完善和严密。笔者试图通过对这两者的比较,阐明我国《行政复议法》中相应程序的不足之处。

听证是行政程序中的一项核心制度,它是指行政机关在作出影响行政管理相对人权益的决定之前,听取相对人意见的制度。从当今世界各国的行政立法看,听证制度是现代行政程序立法的一项重要制度。自从美国在1946年制定的《联邦行政程序法》中对听证制度作出明确规定以后,许多国家的行政程序立法中都规定了听证程序。如西班牙1958年《行政程序法》、德国1976年《行政程序法》以及日本1993年《行政程序法》等。听证制度的确立,改变了传统行政法上以行政效率优先的行政法原则,而代之以保障公民基本权利和对行政权的行使加以有效控制的行政法原则。由于世界各国国情和法律制度不同,听证制度的内容也存在着差异。我国《行政处罚法》首次规定了听证制度,此后,我国《中华人民共和国价格法》、《行政许可法》等法律也对此作了明确规定。一般来说,行政行为过程中的听证程序应当包括下列内容：

一是通知。这一程序要求行政机关在举行听证之前应将有关听证的事

---

① 参见《七成行政诉讼案诉前未经行政复议》,载《法制日报》2006年12月4日。

项告知行政相对人,通知在程序上发挥着行政机关和行政相对人之间的沟通和联系作用。通知是听证必不可少的程序,它是行政相对人获得听证权的一种程序保障。我国《行政处罚法》第42条规定:"行政机关作出责令停产停业、吊销许可证或者执照、较大数额罚款等行政处罚决定之前,应当告知当事人有要求举行听证的权利;当事人要求听证的,行政机关应当组织听证。""行政机关应当在听证的七日前,通知当事人举行听证的时间、地点。"《行政许可法》第46条规定:"法律、法规、规章规定实施行政许可应当听证的事项,或者行政机关认为需要听证的其他涉及公共利益的重大行政许可事项,行政机关应当向社会公告,并举行听证。"第47条规定:"行政许可直接涉及申请人与他人之间重大利益关系的,行政机关在作出行政许可决定前,应当告知申请人、利害关系人享有要求听证的权利;申请人、利害关系人在被告知听证权利之日起五日内提出听证申请的,行政机关应当在二十日内组织听证。"第48条规定:"行政机关应当于举行听证的七日前将举行听证的时间、地点通知申请人、利害关系人,必要时予以公告。"美国1946年《联邦行政程序法》第554条规定,通知告知的范围包括:"a. 审讯的时间、地点、性质;b. 举行听讯的法律根据和管理权;c. 审讯所涉及的事实问题和法律问题。"这说明听证的通知程序是听证程序得以正常进行的首要步骤,也是行政相对人获得听证权的一项前提性程序。

二是听证主持人。听证主持人是指负责主持听证的人员,一般应由拟作出行政处理决定的行政机关指派具有相对独立地位的本机关人员担任此职。国外对听证主持人资格有较严格的规定。如英美法系国家强调"自然公正"原则,该原则核心内容是"当事人不能作为自己案件的法官",依据这一原则,追诉人与听审人应予分离。我国《行政处罚法》明确规定:"听证由行政机关指定的非本案调查人员主持;当事人认为主持人与本案有着直接利害关系的,有权申请回避。"《行政许可法》规定:"行政机关应当指定审查该行政许可申请的工作人员以外的人员为听证主持人,申请人、利害关系人认为主持人与该行政许可事项有直接利害关系的,有权申请回避。"这一系列规定的目的就是要使听证活动的主持人处于一种超然于调查人员与相对人之外的相对独立地位,以体现听证的公正性。听证主持人如果与本案有直接利害关系,应主动回避,当事人也有权要求他们回避。

三是听证参加人。听证参加人包括当事人及其代理人、案件调查人员或审查人员等。当事人是指被事先告知将可能与行政机关的行政行为有法律上利害关系的人,在我国行政处罚程序中主要是指可能受行政处罚的人,在行政许可程序中是指行政许可的申请人或者与申请人所申请的行政许可事项有重大利害关系的人。当事人有权要求举行听证或放弃听证,有权申请回避,有权委托代理人参加听证,有权进行陈述、申辩和质证以及对听证笔录进行审核。案件调查人员或审查人员是指行政机关中具体承办案件的执法人员,主要从事案件的调查、取证工作和审查工作,他们也是听证的主体。国外有关听证程序的规定,一般也把这类人员视为广义的当事人。但我国《行政处罚法》所规定的听证程序当事人不包括这类人员。在听证过程中,调查人员或审查人员应当提出案件的事实、证据和行政处罚建议,在行政许可听证程序中应当提出审查意见的证据、理由,当事人有权依法就有关事实及适用法律与调查人员、审查人员进行申辩、质证。

四是听证的公开进行。听证的进行是听证制度的核心和关键内容,它是行政相对人向行政机关陈述意见、递交证据或对证据进行质证、反驳的过程。为了保证听证功能的实现,听证必须公开进行。如美国、日本都规定听证原则上必须公开,除非涉及法律规定不公开的理由,因而听证方式上采用口头形式为主。① 我国《行政处罚法》规定:"除涉及国家秘密、商业秘密或者个人隐私外,听证公开举行。"《行政许可法》也规定,"听证应当公开举行"。听证程序的公开化,是我国行政程序公开的一项关键步骤,它有利于形成公民参与行政活动并对行政执法进行监督的良好机制。

五是制作听证笔录。听证作为一项行政程序,其活动的整个过程应以书面形式加以记载。我国《行政处罚法》规定:"听证应当制作笔录;笔录应当交当事人审核无误后签字或者盖章。"我国《行政许可法》也有类似的规

---

① 参见章剑生:《行政程序法学原理》,中国政法大学出版社 1994 年版,第 123 页。

定。听证笔录是整个听证程序如实、全面的书面记载。听证程序笔录的内容会影响到行政决定的结果,行政机关应将笔录交当事人审核,如果当事人认为笔录中关于其陈述、申辩和反驳等内容的记载,与自己所述内容不符的,应当向行政机关提出,行政机关应当予以纠正。当事人经审核认为笔录无误的,应当在笔录上签字或者盖章。

六是行政决定。它是行政机关在通过听证所获得的证据材料基础上对行政事项所作出的处理决定。决定本不属于听证程序的固有内容,但它属于听证程序的结果。根据我国《行政处罚法》的规定,听证结束后,要由行政机关负责人根据听证程序中收集的内容,分别不同情况,依法作出是否给予行政处罚的决定。《行政许可法》对此也有明确规定,即行政机关应当根据听证笔录,作出行政许可决定。这些都说明听证笔录是行政机关作出行政决定的重要依据。

作为行政程序法中的一项重要内容,听证制度的法律价值直接体现了行政公正。行政公正是行政程序法的一个价值目标,行政程序法中各种繁琐的规定,无一不是为了保证这一价值的实现。我国在行政处罚和行政许可等领域中设置听证程序的主要目的,也是着眼于赋予可能受行政决定影响的当事人为自己权益进行辩护的权利,从而保障行政行为的公正和合法。随着我国法治建设的进一步发展和行政民主的不断完善,听证制度所适用的范围将不断扩大,它终将成为我国行政行为程序规范中一个普遍适用的程序制度。

通过以上听证制度的具体程序,说明在一般行政行为之中,程序性要求也是相当高的。当代行政法治的发展,使人们逐渐认识到,法律的正义唯有通过正义的程序才能得到真正的实现。公正的程序是正确选择和适用法律的基础,从而也是体现法律正义的根本保证。通过完善的行政程序制度体现公民参与制度,发展以对公民权利的保障和对行政权力的限制为主要内容的行政民主保障机制,是当代行政法治发展的一项核心要求,也是依法行政原则的一个中心环节。马克思指出:程序是"法律的生命形式,因而也是法律的内部生命的表现"①。当代先进的法治国家的有益经验证明,以行政程序的完善来推进国家行政活动的法治化,促进行政行为的实体合法,是建设法治社会的重要标志之一,这也是世界各国将听证制度作为行政程序核心制度的根本原因。

行政复议程序从其性质看,仍属行政程序的一部分,它不但应遵循一般行政行为的程序规则,同时又必须体现其特殊要求。作为一项行政救济制度,行政复议既属于对行政机关行政行为的事后监督,又是对公民、法人或者其他组织认为自己合法权利受侵犯以后的法律补救,同时也是行政复议机关的一种裁决行政争议的行为,因此,其程序性要求理所当然地应比一般行政行为的程序性要求更高。

我国《行政复议法》在立法宗旨上突出了对公民、法人或者其他组织合法权益的保护,同时也突出了对行政机关依法行使职权的监督。在行政复议的具体程序上,它包括申请、受理、审查、决定和决定的履行等制度。根据前面笔者对我国行政复议程序内容的分析,应当承认,《行政复议法》在行政复议程序方面作出了很多有意义的规定,体现了《行政复议法》对原来行政复议制度的新发展,与原《行政复议条例》相比,已有了前所未有的巨大进步。

但是,如果将《行政复议法》中所规定的行政复议程序与一般行政行为中的听证程序相比,仍有较多的不足,有的甚至比听证程序更为简单。具体表现为:

第一,自动受理制度忽视了通知程序。根据《行政复议法》第17条规定,行政复议机关对不予受理或不属于本机关受理的行政复议申请,应通知或告知申请人。除此之外,行政复议申请自行政复议机关负责法制工作的机构收到之日起即为受理。这一自动受理制度表面上看似简便,但却忽略了行政复议机关应当履行的通知或告知义务,因为行政复议申请依法被受理,是当事人在行政复议程序中一系列权利义务开始的标志。由于申请人

---

① 《马克思恩格斯全集》第1卷,人民出版社1956年版,第178页。

无法得到复议机关的受理通知,如果复议机关否认曾收到过复议申请并且在复议期满后也不作任何处理,一旦复议时效超过,申请人将不仅仅丧失复议权利,对于依法必须经复议程序才能提起行政诉讼的案件,甚至还会丧失提起行政诉讼的权利,因为受理通知是否收到,只有复议机关知道,申请人并无证据证明。

第二,书面审查制度与法律所规定的公开原则相违背。《行政复议法》第22条规定:"行政复议原则上采取书面审查的办法,但是申请人提出要求或者行政复议机关负责法制工作的机构认为有必要时,可以向有关组织和人员调查情况,听取申请人、被申请人和第三人的意见。"由此可见,我国行政复议原则上采取书面审查,即在一般情况下,并不要求当事人到行政复议机关陈述主张和理由,仅由行政复议机关依照申请人提交的申请书、被申请人提交的证据和依据等书面材料进行审查。这一做法,虽然方便了复议当事人,也在一定程度上提高了行政效率,但却与《行政复议法》自己所主张的公开原则相违背,也与一般行政行为听证制度中的申辩与质证原则存在较大距离。《行政复议法》第4条明确规定了行政复议的基本原则之一就是公开,公开是现代行政程序的一项基本内容。在一般行政程序中,听证制度的建立,就是以行政行为的公开化为主要表现形式的,它以行政程序的公开和相对人参与并有权要求发表意见为其主要内容。公开原则的重要环节之一就是行政行为的过程和内容应当公开,目的在于增加行政程序的透明度,保证当事人在对有关事实和证据、适用的法律在充分了解和知情的前提下展开质证和辩论,从而保障行政决定的公正和合法。笔者认为,公正和合法必须通过公开的行政程序才能得到体现,否则将无法达到目的。而目前《行政复议法》规定原则上只进行书面审查,这种办法强调在行政复议程序中进行,行政复议机关一般只对包括行政复议申请和行政复议答辩材料在内的有关书面材料进行审查,原则上不再向申请人、被申请人、第三人以及其他有关组织和人员进一步调查了解情况。这一规定既使申请人、被申请人以及第三人对行政复议的审查过程无法了解,也使申请人与被申请人之间无法展开必要的辩论,行政复议机关在一般情况下也无法直接听取争议双方的意见,从而使行政复议的审查过程过于简单化,不符合当代行政程序的基本要求。不少行政复议机关也认为,这种突出书面审理的做法,优点是效率较高,但是也明显存在不利于方便群众和公正处理案件的缺陷,尤其对于重大复杂或疑难案件不易查明事实真相,认定事实容易出现差错,不利于保护公民、法人或者其他组织的合法权益。故笔者认为,在我国执法程序尚不完善、执法行为尚不规范的情况下,将书面审理作为主要制度是不恰当的。①

第三,缺乏有关回避的法律规定。利害关系人必须回避,是各国行政程序中普遍采用的一项法律原则,这是实现公正原则的一项重要制度。美国1946年《联邦行政程序法》第556条对于主持听证官员的资格、自行回避或申请回避等都有明确规定。我国《行政处罚法》第37条明确规定,在行政机关调查或者进行检查取证时,执法人员与当事人有直接利害关系的,应当回避。《行政处罚法》第42条也规定了当事人认为听证主持人与本案有直接利害关系的,有权申请回避。《行政处罚法》和《行政复议法》所规定的听证程序中均有关于听证主持人回避的规定。可见,在一般行政程序中,同行政相对方或行政事项有利害关系的公务员必须回避,避免参与有关行政活动,从而确保行政活动过程与结果的公正性是一项基本的要求。但是,我国《行政复议法》中却无关于回避的规定。而且,由于我国《行政复议法》规定对行政复议原则上采取书面审查,客观上使当事人无从知道由谁在具体进行审查,从而使申请回避的权利受到了限制,而缺乏回避制度的行政程序,从法律角度来说是不够健全的。

第四,缺乏告知权利程序。因为没有行政复议被受理后的通知程序和行政复议一般采取书面审查原则,从而导致在行政复议过程中,行政复议机关无法向申请人告知有关行政复议中的权利,这不但与一般行政行为的听证程序无法相比,甚至比行政处罚中的简易程序还"简易",根据《行政处罚法》第31条规定,行政机关在作出行政处罚决定之前,应当告知当事人作出

---

① 参见方军:《我国行政复议制度的实施现状与问题》,载周汉华主编:《行政复议司法化:理论、实践与改革》,北京大学出版社2004年版,第153页。

行政处罚决定的事实、理由及依据,并告知当事人依法享有的权利。这当然也包括适用简易程序作出的行政处罚。这使申请人可能对自己的权利不甚了解而影响其在行政复议中权利的行使,对行政复议应有的公正性也会产生消极的影响。

总之,从行政复议程序与一般行政行为听证程序的上述对比中,我们可以非常明显地看出我国《行政复议法》所规定的行政复议程序在制度上的明显缺陷。

(二)我国行政复议程序的不足之二:其他程序规则的缺失

除了上述与一般行政行为听证程序相比所显示出来的缺陷外,我国行政复议程序在其他方面还存在着一些明显的缺陷,主要表现为部分应有程序规则的缺失。

1. 行政复议申请程序中存在若干缺陷

行政复议申请程序是行政复议是否能够启动的关键,因此,对该程序的设置应当非常严密。然而,我国《行政复议法》虽然对申请程序作了规定,但还是出现了一些疏漏。第一,行政复议申请的条件没有具体规定。《行政复议法》第9条仅仅规定"公民、法人或者其他组织认为具体行政行为侵犯其合法权益的",可以在法定期限内申请行政复议,但是却没有申请条件的具体规定,由此导致实践中申请状况不一,也无法通过既定的程序规则使其统一。例如,《行政复议法》取消了原《行政复议条例》中行政复议机关对不符合形式要件的申请书发还申请人要求限期补正的规定,但实践证明这一制度仍是切实可行的。申请人提出的行政复议申请,最低限度应包括申请人、被申请人、具体行政行为的存在、该具体行政行为的实施日期等基本内容,欠缺其中任何一项,该申请都不符合严格的法定申请条件,行政复议机关如果严格依法不予受理显然欠缺公正考虑,但依法受理又依据不足,此时,责令申请人限期补正相关内容,要比断然不予受理或者驳回更接近公正目的,也更符合行政复议制度具有的救济和监督的基本价值,而行政复议机关则可以根据补正后的内容来决定对该申请的处理。① 而《行政复议法》对这一程序制度的取消,既不利于申请人依法申请行政复议,也不利于行政复议机关提高行政复议的审查效率。第二,对于行政机关不制作、不送达具体行政行为决定书或者不依法告知复议期限和复议机关的,没有规定具体的申请期限,客观上有可能使申请人的权利无法得到保护。第三,没有关于申请人资格转移和承受的具体程序性规定。《行政复议法》第10条第2款规定:"有权申请行政复议的公民死亡的,其近亲属可以申请行政复议","有权申请行政复议的法人或者其他组织终止的,承受其权利的法人或者其他组织可以申请行政复议",但这里同样缺乏继受权利的具体程序规则。此外,在行政复议过程中,如果作为申请人的公民死亡、丧失行为能力、法人或者其他组织终止的,应当使用何种程序使行政复议中止或终止,或者由权利的继受者继续进行行政复议,《行政复议法》都没有作出明确的程序规定。

2. 缺乏对部分抽象行政行为进行审查的程序性规定

我国《行政复议法》虽然首次在行政救济程序中规定了申请人在对具体行政行为申请复议时,可以一并提出对国务院各部门、县级以上地方人民政府及其工作部门、乡镇人民政府的规定进行审查的权利,这应当说"对于加强和完善我国行政监督救济制度具有重要而深远的意义"②,但是,这一制度在程序上仍嫌过于简陋,存在一系列问题。例如,复议机关或其他有权机关审查处理违法的规范性文件应适用哪种程序,当事人在其中能否参与并表达意见以及如何表达;申请人提起行政复议申请时一并提出了对有关规范性文件的审查申请,但复议机关不予审查或不依法转送有权机关进行审查时,如何进行监督;对规范性文件的审查,是以该文件的整体为审查对象还是仅以直接作为具体行政行为依据的部分为审查对象;对规范性文件审查后作出的处理,它的效力是普遍的还是个案的,即究竟是仅对依据该文件

---

① 参见刘东生:《行政复议制度发展障碍分析》,载罗豪才主编:《行政法论丛》第8卷,法律出版社2005年版,第351页。
② 马怀德:《行政监督与救济制度的新突破——〈行政复议法〉评介》,载《政法论坛》1999年第4期。

审查后作出且正处于行政复议程序中的具体行政行为有效,还是对依据该文件对其他人作出的所有具体行政行为都有效,因此遭受损失的当事人能否要求赔偿;当事人对复议机关和其他有权机关作出的有关规范性文件的处理决议有异议时如何处理等。① 我国《行政复议法》设立这项对部分抽象行政行为的一并审查制度,目的就是从根本上消除违法行政行为所产生的危害,体现法制的原则和行政行为必须严格守法的原则。然而,上述程序缺陷的存在,"会使《行政复议法》这项具有美好设想的新制度形同虚设,甚至偏离立法本意"②。

3. 缺乏第三人参加行政复议的具体程序规定

《行政复议法》第 10 条第 3 款规定:"同申请复议的具体行政行为有利害关系的其他公民、法人或者其他组织,可以作为第三人参加行政复议",但是缺乏第三人参加行政复议的具体程序规定,更没有关于"同申请复议的具体行政行为有利害关系的其他公民、法人或者其他组织"必须作为第三人参加行政复议的规定。这种状况有可能在实践中使第三人参加行政复议的权利丧失。以下案件以及相关的分析意见就很能说明这种程序性缺失中所存在的问题。③

A、B 两经济社因一块 7.09 亩的土地权属发生纠纷。该争议地在 1975 年以前由 A 经济社集体耕作,1975 年冬后,经当时的县革委会统一部署和领导下进行农田综合整治后调整给了 B 经济社使用,直至 1999 年该争议地被征用。在征用时,A 经济社向土地管理部门提出书面异议。县政府作出《土地权属纠纷处理决定书》,确定争议地归 B 经

---

① 参见马怀德:《行政监督与救济制度的新突破——〈行政复议法〉评介》,载《政法论坛》1999 年第 4 期;朱芒:《对"规定"审查制度试析——〈行政复议法〉第 7 条和第 26 条的性质、意义及课题》,载《华东政法学院学报》2000 年第 1 期。转引自刘东生:《行政复议制度发展障碍分析》,载罗豪才主编:《行政法论丛》第 8 卷,法律出版社 2005 年版,第 352 页。

② 刘东生:《行政复议制度发展障碍分析》,载罗豪才主编:《行政法论丛》第 8 卷,法律出版社 2005 年版,第 352 页。

③ 参见陈承洲:《未追加第三人参加行政复议应属违反法定程序》,载《人民法院报》2005 年 2 月 1 日。

济社所有，征地款划归该经济社。A经济社不服，以处理决定认定土地所有权已作调整的事实的证据不足；而且自1975年至今一直由A经济社负担缴交该争议地的公购粮任务为由，向市政府申请复议。市政府经审理，以该处理决定认定事实不清、证据不足为由，撤销县政府的处理决定，并责令县政府在60日内重新作出具体行政行为。B经济社不服市政府的行政复议决定，于2003年11月依法向法院提起行政诉讼。B经济社诉称，市政府没有进行调查，认定事实错误。另外，B经济社作为土地权属争议的当事人，市政府在行政复议中不通知其作为第三人参加行政复议，而且在其多次提出参加复议申请后又予以拒绝，该行政复议程序违法，诉请撤销被诉的行政复议决定。

上述案件所产生的争议，在于对市政府所作出的行政复议决定在没有通知第三人参加的情况下是否具有程序合法性的问题。一种意见认为，《行政复议法》第10条第3款是任意性规范，B经济社"可以"（而不是"应当"或者"必须"）作为第三人参加行政复议。行政复议机关可以根据案件的实际情况决定是否追加其作为第三人参加复议，因而被告复议机关没有通知和不允许B经济社参加行政复议并不违反《行政复议法》的规定。另一种意见认为，该款是授权性规范，即授予"同申请行政复议的具体行政行为有利害关系的其他公民、法人和其他组织作为第三人参加复议"的权利。是否"作为第三人参加复议"，权利主体具有选择权。而作为复议机关则有保障权利主体实现其"作为第三人参加复议"之义务，因此被告没有通知B经济社参加行政复议或者在当事人提出参加行政复议的申请后拒绝批准，违反了该款规定的目的，这说明行政复议程序违法。综合比较判断，笔者赞同第二种意见。权利性规范（亦称授权性规范）是规定主体可为或者可不为一定行为，以及要求其他主体为或不为一定行为的规范（规则）。权利性规范是主体的法定权利的资源和根据，赋予主体个人选择权：作为或者不作为，即积极地实现自己的某种权利资源的价值或者放弃规范所赋予的某种权利。此外，权利性规范还有相对应的义务性的内容，即权利主体有权要求其他主体为或不为一定行为,以实现自己的某种权利资源的价值。《行政复议法》第10条第2款规定就是典型的权利性规范,"同申请行政复议的具体行政行为有利害关系的其他公民、法人和其他组织对其作为第三人参加复议"具有选择权。而与此同时,权利主体有权要求其他主体(主要是行政复议机关)为或不为一定行为,以实现自己的"作为第三人参加复议"这一权利的价值。作为义务主体的行政复议机关的义务表现为:应主动通知同申请行政复议的具体行政行为有利害关系的其他公民、法人和其他组织作为第三人参加复议,或者被动应当事人的申请追加其为第三人参加复议。如果该权利性规范变成复议机关"可为也可不为"的任意性规范,那么权利主体"可以作为第三人参加复议"的权利就变成了任人剥夺的"权利"了。从表面上看,第一种意见的错误在于将当事人的权利直接改变为义务主体行政复议机关的权力。实际上,《行政复议法》第10条第2款将"可以作为第三人参加复议"的权利授予B经济社,而不是授予复议机关。相对于该权利性规范,被告复议机关只有保障该权利实现的义务,根本不存在"可以"追加或"可以不"追加的选择权,因此,被告复议机关没有主动通知追加B经济社参加复议,或者被动应请求追加B经济社参加复议,这都构成行政复议程序违法。① 笔者认为,上述市政府在行政复议中出现错误做法,与《行政复议法》对这一问题规定的不够明确不无关系,而且在实践中,行政复议机关也难以有如此准确的判断力。

4. 关于复议机关的确定规则存在严重缺陷

虽然《行政复议法》在复议机关的确定方面已经作了一些有益的规定,但其中的缺陷也是非常明显的。第一,对于如何确定省以下垂直领导的部门的行政复议机关没有具体规定。自1993年以来,对于工商、技术监督、地税、土地、药品监督等部门实行省以下垂直领导的部门(通常称为半垂直的部门),是否适用《行政复议法》第12条第2款关于"对海关、金融、国税、外

---

① 参见陈承洲:《未追加第三人参加行政复议应属违反法定程序》,载《人民法院报》2005年2月1日。

汇管理等实行垂直领导的行政机关和国家安全机关的具体行政行为不服的,向上一级主管部门申请行政复议"的规定,《行政复议法》对此没有任何明确的规定,导致无论是在实践中还是在理论上都争论不一,已经影响了地方政府与这些部门的关系,也同时严重阻碍了这些领域行政复议工作的正常开展。第二,对于法律、法规授权的组织作出的具体行政行为的行政复议机关难以作出明确确定。《行政复议法》第 15 条第 1 款第 3 项规定:"对法律、法规授权的组织的具体行政行为不服的,分别向直接管理该组织的地方人民政府、地方人民政府工作部门或者国务院部门申请复议"。但实践中判断法律、法规授权的组织究竟由谁直接管理,尤其是对于行政复议的申请人来说,要搞清楚某一个法律、法规授权的组织是由哪一个行政机关直接管理,是一件非常困难的事情。第三,对于共同行政行为的复议机关有时难以确定。《行政复议法》第 15 条第 1 款第 4 项规定:"对两个或者两个以上行政机关以共同的名义作出的具体行政行为不服的,向其共同上一级行政机关申请复议"。但有时共同的"上一级"确实难以确定。如果一个是政府所属的工作部门,而另一个却是垂直领导的行政机关,如某市公安机关与海关以共同的名义作出一种具体行政行为,它们共同的"上一级"行政机关如何确定?依照该条的规定推理,复议机关只能是国务院了。而根据《行政复议法》的规定,国务院又不直接受理行政复议案件。

5. 申请人、第三人的知情权受到程序上的限制

《行政复议法》第 23 条第 2 款规定:"申请人、第三人可以查阅被申请人提出的书面答复、作出具体行政行为的证据、依据和其他有关材料,除涉及国家秘密、商业秘密或者个人隐私外,行政复议机关不得拒绝。"对于该条规定,如果仅从条文内容看,貌似保障了申请人和第三人对具体行政行为的知情权,也体现了行政公开的原则。但是仔细研究,却发现这实际上是一项并不彻底的程序权利。首先,该条仅仅规定了申请人和第三人的查阅权,却没有规定申请人、第三人有复制这些材料的权利。据笔者所知,实践中行政复议机关都是以法律只规定了"查阅"的权利,而往往以没有法律规定为由拒绝申请人或者第三人"复制"的请求。而没有复制权,申请人、第三人只能在

查阅时,凭记忆去记住被申请人向复议机关提供了什么样的答复和其他证据、依据等材料,一旦所记忆的内容与被申请人或者行政复议机关所主张的材料出现差异,难以用头脑中所掌握的材料与被申请人抗辩和向行政复议机关提出异议,只能以被申请人或行政复议机关的主张为准。即使记忆完全准确,也没有书面证据证明自己记忆的准确性,在与行政机关为某些问题的"抗衡"中,必然败下阵来。这一规定难以杜绝被申请人事后补证情况的发生,更难以避免行政复议机关帮被申请人补证的"官官相护"现象的发生和蔓延,同时也使《行政复议法》第28条第1款第4项"被申请人不按照本法第23条的规定提出书面答复、提交当初作出具体行政行为的证据、依据和其他有关材料的,视为该具体行政行为没有证据、依据,决定撤销该具体行政行为"的规定在实践中得不到落实。其次,这种复制权利的缺失同样有可能使当事人在行政诉讼中处于不利地位。最高人民法院《行政诉讼法解释》第31条第2款规定:"复议机关在复议过程中收集和补充的证据,不能作为人民法院维持原具体行政行为的根据。"《行政诉讼证据规定》第61条规定:"复议机关在复议程序中收集和补充的证据,或者作出原具体行政行为的行政机关在复议程序中未向复议机关提交的证据,不能作为人民法院认定原具体行政行为合法的依据。"然而,由于申请人和第三人没有对复议程序证据、依据的复制权,在行政诉讼中对于被告所提交的证据是不是复议机关在复议程序中收集和补充的证据,或者是不是作出原具体行政行为的行政机关在复议程序中没有提交而在行政诉讼中提交的证据,将难以进行有效的抗辩。从这一角度说,行政诉讼监督违法行政,对公民、法人或者其他组织的合法权益进行救济的功能就在一定程度上大打折扣。

6. 关于省、部级行政机关自我复议和国务院最终裁决的程序缺陷

《行政复议法》第14条规定:"对国务院部门或者省、自治区、直辖市人民政府的具体行政行为不服的,向作出该具体行政行为的国务院部门或者省、自治区、直辖市人民政府申请复议。对行政复议决定不服的,可以向人民法院提起行政诉讼;也可以向国务院申请裁决,国务院依照本法的规定作出最终裁决。"这一规定虽然加强了国务院对省、部级行政机关行政复议的

监督,但它在程序上的缺陷也是非常明显的。第一,由省、部级行政机关对自己作出的具体行政行为进行行政复议,违背了"自己不能做自己法官"的公正原则。行政复议是一种解决纠纷的活动,通常来说,对于纠纷的解决,都应当由第三方按照法定程序加以处理,而由当事人对自己与他人产生的纠纷以裁判者的身份进行解决,制度本身的公正性就值得怀疑。按照监督机制的原理,行政复议一般是层级监督的规则,对于省、部级行政机关作出的具体行政行为,应当由上一级行政机关——国务院行使行政复议权。而之所以对省、部级行政机关的具体行政行为规定由其自己进行行政复议,当时的立法理由主要是两个:一是考虑到国务院是最高国家行政机关,它主要是制定方针政策的,从全局上处理行政事务,一般不宜、也难以处理大量的具体行政事务。如果法律规定国务院也要受理复议申请,作出复议决定,可能不胜其烦,影响国务院的正常工作。① 二是这样规定比较符合实际情况,省、部一级行政机关的层次较高,工作人员素质也较高,应当相信该级行政机关能够依法作出行政复议决定。如果对其行政复议不服,还可以向人民法院起诉。② 对此,有学者指出,所谓国务院不宜也不能做"大量的具体行政事务"的理由表面上看似乎成立,这与其职能任务有关,但进一步分析则不然。在我们这样一个有十几亿人口的大国,"大量的具体行政事务"不仅国务院不宜"为",省、部级行政机关甚至市政府这一级实际也不经常作出具体行政行为。由此看来,省、部级行政机关岂不是也不能复议行政案件?至于对省、部级行政机关自我复议"应当相信"的说法,更是站不住脚。开展行政复议,就是要从制度上解决保护个人利益和监督违法不当行政的问题,制度是建立在理性的基础之上的,其中根本不涉及对彼此是否相信的问题。省、部级行政机关的具体行政行为也应纳入正常监督制度的范围,不能因为"应当相信"就放弃对它们进行监督。要知道,失去监督与制约的权力,就会

---

① 参见国务院法制办公室主任杨景宇于 1998 年 10 月 27 日在第九届全国人大常委会第五次会议上所作的《关于〈中华人民共和国行政复议法(草案)〉的说明》。

② 参见全国人大法律委员会于 1998 年 12 月 21 日向全国人大常委会提交的《关于〈中华人民共和国行政复议法(草案)〉修改情况的报告》。

成为危害人民和社会秩序的权力。而且,从实践中看,省、部级行政机关的行政行为同样有违法不当之处。在合法与违法、适当与不适当方面,任何层次的行政机关都是一样的,都存在合法适当之处,也都有违法不适当之处,所以,这个理由根本不成立。① 笔者认为,《行政复议法》的这一规定,实际上是将省、部级行政机关置于一种与其他行政机关相区别的特殊地位,有违法律应当具备的公正品格。第二,国务院的最终裁决没有任何程序规则。为了弥补省、部级行政复议自我管辖的缺陷,《行政复议法》又规定了国务院对这种自我管辖的行政复议行为的最终裁决制度。然而,既然是"最终裁决",它就应相当于司法程序中最高人民法院作出的终审判决一样,具有最终的法律效力,从法律程序设计的角度说,理应对其有最严格的程序要求。但是,对于这一"最终裁决",《行政复议法》却没有任何程序规定,虽然该条称"国务院依照本法的规定作出最终裁决",但综观"本法",却并没有对此作任何规定,而且根据上述由省、部级行政机关自我管辖行政复议的立法理由看,《行政复议法》第14条虽然规定了国务院拥有对这种行政复议的最终裁决权,但却是将其放在行政复议体制之外的。有学者认为,这是一个"难以发挥作用的形式性规定",因为国务院这个主体实际上就不在《行政复议法》规定的范围之内,它如何审查裁决、以什么形式和程序进行、有关期限限制、当事人在其中又有什么样的程序权利等问题全都没有规定。② 笔者认为,由于没有国务院具体应当按照什么样的程序作出裁决的规则,即使在实践中出现了当事人向国务院申请裁决的情形,国务院是根本无法依照"本法"作出"最终裁决"的。同样的问题是,国务院如果不作出终局裁决能起诉吗?这些程序问题不解决,从法理上讲,既难以保证省、部级行政机关自我复议结果的公正性,不利于保护申请人的合法权益,也使国务院作最终裁决的规定形同虚设。

---

① 参见杨小君:《我国行政复议制度研究》,法律出版社2002年版,第107—108页。
② 参见刘恒、陆艳:《我国行政复议制度缺陷分析》,载周汉华主编:《行政复议司法化:理论、实践与改革》,北京大学出版社2005年版,第228页。

7. 有关证据的程序规则缺乏

证据是行政程序的重要内容,更是监督和救济制度的主要内容。有学者指出,证据是法律程序的灵魂,离开证据的证明作用,任何精巧的法律程序都将会变得毫无意义。① 行政复议作为解决纠纷的制度,证据规则理应是其中重要的一环。然而,除了对被申请人的举证聊作简略规定以外,《行政复议法》对证据的种类、各方当事人举证的范围、具体事项以及行政复议机关对证据的调取、收集及审查等问题均未涉及。没有完备的证据制度,甚至行政复议程序能否正常运转都不能不令人生疑。② 证据规则的缺乏,使申请人对于行政复议机关如何认定事实,并根据怎样的事实依据作出复议决定完全不得而知,从而使行政复议决定难以产生应有的权威性和公信力。

8. 法律责任的追究机制缺乏程序约束

《行政复议法》设立专章对法律责任问题作了规定,这应当是一个进步。但是,该法对于法律责任的具体追究却没有专门的程序性规定,从而导致在实践中法律责任追究机制难以追究的状况。如该法第38条规定:"行政复议机关负责法制工作的机构发现有无正当理由不予受理行政复议申请、不按照规定期限作出行政复议决定、徇私舞弊、对申请人打击报复或者不履行行政复议决定等情形的,应当向有关行政机关提出建议,有关行政机关应当依照本法和有关法律、行政法规的规定作出处理。"然而,其中的规定存在操作中的困难,如"有关"行政机关究竟包括哪些?法制机构应当按照什么样的程序向"有关"机关提出处理建议?"有关"机关应当在多长时间内作出处理?该处理决定是否应当告知法制机构?法制机构对处理决定如有异议,又该如何"处理"?如果"有关"机关拒不处理或者拖延不办,该怎样监督?如果法制机构不行使"处理建议权",该怎样进行督促?令人遗憾的是,这些现实问题在《行政复议法》中都没有答案。事实上,法制机构的这种处理建议权在行政复议工作实践中几乎就成了一种摆设。③

---

① 参见章剑生:《行政程序法基本理论》,法律出版社2003年版,第131页。
② 参见杨海坤、章志远:《中国行政法基本理论研究》,北京大学出版社2004年版,第527页。
③ 同上书,第531—532页。

客观地说,我国行政复议程序的缺陷和不足还不仅仅是上述方面,此外还有部分行政复议为终局决定的规定与司法最终原则之间的冲突、缺乏禁止不利变更制度、具体行政行为程序不足责令补正制度的缺失、没有合议制度的规定以及行政复议与行政诉讼在程序上不够衔接等等,这些都是这部法律在程序制度上存在问题的表现。

同时,我们必须关注的是,我国行政复议程序不仅在制度上存在较多缺陷,而且在实践中同样存在较多问题。这些问题有的是制度设计的不合理所带来的,有的是由于观念上的错误而产生的。如根据学者的归纳,这些问题主要表现为:一是行政复议的受案数在历经短暂的辉煌之后呈下滑趋势。自《行政复议法》颁布施行之后,全国的行政复议案件数量有了明显的上升。然而,自2002年开始,全国各地的行政复议机关所收到的申请行政复议的案件却呈现出明显的下滑趋势。2002年,全国总体下降幅度为8.4%,除8个省级单位与上年持平或略有上升外,其余23个省区市行政复议案件均呈现负增长趋势,有的地区降幅甚至超过50%。① 而受理行政案件的过少引起一连串的不良反应:行政复议工作不能受到同级人民政府的重视与支持;从事行政复议工作的人员逐渐丧失了搞好复议工作的热情;行政复议工作的社会认同感也随之下降。过少的受案数以及畸形的受案与执法问题至少向人们透露出这样一种信息:行政复议制度的实施状况不容乐观。二是行政复议案件居高不下的维持率致使复议的公正性受损。即使是在极为有限的行政复议案件中,全国行政机关作出维持决定的比例也在50%以上。无论是上级主管部门办理的行政复议案件,还是同级人民政府所办理的行政复议案件,维持率始终都是纠正率的两至三倍。行政复议维持率在全国各地的不断攀升,不排除有关行政机关依法行政水平提高的因素,但更多的都是人为的因素及非正常的因素所引起的,因此,在申请人不服行政复议而提起行政诉讼的案件中,有相当大比例的案件结果都被法院判决改变。这从一个侧面反映了行政复议案件办案质量的低下。由于经受不住行政诉讼的

---

① 参见方军:《论中国行政复议的观念更新和制度重构》,载《环球法律评论》2004年春季号。

考验,加之复议维持率的居高不下,行政复议制度本身的公正性受到了极大的损害。与此形成鲜明对比的是,我国行政诉讼案件却有了较为明显的增长,而信访这一具有中国特色的非规范性的纠纷解决方式也备受公众的青睐。在全国各地,同时期信访案件的数量竟比复议案件的数量多出数百甚至上千倍,其中有相当一部分信访案件都是属于行政复议受案范围的。民众宁愿选择行政诉讼这一"迫不得已"的救济方式,甚至格外钟情于信访这种多少带点"清官"、"人治"色彩的制度,而偏偏不愿意选择行政复议这种既经济又便利的纠纷解决方式,这种现象的确发人深思:我们的行政复议制度究竟还能在多大程度和多大范围之内取信于民?行政复议立法及制度实施所耗费的大量成本究竟有多少收益?行政复议这一初衷良好的制度安排,究竟是否能够承载起及时化解纠纷、减轻法院压力、强化行政监督的历史使命?毋庸置疑,公正性的缺失是当前行政复议制度实践中的最大隐忧。

三是行政复议繁琐的内部处理程序大大降低了复议的效率。行政复议制度的优势就在于解决纠纷的迅捷。然而,从实践看,这一优势非但没有化为现实,在很多时候反而走向事物的反面,效率低下已经成为全国各地行政复议的普遍现象。在实践中,由于受"行政化"指导思想的影响,很多地方用办文的方式去办理复议案件,要经过多道程序的审批。以一个市级行政机关为例,一个行政复议案件往往要经历"经办人—分管副处长—处长—法制办分管副主任—法制办主任—分管副秘书长—秘书长—分管副市长—市长"的漫长过程。只要任何一个环节出现了耽搁,那么整个复议程序就不得不暂停下来。等到最后的批示下发给案件经办人,至少会白白花去半个多月的时间。① 更令人不解的是,全国很多地方政府或其法制机构还专门以下发"红头文件"的形式,强制性地要求行政复议机关必须按照上述层层送审程序办理复议案件。这种方式不仅与行政复议快捷、便民的立法旨趣直接相悖,而且还直接割断了申请人与复议过程的联系,为暗箱操作、行政干预乃

---

① 参见青锋等:《当前行政复议工作存在的问题》,载《行政法学研究》2003年第1期;李炳余等:《试论我国行政复议制度的改革》,载《全国依法行政理论研讨会论文汇编之五》,第37页。

至"官官相护"提供了滋生的温床,使行政复议应当具备的高效化为乌有。有学者就明确指出,行政复议运作效率的低下是行政复议实践中的又一重大隐忧。①

同时,也有学者认为,行政复议案件数量的不断下滑,说明行政复议制度的权利救济效果存在问题。造成我国行政复议制度在权利救济的有效性、公正性方面存在问题的原因主要有两个:一是主体方面,行政复议机构的独立性、客观性较差,不足以保障作出公正的救济决定;二是程序方面,程序设计过于简化。审理程序中强调书面审理的原则,难以保证准确认定案件事实和正确适用法律。② 可见,行政复议的程序问题已经成为一个制约行政复议制度正常发挥功能的一个重要障碍。许多本应是可以通过行政复议解决的行政纠纷没有在现有的程序机制内得到应有的解决,从而导致信访之类的非规范争议解决机制急剧膨胀。一边是年复一年、数以百万计的信访案件和上县城、省城、京城讨说法的川流不息的人群,以及各级政府为平息这些诉求而投入的巨大人力、物力和心力;另一边是为权利保护而设计的行政复议、行政诉讼等争议解决制度不同程度地出现了闲置甚至萎缩的现象。尤其是行政复议制度,不但没有呈现预期的门庭若市,而且案件数量不断下滑,几乎成为被人们遗忘的角落。这种反差说明,我们的争议解决制度还难以起到定分止争的作用,还无法提供有效的权利救济和保障。这说明包括行政复议制度在内的我国行政争议解决制度存在内在的、结构性的缺陷,正是这种结构性的缺陷造成了其功能的紊乱与失调。③ 根据媒体报道,《行政复议法》实施以来,尽管宁夏自治区政府颁布了《行政复议人员资格管理办法》,下发了《行政复议案件处理程序若干问题的通知》,并在全国率先建立了行政复议人员每天2元的行政复议岗位津贴制度,但目前在宁夏,还有近2/3的县(区)没有专门的行政复议机构,全区近一半的行政诉讼诉

---

① 参见杨海坤、章志远:《中国行政法基本理论研究》,北京大学出版社2004年版,第533—536页。
② 参见姜明安主编:《行政程序研究》,北京大学出版社2006年版,第376页。
③ 参见周汉华:《行政复议司法化》,载《环球法律评论》2004年春季号。

前没有经过行政复议。尤其是西海固贫困地区,多年来就没有受理过一起行政复议案件,使得许多行政争议未能通过行政复议加以解决,导致涉及行政机关侵权的信访案件逐年上升,行政违法和不当行政行为难以及时纠正,有的还演变成上访和群体性事件。① 笔者认为,之所以会出现行政复议制度被虚置现象,其主要原因就是民众对行政复议的程序和功能丧失了信心。而这种由于信心的丧失而导致的不断上访和群体性事件,甚至可能酿成的其他恶性事件,正是我们在构建和谐社会的过程中应尽力避免的。

三、构建和谐的行政复议程序:实践的尝试与理论的思考

笔者认为,作为一项行政救济制度,其程序的完善是非常重要的。这直接关系到行政复议功能的发挥,也直接体现了一个国家行政救济制度的民主性。我国行政复议程序所出现的问题,主要是在立法过程中,比较多地考虑了行政复议程序与司法程序的区别,着重强调的是行政复议的内部监督职能,忽视了其通过解决行政纠纷而为公民权利提供救济的本质特征,从而使解决纠纷制度所应当具有的对最低限度的公正程序的要求在行政复议程序中没有得到最起码的体现。根据当时有关部门对立法草案的说明,《行政复议法》要"体现行政复议作为行政机关内部监督的特点,不宜、也不必搬用司法机关办案的程序,使行政复议'司法'化。按照草案规定,除法律另有规定外,行政复议实行一级复议制,不搞两级复议;具体复议事项由行政机关负责法制工作的机构承办,作为它的一项工作任务,不另设独立的、自成系统的复议工作机构;行政机关进行行政复议,原则上采取书面审查的办法,根据被申请人提交的当初作出具体行政行为的证据和材料对该具体行政行为进行审查,不再重新取证"②。而且,该说明还认为"行政复议司法化将使

---

① 参见《宁夏近半行政诉讼诉前未经复议》,载《法制日报》2007年2月16日。
② 国务院法制办公室主任杨景宇于1998年10月27日在第九届全国人大常委会第五次会议上所作的《关于〈中华人民共和国行政复议法(草案)〉的说明》。

解决一个特定行政争议的成本增高。以行政处罚为例,行政处罚在作出决定之前,一般要经过调查、听证、决定等程序,不服行政处罚决定申请行政复议后,若对行政复议决定仍不服需要向法院提起行政诉讼的,法院对行政案件实行两审终审。如果在行政处罚决定与法院判决、裁定之间的行政复议再增加一道复杂的司法程序,势必影响行政效率,增加行政成本,对整个国家权力的有效运作是不利的"①。正是在这样的思想指导下,导致我国目前行政复议程序不但与司法程序的完备性无可比拟,而且在某种程度上比一般行政程序还要简便,甚至是远远不及一般行政行为作出过程中的听证程序,一些基本的程序公正的要求在行政复议制度中难以寻觅到踪迹,从而使行政复议这一特殊行政行为的程序应有的完善性得到了削弱,大大降低了行政复议应有的效率,其应有的制度功能也难以在实践中真正发挥作用。正是在这样的背景下,许多本应可以申请行政复议的当事人纷纷转向其他渠道谋求救济,甚至在问题无法得到合法、合理解决的情况下,采取一些过激的手段,这种现象在一定程度上影响了社会和谐。

近年来,很多学者基于行政复议程序的不足,纷纷提出了"行政复议司法化"的改革思路,强调行政复议只有引入"司法化"程序,才能保证其程序的公正。然而,笔者认为,行政复议程序的完善,不应过多地纠缠在其究竟是"司法化"还是"非司法化"的问题上。从本质上说,司法程序就是一种程序,在程序的公正和合理方面,行政程序和司法程序并不是划若鸿沟的两种程序制度。只要是公正的程序规则,并且是有利于行政复议的合理解决的,就应当加以必要的吸收,而不论其究竟是司法化的程序还是非司法化的程序。有学者指出,严格来说,行政复议"司法化"的表述并不科学。所谓"化",是指一事物的性质改变成为另一事物的性质,而行政复议制度无论进行怎么样的"司法化"改革,也不会因此而转变为司法性质,行政复议程序也不会被司法程序同化而丧失其行政性质。简单而直接提出行政复议的"司法化"或"准司法化",并非是科学的态度,这样可能导致行政复议在实践中逐渐丧失

---

① 曹康泰主编:《中华人民共和国行政复议法释义》,中国法制出版社1999年版,第4页。

自我,沦为司法程序的翻版或附属品。① 同样的道理,担心行政复议程序因为"搬用司法机关办案的程序"而会使其"司法化"也是一种简单的思维。一种程序属于何种性质,是与该种行为与其相连的行为性质相联系的。如果将司法活动中的程序运用到行政程序,那它就是行政程序的内容。我国的行政行为程序,如行政处罚、行政许可程序,虽然已经将一些具有一定"司法"性质的程序移植其中,但谁都认为其本质还是行政程序,也并没有人认为这些程序应当为司法程序所独有。正如有学者指出的,一些带有"司法化"倾向的程序性制度是在长期的纠纷实践中经反复适用而最终形成的,它们早已超出司法的范畴而在更为广阔的法律领域中获得适用。② 尽力排斥行政复议制度对这些程序规则的适用,不但不是一种明智的举措,而且还会与当时的立法初衷适得其反。我国的行政复议实践已经证明了这一点。

笔者认为,强化公正性,并通过公正性树立行政复议机关对行政复议的责任感以及社会公众对行政复议的认同感是构建和谐的行政复议程序的关键。同时,民主政治的发展,已经不再把对行政行为的公正要求停留在对行政主体的期待上,而是深化为行政主体的具体义务和行政相对人的具体权利,具体做法是排除行政主体可能造成偏见的各种因素。③ 从《行政处罚法》开始,一系列行政法律已经为我国行政程序的规范化起到了很好的示范作用,尤其是听证制度的建立,更是为我国行政程序制度进一步走向完善奠定了良好的基础。行政复议程序固然不能与司法程序完全相同,而应考虑它作为行政机关内部监督的特点,应比司法程序简便易行。但是,我们也应考虑到它作为一种行政救济制度所体现出来的特殊性,因为它毕竟不是一般的具体行政行为,如果过分顾及简便和效率,甚至将其程序设计得比一般行政行为中的听证程序还要简单,那它在行政行为中的特殊性将无从体现。行政复议固然要讲究效率,但如果没有公正、公开的程序作为前提,这种行

---

① 参见刘东生:《行政复议制度发展障碍分析》,载罗豪才主编:《行政法论丛》第8卷,法律出版社2005年版,第343页。
② 参见杨海坤、章志远:《中国行政法基本理论研究》,北京大学出版社2004年版,第539页。
③ 参见应松年主编:《行政法学新论》,中国方正出版社1998年版,第512—513页。

政效率就可能会带来一定的负面效应,而不利于行政复议制度的正常运行和其特殊功能的发挥,因此,行政复议必须拥有比一般行政行为更为完善的行政程序,这一程序既不是司法程序,也不是一般意义上的行政程序,而是一种体现其内在特殊要求的行政程序。这应当成为我们认识行政复议程序的一个重要起点。

(一) 必须树立行政复议理应具有最完善的行政程序的理念

行政复议制度是行政机关内部自我纠正错误的一种监督机制,是民主政治体制中的一项重要制度。作为一种对一般行政行为进行事后监督的行政救济制度,程序上的设计理应比一般行政行为的程序更趋完美,以体现其救济制度的本质特征。确立行政复议应当拥有最完善的行政程序的观念,既是行政救济制度本身的要求,也是进一步完善民主政治制度、构建和谐社会的重要制度保证之一。

从本质上说,行政机关进行行政复议活动,仍然属于一种行使行政权的活动,是行政活动的重要内容之一,因此,行政复议决定仍是具体行政行为的一种表现形式。它不但同样必须遵循行政行为的一般程序要求,而且还是行政程序的一个重要组成部分,我国很多学者都将其作为行政程序的内容之一加以研究。[①] 然而,行政复议在行政活动中的特殊性又决定了它必须拥有比其他行政活动更为完善的行政程序。行政复议程序是一种对行政行为进行事后监督程序,是一种对公民、法人或者其他组织的合法权利进行事后补救的程序,是一种解决行政争议的程序。行政复议行为与一般行政行为相比,又带有明显的特殊性,而这种特殊性又决定了它必须具有比一般行政行为更高的程序要求。

---

① 学者一般都将行政复议程序作为行政程序的组成部分进行研究。参见姜明安主编:《行政程序研究》,北京大学出版社 2006 年版,第 345 页以下;应松年主编:《比较行政程序法》,中国法制出版社 1999 年版,第 348 页以下;杨海坤、黄学贤:《中国行政程序法典化——从比较法角度研究》,法律出版社 1999 年版,第 388 页以下;章剑生:《行政程序法比较研究》,杭州大学出版社 1997 年版,第 360 页以下。

1. 行政复议的救济性决定了它应当拥有最为完善的行政程序

行政复议是公民、法人或者其他组织认为行政机关的具体行政行为侵犯了其合法权益而请求行政复议机关进行复查并作出裁决予以救济的制度。现代法治国家的行政管理活动的范围越来越广泛,行政机关所实施的具体行政行为与公民、法人或者其他组织的利益有着非常密切的关系。鉴于对法律的认识水平以及长期执法观念的影响,行政机关及其工作人员所作出的具体行政行为不可避免地产生违法或不当的问题,从而对公民、法人或者其他组织的合法权益产生消极影响,引起相应的行政争议。行政复议的起因通常是因为公民、法人或者其他组织认为行政机关及其工作人员所作出的行政行为侵犯其合法权益,甚至造成了其合法权益的损害或损失,应当排除不法行政行为,给受损合法权益以赔偿或补偿,即在行政复议中,作出原行政行为的行政机关与申请复议的公民、法人或其他组织之间处于一种法律上的争执状态。为了妥善解决行政机关与公民、法人或者其他组织之间产生的行政争议,保护公民、法人或者其他组织在行政法上的合法权益,国家必须建立起解决这类争议的行政救济制度,以此来纠正行政机关违法或不当的行政行为,赔偿由此给公民、法人或者其他组织造成的损失。而行政复议就是对违法或不当的具体行政行为可能导致的损害进行补救而建立起来的一种救济制度。我国《行政复议法》在第1条中明确其立法目的之一就是"保护公民、法人或者其他组织的合法权益"。要达到这一目的,就必须要建立一套比一般行政行为更为完善的程序制度来加以保障。从当代行政法的发展看,一般都是沿着对国家行政权的运转进行规范和限制这个轨道前进的。从另一个方面讲,就是对公民权利的保护,这也是行政程序法越来越受到普遍重视的一个重要原因。作为一种救济制度的行政复议,虽然其仍属行政权行使的范畴,但由于它具有救济性质,因而在程序上应当更加完备,更应当强调程序的公正性和合理性,尤其在我国目前行政诉讼的受案范围还有较大限制的条件下,通过完善的行政复议程序来保障公民、法人或者其他组织获得行政救济的权利就显得尤为必要。

2. 行政复议的监督性表明其应当具备最为完善的行政程序

行政复议制度正是通过对行政行为实施过程的监督和制约,来促进和保护行政权力的实现。行政复议既是一种行政救济活动,也是行政机关内部对行政行为实施监督的一种活动。根据我国《行政复议法》第1条的规定,防止和纠正违法或者不当的具体行政行为,保障和监督行政机关依法行使职权,同样是行政复议制度建立的宗旨之一。行政复议机关在复查具体行政行为时发现有违法或不当行为的,就必须予以矫正,或予以撤销,或确认违法,或加以变更。行政复议机关复查原具体行政行为的过程,实质上就是行政复议机关依法对作出原具体行政行为的行政机关实施法律监督的过程。通过这种监督,可以对不法行政行为予以排除,使公民、法人或其他组织受损的合法权益得到恢复和弥补,更重要的是可以通过这种监督体现社会公正和民主功能,从而使社会公正得以显现。这也是各国建立和完善行政复议制度的主要目的,因此,不能将行政复议法律关系简单地与一般行政法律关系相等同。一般行政法律关系中,由于强调行政管理的稳定性,因而其效率性要求较高。而行政复议由于是对已经作出的具体行政行为的一种事后监督,在程序方面的要求应当更高,必须达到效率和公正的统一,才能使这种监督产生实际效果。作为一种独立的监督形式,必须具备较一般行政行为更为完备的行政程序,如在申请、受理、复议审查的方式和步骤以及期限等方面都必须有比较完善的规定。这种完善的行政复议监督体制可以促进各级政府和部门依法行使行政职权,为建立廉洁、勤政、务实、高效的政府,树立政府良好行政的形象打下坚实的基础。

3. 行政复议的行政司法性要求其应当具备最为完善的行政程序

行政复议是一种裁决行政争议的活动,在行政法学上一般称这种由行政机关作为行政法律关系的第三方运用国家行政职权,依据法律、法规等规范性法律文件解决争议的活动为行政司法。美国法学家伯纳德·施瓦茨指出:"尽管有三权分立的迂腐教条,向行政机关授予审判权却一直没有中断过。复杂的现代社会需要行政机关具有司法职权,使这种授权不可避免"①。美国1887年联邦州际商业委员会的成立,标志着美国行政司法权已为宪法所认可。美国至今类似的独立管理机构已增加到五十多个,这些独立的管理机构设置行政法官,审理有关行政纠纷,从而创立了一套类似普通法院诉讼程序的行政司法程序。② 在我国,由行政复议制度所确立的解决行政争议的活动,也应当被视为一种本质上是行政活动的行政司法活动。而作为一种行政司法活动来说,由于其法制化程度一般都比较强,复议机关运用法律手段,依据法律程序对行政机关滥用职权、超越职权、适法错误、违反法定程序等违法或不当行政行为予以撤销、变更,体现了对行政争议的裁决,因而它应当拥有一种类似于法院司法活动的程序,这种程序在法律上的要求应当是既高于行政执法程序,又区别于法院司法程序,从而体现行政司法的特点。当然,应当建立类似于法院司法程序的行政复议程序,并不是要求行政复议要照搬法院司法程序。无论如何,行政复议程序仍旧属于行政程序,为体现行政程序保障行政效率的特点,它也无须照搬法院司法程序中的繁杂规定,而应当体现行政程序简洁、高效的特点。但是,由于行政复议是由不服行政行为的公民、法人或其他组织的申请而启动的,因而行政复议就不能像一般行政行为那样通常只有一方当事人,而是有双方当事人,即复议申请人与被申请人。"如果说一般行政行为在形式上是双方关系(行政机关与相对人)的话,那么,行政复议和司法活动一样,是三方关系。"③正确处理好三方在行政复议程序中的关系、完善三方在行政复议程序中的权利义务机制是积极发挥行政复议制度解决行政争议功能的关键。为了保证行政复议本身应具备的合法、公正要求,使解决行政争议的活动得到正常进行,应当使行政复议活动拥有比一般行政执法程序更为完善的行政程序规则,只有这样,才能体现制度本身应有的公正性。

---

① 〔美〕伯纳德·施瓦茨:《行政法》,徐炳译,群众出版社1986年版,第55页。
② 参见章剑生:《行政程序法学原理》,中国政法大学出版社1994年版,第278—279页。
③ 应松年、刘莘主编:《中华人民共和国行政复议法讲话》,中国方正出版社1999年版,第6页。

笔者认为,我们理解行政复议程序,首先应当将其作为行政程序的一部分,然后再在此基础上理解其特殊的制度要求。只有树立行政复议应当拥有最完善的行政程序的理念,才有可能在此基础上进一步完善我们的行政复议制度。

(二)吸收有益的程序规则,促进行政复议程序的和谐

有学者指出,我国行政复议的种种不尽如人意之处,很大程度上是因复议机构的独立性和客观性较差以及复议程序设计的内在缺失所致。[①] 由于行政复议制度尤其是行政复议程序制度的不够完善,相当一部分行政争议无法通过行政复议程序得到有效解决,进而引发群众集体上访和群体性事件,影响了社会正常秩序和稳定。能否依法有效地解决行政纠纷,妥善化解矛盾和纠纷,就成为事关社会和谐、稳定的社会焦点。近年来,基于我国行政复议在制度和实践中的现状,理论界和行政实务界纷纷提出了很多有益的观点,如有些学者认为应当以行政复议制度的司法化为目标,对现行的行政复议制度进行司法化改革。[②] 还有学者提出了具体的程序构建设想,如建立一套严谨的规范程序,行政复议案件事实的调查核证,坚持由两名以上行政复议工作人员参加;审理案件做到集体讨论决定,讨论笔录要经全体讨论人员签名;重大疑难案件要召开听证会、分析会;严格审限,不能超时审结。在审查形式上,很有必要将书面审查原则改为公开审查原则,逐步推行听证制度,这样可以增加审查的透明度,促成一些影响大的行政复议案件得到妥善解决,树立政府的良好形象,维护政府的权威。同时专家建议,行政复议案件的办理可以不走司法化的道路,但必须程序化、规范化。若做到行政复议程序清楚,期限明确,免去行政层层审批手续,则可减少办案中的"暗箱操作",增加办案的透明度,树立行政复议制度的威信,既符合行政复议制度的

---

① 参见姜明安主编:《行政程序研究》,北京大学出版社2006年版,第378页。
② 对行政复议司法化改革的观点,主要参见周汉华:《中国行政复议的司法化改革方向》,载周汉华主编:《行政复议司法化:理论、实践与改革》,北京大学出版社2005年版,第3页以下;姜明安主编:《行政程序研究》,北京大学出版社2006年版,第378—379页。

长远发展目标,又符合 WTO 规则所规定的公平、公正、公开的要求,而且这些行为应通过建章立制来保证统一规范的实施。如行政复议人员资格管理、回避制度、行政复议工作检查制度、案卷评审制度、行政复议人员考核及奖惩机制等制度,都应通过程序的完善,保证高效、公开、公正处理案件,尤其是要完善证据制度和政府法制机构处理建议权的启动机制。[①] 这些观点对于完善我国的行政复议程序,促进我国行政复议制度的创新都有积极意义。笔者认为,在构建和谐社会的进程中,必须在制度上加强行政复议程序规则之间的协调性,强化复议程序的公正性、公开性,加强社会公众对行政复议程序的认同感,从而使我国的行政复议程序制度更趋完善,使其真正发挥化解行政纠纷的功能。在实践中,已经有部门和地区在这一方面做了有益的尝试。

1. 在行政复议程序中增强公开性,以公开性体现公正性

笔者认为,我国行政复议程序制度中最大的问题是审查过程的内部性,而这一审查过程的内部性使得行政复议本身应有的公信力下降。行政复议程序公正的前提是公开,只有程序的公开化,才有可能达到实体的公正化和合法化,这一制度也才能取得人们的信任,因此,必须着力改革以书面审查为原则的审查方式,变书面审查为公开审查。

(1) 在现有的法律框架内强化审查程序的公开性。审查程序是行政复议程序的关键。我国《行政复议法》虽然规定了以书面审查为原则的审查方式,但也并未排除书面审查方式以外的其他审查方式的使用。相反,《行政复议法》第 22 条规定,行政复议原则上采取书面审查的办法,但是申请人提出要求或者行政复议机关负责法制工作的机构认为有必要时,可以向有关组织和人员调查情况,听取申请人、被申请人和第三人的意见。这表明在行政复议中,书面审查并不是唯一的审查方式,完全可以在现有的法律制度框架内加以必要的改革,将书面审查与其他审查方式结合起来。2004 年 3 月,

---

① 参见周婉玲:《试论我国行政复议制度的改革》,载周汉华主编:《行政复议司法化:理论、实践与改革》,北京大学出版社 2005 年版,第 62—63 页。

国务院《全面推进依法行政实施纲要》明确提出："要完善行政复议工作制度,积极探索提高行政复议质量的新方式、新举措。"在行政复议实践中,有很多地方已经对行政复议程序进行了重大改革,极大地展示了行政复议作为一种救济制度应有的公正性。这一改革的主要步骤就是强化行政复议的质证和听证程序。如江苏省在全省范围内推行了行政复议质证听证制度:

在江苏,行政复议也可以像在法庭一样,申请人与被申请方拿出各自证据,唇枪舌剑,辩明是非。"阳光复议"为群众提供了表达意见和诉求的机会,从而推动行政复议这一解决行政争议的渠道更加畅通。

江阴市月城镇秦皇村三百多名村民对市政府有关垃圾焚烧发电厂征地补偿安置的行政决定不服,集体向无锡市政府申请行政复议。在无锡市政府法制办的主持下,十多位村民代表和江阴市政府代表面对面,各自列举证据证词,轮番发言,激烈辩论。通过3个多小时的析事明理,村民们最终拿到的是维持行政决定复议决定书,但他们却是心悦诚服地走出市政府。江阴市政府法制办主任朱敏感慨地说,复议透明了,理讲通了,老百姓的气就顺了,事情也好解决了。

据江苏省人民政府法制办公室主任孙如林介绍,近两年,通过建立健全行政复议质证听证制度,江苏省全省各级复议机关共受理的八千多件复议已全部结案,并做到"案结事了"。现在,盐城、宿迁、江阴等有条件的市县已建立起二十多个听证室,出台了行政复议质证听证的程序规范,对听证的范围、听证庭的组成人员及其职责、听证参加人的权利和义务、听证程序以及质证办法等都有明确规定。下一步,就是在今年(2007年,引者注),江苏省将力争在所有市、县建立起行政复议质证听证室,让"阳光复议"惠及最广大群众。

据悉,为提高行政复议质证听证水平,江苏对全省复议机关工作人员进行轮流培训;与法院建立工作联系制度;与信访部门建立案件转送制度。①

---

① 《江苏全面推行行政复议质证听证制度》,载《法制日报》2007年1月8日。

不仅在江苏省,其他地方也积极地进行了相关的探索。如湖北省保康县畅通行政复议渠道,不仅推动了全县行政机关严格执法,而且越来越多的当事人愿意选择复议方式向行政机关"讨说法"。保康县在行政复议的具体裁决过程中,创立了"五步审查法",即从主体、程序、证据、适用法律、执法目的等方面进行严格把关,要求五个步骤中的任何一个环节发现问题,都将视为行政行为错误,依法予以撤销或责令部门自行撤销案件。《行政复议法》施行后至 2006 年 4 月初,保康县先后审理各类行政复议案件 178 件,其中申请人不服行政复议决定向法院提起诉讼的有 6 件,但行政机关无一起败诉。同时,全县行政机关行政诉讼案件从 1998 年的 140 件下降至现在的 40 件,胜诉率也从 1998 年的 1% 上升到 80%。① 另据媒体报道:

  去年(2005 年,引者注)以来,湖北省委书记俞正声先后三次就解决行政争议和做好行政复议工作作出批示,其中就肯定了湖北省保康县在行政复议案件办理中的做法。他们实行查证、听证、论证的"三证"模式,开展对执法主体、程序、事实、法律适用、自由裁量权的"五步审理法",有效化解了一批行政争议,实实在在显示了行政复议的公正性。

  这对湖北省的行政复议工作推动是相当大的。除少数涉及行政机关不作为的行政复议案件适用书面审查外,对其他 90% 以上案件,湖北省行政复议机构都要进行调查和质证:

  一是坚持与当事人见面。对一般行政复议案件,都要与申请人和被申请人见面,尤其是当面听取申请人的陈述,给老百姓说理的机会。"见面"时要求案件当事人参加,有的要求行政机关负责人参加。

  二是实地调查。对涉及土地、山林权属的争议案件,行政复议机构一般都坚持现场查看,全面掌握第一手材料。对案件事实有争议的,行政复议机构都坚持对证据材料进行当面质证,不偏听偏信。

  三是听证。对案件事实或适用依据争议较大、社会关注度高、案情较复杂的案件,一般都要举行听证。据初步统计,湖北各地各部门有近

---

① 参见《保康县畅通行政复议渠道》,载《法制日报》2006 年 4 月 6 日。

30%的行政复议案件举行过听证。有些行政案件,在听证阶段就得到化解。

由于坚持上述做法,近三年来,湖北省各地方各部门作出的行政复议决定中,申请人不服提起诉讼的仅占20%左右,而法院在审理后判决撤销的也只占全部诉讼案件的20%左右。换算一下,即复议机关作出100件行政复议决定,只有4件被法院撤销。近几年湖北省每年行政复议的案件都达到3000件以上,行政复议与行政诉讼的比例由过去的1:7变为现在的1:1。①

同时,黑龙江省政府直接办理的九百多件行政复议案件,全部进行了公开听证。当事人不服提起行政诉讼的,法院经审查全部予以维持。该省要求各市、县级政府在审查涉及公共利益、群体性因素以及其他重大、疑难、复杂的行政复议案件时,应坚持公开听证审查。即使在采用简易方式审查案件过程中,也做到了"五公开",即办案人员公开、办案场所公开、办案程序公开、办案依据公开、办案结果公开,执行"阳光"办案。② 此外,安徽、辽宁、重庆等全国许多地方政府,也都先后推出了各自的行政复议听证或公开程序,以更加透明的方式,追求层级监督的力度。③ 公安系统也普遍推行行政复议案件公开制度,对重大复杂、群众关注的案件,北京、江苏、浙江、四川等地公安机关公开听取申请人和被申请人的意见,组织双方就案件的事实、证据进行质证、辩论,在充分调查和听取各方面意见的基础上作出复议决定,结果"案平理也平,法了事也了"。④ 另外,有些部门制定的规章中也专门规定了行政复议的公开程序,如我国海关总署于1999年8月30日颁布、同年10月1日实施的《中华人民共和国海关实施〈行政复议法〉办法》就在《行政复议法》实施的同时就对书面审查以外的公开调查、听取意见、听证作出规定:

---

① 《引领社会通向公平正义和谐》,载《法制日报》2006年12月5日。
② 同上。
③ 参见李立:《听证审查与书面审查并举 行政复议加强层级监督力度》,载《法制日报》2006年1月12日。
④ 参见《引领社会通向公平正义和谐》,载《法制日报》2006年12月5日。

第二十五条　行政复议采取书面审查的办法,但是有下列情形之一的,复议机构可以向有关组织和人员调查情况,听取申请人、被申请人和第三人的意见:

（一）申请人提出要求、经复议机构审查同意的;

（二）申请人、被申请人对事实争议较大的;

（三）申请人对具体行政行为适用法律、行政法规、行政规章有异议的;

（四）案件重大、复杂、疑难或者争议的标的价值较大的;

（五）复议机构认为有必要向有关组织和人员调查情况,听取申请人、被申请人和第三人意见的。

第二十六条　复议机构向有关组织和人员调查情况,听取申请人、被申请人和第三人意见,复议人员不得少于二人,并应当向有关人员出示执法证件。

复议机构调查情况、听取意见应当制作笔录,由被调查人员和复议人员共同签字确认。

必要时,复议机构调查情况、听取意见可以采用听证方式。听证可以在海关行政复议机关所在地举行,也可以在被申请人或申请人所在地举行。

第二十七条　采取听证方式的,应当按照以下规定办理:

（一）听证应由复议机构负责人确定听证主持人员。听证主持人员为不得少于三人的单数,并指定其中一人为首席主持人。听证可另指定专人为记录员。

（二）复议机构应将举行听证的时间、地点事先通知复议参加人。

（三）除涉及国家秘密、商业秘密或者个人隐私外,听证应当公开举行。

（四）听证按以下程序进行:

1. 由主持人宣布听证开始、核对复议参加人身份、告知复议参加人的听证权利与义务。

2. 复议参加人申请听证主持人员以及记录人员回避的,应当说明理由,并由复议机构负责人决定;复议机构负责人主持听证,申请其回避的,由复议机关负责人决定。

3. 听证开始后,应首先由复议申请人宣读复议申请、被申请人就申请复议的具体行政行为依据的事实和法律、行政法规以及行政规章进行答辩并就有关事实进行举证。

4. 申请人以及第三人对被申请人的举证没有异议的,由主持人当场予以认定;有异议的,申请人以及第三人可以质证或举证反驳。被申请人对申请人以及第三人的反证有异议的,可以质证,也可以再举证反驳。对双方有异议并与案件处理结果有关的事实和证据,由主持人当场或事后经合议予以认定。

5. 复议参加人要求证人到场作证的,应事先经复议机构许可并提供证人身份等基本情况。

6. 复议参加人可以对案件事实、证据、适用法律等进行辩论。

7. 听证结束前,由复议参加人进行最后陈述。

(五) 复议参加人当场无法提交有关证据的,由主持人根据具体情况限定时间事后提交并另行进行调查、质证或再次进行听证;复议参加人提出的证据无法当场质证,由主持人当场宣布事后进行调查、质证或再次进行听证。

复议参加人在听证后的举证未经质证或由复议机构重新调查认可的,不得作为作出复议决定的证据。

(六) 听证结束后,应由复议申请人和被申请人对记录人员所作听证记录进行辨认,没有异议的,当场签名认可;有异议的,可以当场更正并签名。

笔者认为,各地、各部门所进行的行政复议程序的公开化探索,是在我国行政复议制度的框架之内对行政复议审查程序所进行的一项重大改革。这一改革符合社会对行政复议制度改革和完善的要求,符合社会对行政复议正义性的期盼,也符合我国《行政复议法》公正、公开和有错必纠原则的要求。然而,我们也应当看到,以上的改革措施虽然与我国《行政复议法》并无多大的相悖之处,但毕竟与我国行政复议制度所确立的以书面审查为主的程序原则有一定的差别,是一种不完全坚持书面审查原则的表现。而行政复议制度在实践中所出现的问题,一方面恰恰就是片面理解和强调书面审查原则而导致的结果;另一方面,行政复议制度本身所规定的复议程序过于简化也是导致行政复议制度功能弱化的一个根本原因。

要强化行政复议程序的公正性,突出行政复议程序对构建和谐社会的作用,就是从制度建设的角度出发,巩固各地、各部门在行政复议程序改革方面的成果,进一步完善审查程序。具体思路是:根据行政复议案件的不同类型确立不同的审查方式。应当借鉴诉讼程序以及行政处罚、行政许可的程序,将行政复议案件分为不同的类型,根据不同的案件特点设立不同的审查程序。

第一,将书面审查方式设立为简易程序。对案件简单、争议不大的案件,可设立简易程序,以书面审查的形式进行审理,并将审查方式书面告知当事人,取得当事人的认可。书面审查中发现案件较为复杂的,应当转入普通程序进行审理,并及时告知当事人。

第二,对案件复杂、争议较大的案件设立以公开听证、质证为形式的普通程序。对于案情重大、疑难、复杂以及集体申请的行政复议案件,应当由行政复议机关成立专门的行政复议听证组织,对案件的事实、适用法律等问题进行听证,并在听证过程中由当事人对证据进行质证,对事实的认定和适用法律以及处理结果进行辩论。

笔者认为,在不放弃书面审查方式的前提下,在行政复议审查程序中引入听证程序是必要的。对简单的案件仍然保持书面审查的方式,可以适应行政复议强调效率的要求;而对较为复杂的案件采用听证的方式进行审查,可以使行政复议程序的公开性、公正性得到体现。正如一篇报道中所言:

"听证审查的兴起,可以说是发展的必然。"辽宁省政府法制办的一位官员告诉记者,书面审查不是没有碰到申请人提供的材料和被申请人出示的证据不真实的情况,"更重要的是,以前的行政复议案件主要是涉及公安、工商管理的居多,现在,涉及老城区改造、房屋拆迁、土地权属纠纷的案件也越来越多,这些案件仅凭书面审查,是很难弄清事实真相的。"因此,行政复议案件展开实地调查、履行听证程序,对政府、当事人和案件质量都好。[①]

(2)其他应该公开的程序事项。除了引入公开听证、质证程序外,在行政复议的其他程序环节中,还应当进一步完善程序制度:第一,建立行政复议机关受理行政复议案件的书面告知制度。通过这一制度,避免复议机关在受理案件环节上的随意性,使申请人依法申请行政复议的程序权利依法得到法律的确认。第二,规定申请人、第三人对被申请人提供的书面答复、证据、依据等材料的查阅、复制、摘抄等制度。能否了解并以法定方式了解被申请人所提供的材料,是正常开展行政复议的前提,因此,应当改变目前行政复议制度和实践中被申请人、第三人只能查阅而不能复制、摘抄被申请人所提供材料的状况,使当事人的知情权得到真正的保障。第三,增加行政复议案件承办人员的告知以及回避制度。回避制度的前提是当事人对行政复议机关具体办案人员的知情权,所以,复议机关应当在受理案件的通知书中明确告知具体办案人员,并告知当事人依法享有申请回避的权利,同时还应当对回避的程序规则作出具体说明。

2. 以完善的行政复议管辖制度促进行政复议程序的和谐

行政复议的管辖制度是行政复议程序制度中的关键内容之一。我国行政复议管辖制度中最大的弊端,就是管辖制度的不尽合理,从而导致在一定范围内"官官相护"现象的发生,也引发了公民、法人或者其他组织对行政复议制度产生不信任感,影响了公众对行政复议制度公正性的期盼。虽然在

---

① 李立:《听证审查与书面审查并举 行政复议加强层级监督力度》,载《法制日报》2006年1月12日。

《行政复议法》制定之前,曾有学者提出建立统一的行政复议机关的设想,①但这一建议并未被《行政复议法》所采纳。近年来,鉴于我国行政复议的实际情况,有很多学者提出了建立独立的行政复议机关的设想,其中有学者主张建立相对独立的行政复议委员会,打破行政复议机构内设于政府机关内部的局面,撤销各行政机关办理行政复议案件的职权,按照省以下垂直管理的模式,从中央到地方设立专门的行政复议委员会。各级行政复议委员会均对上级行政复议委员会负责,市、县一级行政复议委员会的运作和人选委任,统一由省一级行政复议委员会安排,省一级行政复议委员会对中央行政复议委员会和同级人大负责。②

笔者认为,目前设置相对独立于各级政府的行政复议委员会的条件尚不具备,而且在短时期内对《行政复议法》作大规模的修改也不可能,因为这涉及行政复议体制的重大改革,必须经过一段时间的充分论证。同时,还必须以理清各级行政机关与行政复议委员会之间的关系为前提,这与机构精简的原则不相一致,在具体操作上可能还有一定的难度。笔者建议,应当按照中央关于完善行政复议制度的要求,在基本维持现行行政复议体制不变的前提下,对行政复议体制进行必要的改革。具体步骤是:第一,根据正当法律程序原则中"任何人不得做自己案件法官"的要求,取消"自我管辖"的规定。明确对省部级行政机关具体行政行为不服的,应向国务院申请行政复议,对国务院行政复议仍然不服的,可以直接向法院起诉,并在《行政诉讼法》中明确规定对国务院行政复议行为不服提起行政诉讼的管辖制度。此项规定能够将国务院的行为也纳入行政法治的框架当中,从而使国务院走下"神坛",向其行政机关本质回归。③ 第二,明确规定国务院进行行政复议的程序规则,使国务院的行政复议活动有明确的程序依据。第三,对工商、质量技术监督、地税、国土等实行省以下垂直领导体制的部门的具体行政行为不服的,应当明确其行政复议管辖机关,以避免实践中的争议。第四,加

---

① 参见彭书清:《关于建立统一的行政复议机关的思考》,载《行政法学研究》1997年第2期。
② 参见周婉玲:《我国行政复议组织与程序的改革》,载《法学研究》2004年第2期。
③ 参见杨海坤、章志远:《中国行政法基本理论研究》,北京大学出版社2004年版,第542页。

强责任追究机制,进一步明确不依法履行行政复议职责的法律责任的追究程序,使行政复议法律责任的追究有明确的法律程序依据。

3. 以创新的精神建立行政复议的和解协调机制

《行政复议法》并没有对行政复议的和解协调或者调解问题作出具体规定,该法第 25 条规定:"行政复议决定作出前,申请人要求撤回行政复议申请的,经说明理由,可以撤回;撤回行政复议申请的,行政复议终止。"这为在行政复议过程中进行调解,使行政相对人和行政机关达成和解,从而及时化解行政纠纷,促进社会的和谐提供了一定的制度空间。

传统的行政法观念认为,行政权力是一种公共权力,它不得让渡与处分,否则就丧失了调解、协调的基础。然而,这种理念与制度,在行政复议实践中也日益显露出一些缺陷,突出表现就是由于行政争议解决问题的效率不高,使得行政相对人希望通过行政复议程序予以保护的合法权益在一定范围内难以获得有效的保护。另外,由于排斥和解协调手段的运用,最终也可能使得行政机关与行政相对人之间的关系趋于紧张,甚至形成一定程度上的对立,导致行政相对人对行政复议制度的疏远感和不信任感,最终的结果是频繁的起诉、上诉、申诉乃至上访,官民关系日趋紧张,不利于社会的和谐。在生活节奏越来越快、行政纠纷越来越多、解决难度越来越大的当今社会,寻求多元化的行政争议解决机制就成为行政法治革新的一个重大课题,在行政复议中进行调解、和解,可以最大化地保护行政相对人的合法权益,有助于化解行政机关和行政相对人之间的矛盾,有助于减轻法院处理行政诉讼案件的负担,减少当事人的讼累,更有助于建立行政机关与公民之间的良好关系,从而达到构建和谐社会的最终目的,因此,它应当成为当今社会的理性选择。这种通过适当的权力(权利)让渡来及时有效地解决纠纷的形式,有助于实现公私利益的相对较大和公私成本的相对较低,乃是实质法治主义的表现。

在实践的基础上,2007 年 8 月 1 日起实施的《行政复议法实施条例》对行政复议程序中的和解、调解作出了明确规定。近年来,有很多地方在行政复议程序中,创立了行政复议的调解或者和解协调机制,取得了很好的效果。如 2007 年 2 月 8 日的《法制日报》刊登了一则新闻,介绍了新疆维吾尔自治区在创新行政复议办案方式,将和解协调作为化解行政争议新机制方面的实践:

> 今后,新疆全区行政复议工作将大力加强行政复议制度创新,在坚持当事人自愿、合法、公平公正和诚实守信的前提下,主要运用和解、协调的新机制化解行政争议。这是记者从刚刚结束的新疆全区行政复议工作会议上获悉的。
> 新疆此次会议讨论并原则通过了《自治区人民政府关于进一步加强行政复议工作的实施意见》。根据实施意见,对群众提出的行政复议,必须依法受理。各级行政机关在作出具体行政行为的同时,要依法履行复议救济权利告知义务,明确地告知申请行政复议的途径、期限,否则将受到相应的处罚。今后,行政复议工作将在坚持当事人自愿、合法、公平公正和诚实守信的前提下,主要运用和解、协调机制化解行政争议。新疆还将大胆创新行政复议办案方式,对事实清楚、争议不大的案件采取书面审理为主的方式;对双方争议较大的案件,要充分听取各方和有关专家的意见;对案情复杂、社会关注的重大案件采取公开听证、当面审理的方式;行政机关对自己明显违法、不当的行政行为引起的行政复议案件,可以自行纠正,以避免加重违法、不当行为造成的损害。同时新疆全区将不断完善行政复议听证制度、调查制度、和解制度、重大案件备案制度和重大事项报告制度,严格执行行政复议责任追究制度;将加强对土地征收、城镇拆迁、企业改制、工商管理、社会治安、环境与资源、劳动和社会保障等领域行政争议问题的调查研究,并建立健全行政复议与信访工作协调机制,使行政复议与信访工作形成合力。
> 另据记者了解,行政复议法颁布施行 8 年来,新疆各级行政复议机关共收到复议申请 10798 件,受理 10198 件,受理案件结案率达到 100%;在这些案件中,有 30% 的具体行政行为因违法和不当被撤销、变更、确认违法或责令依法履行职责;行政复议事项涉及包括城市建设

环境资源、公共交通、治安、土地和房屋权属认定、社会保障等方面,涉及的管理行为包括行政处罚、行政许可、行政收费、行政强制措施以及行政不作为等,切实维护了人民群众的合法权益。①

不仅在新疆维吾尔自治区,全国许多地方都在这方面进行了一定的探索。根据2006年12月初全国行政复议工作座谈会上传出的信息,全国已经有较多的地方或部门引入调解机制,从而取得了"化干戈为玉帛"的效果。

运用调解机制解决行政争议,是很多行政复议机关力推的方式。运用这种方式解决问题,往往双方都比较满意,能够做到案结事了。

据统计,重视运用调解手段的行政复议机构,如上海、河北、湖北、黑龙江、浙江、广东、卫生部等,通过调解达成和解的行政复议案件,一般能占到行政复议案件的20%到30%左右。

上海市通过大量的调解实践,认为涉及三类争议范围的案件,比较适合调解处理:一是涉及自由裁量行政行为的行政复议案件;二是涉及羁束行政行为的行政复议案件原则上不适用调解,但羁束行政行为涉及民事法律关系的可以;三是对于法律法规规章尚未作出明确规定的事项,需要行政权介入时,原则上也可以运用调解手段,如户籍管理引发的争议等。

江西省政府受理的行政复议案件中,80%是通过协调终止行政复议。

湖北省从几年来的实践看,通过行政调解解决的行政复议案件,尤其有些涉及第三人的案件,比如土地权属纠纷、企业改制、房屋拆迁、特许经营权等方面案件,简单作维持或撤销决定,都会损害另一方当事人的利益。对此,湖北省提倡尽可能通过协调解决纠纷。如某市政府授予某燃气公司特许经营权的行为,因行政程序不到位损害了原煤气公司的利益,两家公司扯皮又导致居民供气受影响,群众到政府静

---

① 《新疆创新行政复议办案方式 和解协调成为化解争议新机制》,载《法制日报》2007年2月
日。

坐。维持或撤销市政府的决定都会有很大后遗症。省政府受理此案后，先后多次派人到该市协调，达成燃气公司收购原煤气公司的协议，各方都比较满意。2003年以来，各地各部门通过调解结案的行政复议案件占受案数的30%以上。去年省政府直接审理的案件42件，有21件实现了调解结案。[①]

从以上实践可以看出，行政复议的调解（或者称和解、协调）不但已经成为行政复议实践的需要，而且在增强政府与公民之间的合作与沟通、加强相互之间的信任方面起到了非常重要的作用。"信任和诚实要求双方的通力合作，在行政法上即为行政主体与相对人之间的服务与合作"，并且，"双方只有始终保持这种信任，服务与合作才能成功，事业才会兴旺发达"。[②] 要实现行政主体与相对人之间的信任，使行政权力与公民权利在一定程度上的良性互动，并且体现行政复议制度对这种良性互动关系的促进，必须在各地各部门实践的基础之上，从制度角度对行政复议从程序上作出必要的规范。从实践情况看，由于当时我国没有统一的制度规范，各地在这方面的探索可能涉及下列问题：

第一，调解方式在行政复议中的适用范围。虽然我们认为行政复议案件可以通过调解的方式解决，但也并非所有的案件均能适用这种方式解决。事实上，据通过调解解决行政复议案件的地方或部门的实践可知，调解的适用也是有一定范围的，如上文所介绍的上海市规定了调解的具体范围。但从当时来说，各地和各部门所规定的调解范围，毕竟是在一定地区或特定部门适用的，反映了地方和部门对行政复议制度的认识一方面具有一定的局限性，另一方面也可能使各地各部门在具体适用上产生一定的差异，不利于对法律的统一实施。

第二，在行政复议程序中进行调解所应当遵循的原则和程序规则。调解或者和解协调并不是抛弃法律原则，并不是无视行政活动应当具有的合

[①] 《引领社会通向公平正义和谐》，载《法制日报》2006年12月5日。
[②] 参见叶必丰：《行政法的人文精神》，北京大学出版社2005年版，第169页。

法性,因此,在行政复议调解过程中:一是必须坚持若干重要原则,即行政复议案件和解协调的基本原则,如分清是非、自愿合法、当事人法律地位平等、公平合理、诚实信用等原则;二是创新协调方法,注重内外的良性互动,探索多元化和解协调工作机制;三是明确调解的程序规则,强化调解程序的法定性。在此基础上,我们还可以积极发挥社会力量,引导公众参与,必要时主动邀请社会团体、中介组织等社会力量主持或参与协调,从而使行政复议的和解协调达到法律效果和社会效果的统一。同时,应当对调解达成协议之后的效力以及执行问题作出规定,笔者发现该问题在《行政复议法实施条例》中也没有得到完全解决。

笔者认为,通过和解协调化解行政争议,可以最大限度地利用行政复议制度的法律资源达到解决行政纠纷的目的,也可以消除行政机关与相对人因行政纠纷而形成的对立,从而最大限度地实现社会的和谐。

四、完善与局限:《行政复议法实施条例》分析

(一)《行政复议法实施条例》对行政复议制度的新规定

《行政复议法实施条例》在优化行政复议程序、强化行政复议制度的功能方面作了很多有益的规定。尤其是在一定程度上将行政复议制度从"内部监督制度"转化到"行政争议解决制度"方面作了较大的努力。主要体现在:

1. 明确了行政复议制度是一种解决行政争议的制度

《行政复议法实施条例》第1条规定:"为进一步发挥行政复议在解决行政争议、建设法治政府、构建社会主义和谐社会中的作用,根据《中华人民共和国行政复议法》,制定本条例。"这一立法宗旨的规定将行政复议制度回归于解决行政争议制度的本质,并且把行政复议制度的运行提高到建设法治政府、构建社会主义和谐社会的高度来进行认识。这不但与国务院《全面

推进依法行政实施纲要》所要达到的建设法治政府的目标相一致,而且与党的十六届六中全会通过的《中共中央关于构建社会主义和谐社会若干重大问题的决定》中关于"加快建设法治政府,全面推进依法行政,严格按照法定权限和程序行使权力、履行职责,健全行政执法责任追究制度,完善行政复议、行政赔偿制度"的要求一致。可以说,《行政复议法实施条例》关于立法宗旨的这一规定,对于进一步完善行政复议制度、积极发挥行政复议制度应有的权利救济功能,具有十分重要的现实意义。

2. 完善了行政复议申请程序

在这一方面,《行政复议法实施条例》虽然与《行政复议法》一样,专门设立一章规定"行政复议申请"问题,但是与《行政复议法》不同的是,《行政复议法实施条例》还专门以"节"的形式对行政复议申请中的有关问题作了细化规定。

第一,规定申请人的资格条件、类型以及第三人参加行政复议的程序。《行政复议法》第2条规定:"公民、法人或者其他组织认为具体行政行为侵犯其合法权益,向行政机关提出行政复议申请,行政机关受理行政复议申请、作出行政复议决定,适用本法。"第10条第1款规定:"依照本法申请行政复议的公民、法人或者其他组织是申请人。"[①]《行政复议法实施条例》第5条规定:"依照行政复议法和本条例的规定申请行政复议的公民、法人或者其他组织为申请人。"同时,《行政复议法实施条例》第6条、第7条分别规定了合伙制企业以及其他合伙组织、股份制企业的申请人资格,第8条规定了行政复议代表人制度,第9条规定了第三人参加行政复议的具体程序,第10条对行政复议的委托代理制度进行了细化。上述规定弥补了《行政复议法》在相关方面的不足。

第二,对被申请人的各种情况作了规定,明确了行政机关与法律、法规授权的组织共同作出具体行政行为,行政机关与其他组织共同作出具体行

---

① 笔者认为,《行政复议法》的上述对行政复议申请人的规定,实际上与行政诉讼的原告所应当具备的资格是一致的,即"与具体行政行为有法律上利害关系的公民、法人或者其他组织对该行为不服的,可以依法提起行政诉讼",也可以依法提起行政复议。

政行为、经上级机关批准的具体行政行为，以及行政机关的派出机构、内设机构或者其他未经法律、法规授权，对外以自己的名义作出具体行政行为的被申请人问题。

第三，为确保公民、法人或者其他组织依法申请行政复议，《行政复议法实施条例》明确了行政复议申请期限的计算方法，对申请期限的规定更加符合实际。例如，该条例第15条对当场作出具体行政行为、直接送达的具体行政行为、邮寄送达的具体行政行为、公告送达的具体行政行为、作出具体行政行为时未告知而事后补充告知的、行政机关应当送达而没有送达以及被申请人有证据能够证明公民、法人或者其他组织知道具体行政行为等情况的申请期限作了较为详细的规定；第16条对申请行政机关履行法定职责的行政复议期限进行了具体规定；为保障公民、法人或者其他组织的行政复议知情权，第17条规定行政机关作出的具体行政行为对公民、法人或者其他组织的权利、义务可能产生不利影响的，应当告知其申请行政复议的权利、行政复议机关和行政复议申请期限。

第四，对提出行政复议申请的方式以及申请人提供证据等问题作了规定。一是明确可以有多种方式进行行政复议申请；二是明确行政复议申请书应当载明的事项；三是规定申请人应当提供证明材料的具体情形；四是明确规定对两个以上国务院部门共同作出的具体行政行为不服可以向其中任何一个国务院部门提出行政复议申请，由作出具体行政行为的国务院部门共同作出行政复议决定；五是对省以下垂直领导的行政机关所作具体行政行为的行政复议机关问题作出规定；六是对申请人认为具体行政行为所依据的有关行政规定不合法而在行政复议中一并申请审查的具体情况作了规定等。

3. 强化了行政复议机关受理行政复议申请的义务

例如，《行政复议法实施条例》第27条为保障行政复议机关积极受理行政复议案件，切实维护公民、法人或者其他组织的行政复议权，规定公民、法人或者其他组织认为行政机关的具体行政行为侵犯其合法权益提出行政复议申请，除不符合《行政复议法》和《行政复议法实施条例》规定的申请条件的;行政复议机关必须受理;第28条规定了行政复议机关应当受理行政复议申请的七个具体情形;第29条规定了对不合格申请材料的补正程序;第30条规定了拥有共同管辖权的行政复议机关的确定程序;第31条进一步完善了上级行政机关责令受理的程序,明确上级行政机关认为行政复议机关不予受理行政复议申请的理由不成立的,可以先行督促其受理,经督促仍不受理的,应当责令其限期受理,必要时也可以直接受理,认为行政复议申请不符合法定受理条件的,应当告知申请人。

4. 健全了行政复议审查方式

这是《行政复议法实施条例》中最为引人注目的内容。在这一部分的规定中,明确了以下事项:

第一,规定了行政复议的调查程序。《行政复议法实施条例》第34条规定,行政复议机构认为必要时,可以实地调查核实证据,并且对调查核实的程序作出规定;对重大、复杂的案件,申请人提出要求或者行政复议机构认为必要时,可以采取听证的方式审理。

第二,增加了和解制度。为了有效化解行政纠纷,平衡利益,努力做到"案结事了",《行政复议法实施条例》第40条规定,公民、法人或者其他组织对行政机关行使法律、法规规定的自由裁量权作出的具体行政行为不服申请行政复议的,申请人与被申请人在行政复议决定作出前可以自愿达成和解。

第三,增加行政复议的调解制度。虽然在《行政复议法》中没有规定调解制度,但在行政复议实践中调解被大量地运用于处理行政争议的过程中,并且取得了良好的效果。因此,《行政复议法实施条例》第50条规定,对行政机关行使法定裁量权作出的具体行政行为不服申请行政复议的案件或者当事人之间的行政赔偿或者行政补偿纠纷,行政复议机关可以按照自愿、合法的原则进行调解。

第四,明确规定了行政复议申请的撤回程序、行政复议中止和终止的适用情形,完善了行政复议审理程序。例如,《行政复议法实施条例》第38条对行政复议申请人撤回行政复议的程序作出规定,同时对行政复议期间被申请人改变原具体行政行为的问题作了规定;第41条对行政复议期间可能出现的影响行政复议案件审理而导致行政复议中止的情形作出规定;第42条对引起行政复议程序终止的若干情形进行规定。

第五,完善了行政复议决定制度。《行政复议法实施条例》在《行政复议法》有关行政复议决定方面规定的基础上,对行政复议决定的具体要求作了一定的细化,如第47条规定了行政复议机关作出变更决定的具体情形;第49条规定了责令被申请人重新作出具体行政行为的程序等。

第六,增加了从程序上驳回行政复议申请的规定。在行政复议实践中,有时会出现申请人认为行政机关不履行法定职责申请行政复议,行政复议机关受理后发现该行政机关没有相应法定职责或者在受理前已经履行法定职责的情况,或者出现行政复议机关受理行政复议申请后,发现该行政复议申请不符合《行政复议法》和《行政复议法实施条例》规定的受理条件的情况,此时适用《行政复议法》规定的维持、撤销、变更、确认违法等行政复议决定都不合适,对此,《行政复议法实施条例》第48条规定了驳回行政复议申请的行政复议决定类型。

第七,设立了"不利变更禁止"制度。为了使行政复议符合其救济制度的性质,同时也是为了鼓励公民、法人或者其他组织通过行政复议的方式依法解决行政争议、解除申请人"不敢告"的思想负担,《行政复议法实施条例》第51条规定了行政复议的"不利变更禁止"原则,即行政复议机关在申请人的行政复议请求范围内,不得作出对申请人更为不利的行政复议决定。

5. 专章规定了"行政复议指导和监督"制度

为了加大对行政复议工作的指导监督力度,保证行政复议工作的顺利开展,从而积极发挥行政复议制度的功能,《行政复议法实施条例》在第五章专门规定了"行政复议指导和监督",如规定行政复议机关应当加强对行政复议工作的领导。具体来说,行政复议机构在本级行政复议机关的领导下,按照职责权限对行政复议工作进行督促、指导,从而进一步明确了行政复议指导和监督职责;规定县级以上各级人民政府应当加强对所属工作部门和下级人民政府履行行政复议职责的监督,行政复议机关应当加强对其行政复议机构履行行政复议职责的监督;规定行政复议机关可以向有关机关提出纠正相关行政违法行为或者做好善后工作的意见书制度,建立行政复议机关可以向有关机关提出完善制度、改进行政执法的建议书制度;规定县级以上各级人民政府行政复议机构应当定期向本级人民政府提交行政复议工作状况分析报告的制度;规定下级行政复议机关应当及时将重大行政复议决定报上级行政复议机关备案的制度。

6. 进一步完善了行政复议的法律责任制度

为了保障行政复议机关、行政复议机构切实履行行政复议法定职责,《行政复议法实施条例》在《行政复议法》对法律责任问题进行规定的基础上,在总则和专门的法律责任条文中进一步强化了行政复议的法律责任制度。例如,《行政复议法实施条例》第2条规定各级行政复议机关应当认真履行行政复议职责,领导并支持本机关负责法制工作的机构依法办理行政复议事项,并依照有关规定配备、充实、调剂专职行政复议人员,保证行政复议机构的办案能力与工作任务相适应;第3条细化了行政复议机构的职责,强化了行政复议的责任追究制度;第64条规定行政复议机关或者行政复议机构不履行《行政复议法》和《行政复议法实施条例》所规定的行政复议职责,经有权监督的行政机关督促仍不改正的,对直接负责的主管人员和其他直接责任人员依法给予警告、记过、记大过的处分,造成严重后果的,依法给予降级、撤职、开除的处分;第65条规定对行政机关及其工作人员的违法行为,行政复议机构可以向人事、监察部门提出对有关责任人员的处分建议,也可以将有关人员违法的事实材料直接转送人事、监察部门处理,接受转送的人事、监察部门应当依法处理,并将处理结果通报转送的行政复议机构。

（二）对《行政复议法实施条例》的评析

可以说,《行政复议法实施条例》所作出的规定已经在《行政复议法》的基础上有了较大的发展。有很多内容甚至是在《行政复议法》没有规定的基础上所作出的扩充性规定,其中有些内容可以认为是对我国行政复议制度所作出的重大改革。作为国务院的一部行政法规,在法律之外对行政复议制度进行如此重大的变革,其中深层次的原因是值得分析的。

1. 国务院制定《行政复议法实施条例》的原因

虽然国务院法制办指出,制定《行政复议法实施条例》的原因在于"根据党的十六届六中全会提出的'完善行政复议制度'的要求,有必要总结行政复议实践经验,把行政复议法规定的各项制度具体化,进一步增强行政复议制度的可操作性"①,但笔者认为,国务院之所以要制定这一条例,主要原因在于拯救我国的行政复议制度。

我国行政复议制度在实际运作中的效果,引起了学者和政府的高度重视。有学者阐述道:"与行政诉讼制度相比,行政复议制度在我国一直是一个被人忽视的领域。……行政复议制度之所以被人忽视,与我们对它的不正确认识有关。长期以来,我们一直将行政复议仅仅当作行政机关内部自我纠正错误的一种监督制度。没有看到它同时也是一种权利保障制度和整个争议解决体系的重要环节。这种片面的认识反映到立法和制度设计上,使行政复议过程体现了浓厚的'行政化'特征,使行政复议机构无法独立、公正地解决行政争议,最终也使公众对行政复议制度失去信心,行政复议几乎成为被人遗忘的角落。"②国务院有关领导也指出:"有的地方和部门的领导对新形势下依法及时解决行政争议是政府的一项基本职能的认识不到位,对通过行政复议法律制度解决行政争议还缺乏必要的了解,不善于运用行政复议手段解决矛盾和问题;有的地方和部门不积极受理、审查符合法定条件的行政复议案件,相互推诿、敷衍塞责,致使相当一部分行政争议的处理仍游离于法定渠道之外,许多行政诉讼案件在起诉前未经过行政复议,不少行政机关仍陷于应付信访、应对行政诉讼的被动局面;有的地方和部门的领导对行政复议能力建设关注不够,市、县的能力建设尤为薄弱,机构不健全、编制不到位、队伍不稳定、素质不够高的问题突出;行政复议办案质量有待

---

① 《国务院法制办公室关于〈中华人民共和国行政复议法实施条例(草案)〉的说明》,载曹康泰主编:《中华人民共和国行政复议法实施条例释义》,中国法制出版社2007年版,第264页。

② 周汉华主编:《行政复议司法化:理论、实践与改革》,北京大学出版社2005年版,"前言"第1页。

进一步提高,行政复议决定的权威性和社会公信力需要进一步加强;行政复议制度本身也需要不断完善等。""这些问题必须引起我们高度重视,并切实加以解决。"①改革行政复议制度,并在改革的基础上使它进一步地走向完善,是我们对待行政复议制度的明智和正确的选择。党的十六届六中全会通过的《中共中央关于构建社会主义和谐社会若干重大问题的决定》提出了"完善行政复议制度"的要求,国务院于 2004 年 3 月 22 日发布的《全面推进依法行政实施纲要》也同样提出了"认真贯彻行政复议法,加强行政复议工作"和"要完善行政复议工作制度,积极探索行政复议提高行政复议工作质量的新方式、新举措"的要求。2006 年 9 月 4 日,中共中央办公厅、国务院办公厅印发了《关于预防和化解行政争议,健全行政争议解决机制的意见》,指出了行政复议在化解行政争议中的作用,提出了健全行政复议制度的意见。笔者认为,党中央、国务院如此关注行政复议原因,一方面当然是社会所需,是"结合预防和化解行政争议、完善行政争议解决机制的新形势"所提出的要求;②另一个不可忽视的重要原因就是,行政复议制度无论是在制度设计上,还是在实际运行中都已经陷入了困境,到了即将被人"遗忘"的程度,再不采取必要的措施,将极有可能使这项制度"名存实亡"。国务院必须通过制定这一实施条例,对我国行政复议制度进行若干修正,从而使我们在面对行政纠纷时,更好地发挥行政复议的制度功能。

2.《行政复议法实施条例》转变了对行政复议的认识

《行政复议法》实施以来,我国的行政复议是在一种不够完备的程序规则之下运行的。这种不完备首先来源于我们对行政复议制度性质的认识。从前面的分析看,我们在制定《行政复议法》的时候,片面地将行政复议制度简单地定位为一种"行政机关的内部监督制度",并且认为不宜、也不必搬用司法机关办案的程序,使行政复议"司法"化。正是这种对行政复议制度

---

① 华建敏:《加强行政复议工作,促进社会和谐稳定》(2006 年 12 月在全国行政复议工作座谈会上的讲话),http://politics.people.com.cn/GB/1024/5287468.html,2007 年 1 月 17 日访问。

② 参见《国务院法制办负责人就〈中华人民共和国行政复议法实施条例〉答记者问》,http://www.gov.cn/zwnd/2007-06/08/content_640541.htm,2007 年 6 月 8 日访问。

"司法化"的刻意回避,导致我国行政复议制度的运行陷入了一定的困境。行政复议作为一种对我国法治建设尤其是行政法治建设具有深刻影响的制度和一种主要的非诉讼性纠纷解决方式,与行政诉讼相比,它应有的功能远远没有得到发挥。每年通过行政复议的途径解决的行政争议案件是8万多起,而根据最高人民法院公布的数据,近两年行政诉讼案件数每年平均在10万件左右。有关部门的相关调研也显示,在美国、韩国、日本等国,行政复议的数量远远超过行政诉讼案件。行政复议与行政诉讼的案件比例在美国是24∶1,在日本大约为8∶1,在韩国约为7∶1。① 由此可见,行政复议制度的专业优势没有得到充分发挥,同时这一制度在具体实践中的运行状况,迫使我们不得不对这一制度的性质和功能进行重新审视。

笔者认为,综观《行政复议法实施条例》的内容,在很多方面体现了我们对行政复议制度观念的改变。我们不再拘泥于行政复议是一种"行政机关的内部监督制度"的观念,而是将其视为一种行政救济制度、一种解决行政争议的制度、一种行政法上的监督制度。可以说,行政复议制度是行政救济、行政争议解决以及行政法律监督制度的集合体。从本质上说,行政复议是一种行政救济制度,更是一种通过行政救济解决行政争议的制度。中共中央办公厅、国务院办公厅《关于预防和化解行政争议健全行政争议解决机制的意见》结合构建和谐社会的新形势,明确提出要充分发挥行政复议在解决行政争议中的重要作用,这实质上是承认了行政复议在发挥行政系统内部层级监督功能的同时,具有更加重要的社会救济功能,充分体现了党和政府更加重视通过行政复议这一法定渠道解决社会突出矛盾的决策和部署。同时,新形势下行政复议制度的功能和作用主要体现在化解社会矛盾、保护权利、纠正错误、教育引导方面。② 从《行政复议实施条例》所作出的若干规定看,其中的许多规定已经不再仅仅是"行政机关的内部监督制度"的化身,而是强化了其作为行政救济和争议解决制度的功能。

---

① 参见刘晓鹏:《政府强化"自我纠错"依法化解行政争议》,载《人民日报》2007年8月2日。
② 参见曹康泰主编:《中华人民共和国行政复议法实施条例释义》,中国法制出版社2007年版,第7—8页。

(1) 从国务院法制办公室对行政复议认识的有关论述的变化,看出对行政复议制度认识的转变

由国务院法制办公室主任曹康泰于《行政复议法》颁布之后主持编写的《中华人民共和国行政复议法释义》曾经竭力主张行政复议不能"司法化",而是要"体现行政复议作为行政机关内部监督的特点,不宜、也不必搬用司法机关办案的程序,使行政复议'司法'化",并由此认为"如果把行政复议'司法'化,将引起三个问题:一是行政复议将失去作为行政权所固有的优势,如简便、廉价和专业化等特点,与司法权趋同。二是行政复议既没有行政权力的特点,也将难以发挥司法权所固有的功能和特性。……行政复议机关与被申请人之间必须是一种领导与被领导、指导与被指导的关系,行政复议就是建立在这种权力联系的基础上的,在这种情况下规定诸如回避等司法性程序是没有任何用处的。三是从整个国家权力过程来看,行政复议司法化将使解决一个特定行政争议的成本增高。以行政处罚为例,行政处罚在作出决定之前,一般要经过调查、听证、决定等程序,不服行政处罚申请行政复议后,若对行政复议仍不服需要向法院提起行政诉讼的,法院对行政案件实行两审终审。如果在行政处罚决定与法院判决、裁定之间的行政复议再增加一道复杂的司法程序,势必影响行政效率,增加行政成本,对整个国家权力的有效运作是不利的。基于以上考虑,行政复议法规定,行政复议具体事项由行政机关负责法制工作的机构承办,作为它的一项工作任务,不另设独立的、自成系统的复议工作机构;行政机关进行行政复议,原则上采取书面审查的办法,根据被申请人提交的当初作出具体行政行为的证据和材料对该具体行政行为进行审查,不再重新取证"[①]。上述观点反映了当时对行政复议制度的定位。然而,自《行政复议法》实施至今,我们对行政复议制度的认识已经有了很大的转变。我们可以从同样由国务院法制办公室主任曹康泰于《行政复议法实施条例》颁布之后主持编写的《中华人民共和国行政复议法实施条例释义》一书的有关内容中看出这一转变。其一,该书不

---

① 曹康泰主编:《中华人民共和国行政复议法释义》,中国法制出版社 1999 年版,第 3—4 页。

再强调行政复议是一种"行政机关的内部监督制度",而是着重说明行政复议制度的社会救济功能与争议解决功能。如该书认为行政复议制度"在发挥行政系统内部层级监督功能的同时,具有更加重要的社会救济功能"①,行政复议制度的功能和作用主要表现为化解矛盾、保护权利、纠正错误、教育引导四个方面。② 这说明将行政复议制度仅仅限定为"行政机关的内部监督制度"已经不再符合社会发展的现实,必须承认行政复议制度应当具有多重功能,而其中最主要的应当是其化解行政纠纷、实现对公民权利的救济的功能,而对行政机关的监督则应当是实现上述功能的必然结果。实际上,监督与救济两者之间并不存在对立和矛盾。行政复议的监督和救济功能在绝大多数情况下可以相安无事,"救济"了行政管理相对方,自然也就监督了违法、不当的行政方。③ 其二,在解释相关条文时对司法性质的程序不再一味地排斥,而是在论述中强调要在一定程度上吸收司法程序中的有益内容,从而进一步完善行政复议程序。例如,对于《行政复议法实施条例》第33条所规定的"行政复议机构认为必要时,可以实地调查核实证据;对重大、复杂的案件,申请人提出要求或者行政复议机构认为必要时,可以采取听证的方式审理",《中华人民共和国行政复议法实施条例释义》认为"行政复议采取何种方式,应当与行政复议本身的特点相符合,行政复议作为一项准司法行为,既要充分体现、符合行政效率原则,也应当在程序上体现公开、公正、参与的特点,应当适当借鉴司法程序中的合理因素,增强行政复议的公正性,提高行政复议的权威"④。该书在论述中,多次提到行政复议制度具有"准司法性"性质。从否定行政复议程序的"司法化",到承认其应当具有一定的司法程序,并认为行政复议是一种准司法行为,这些都说明我们在对待行政复议制度的态度上的一个重大转变。这也恰恰说明我们以前对行

---

① 曹康泰主编:《中华人民共和国行政复议法实施条例释义》,中国法制出版社2007年版,第7页。
② 参见上书,第8页。
③ 参见张越:《行政复议法学》,中国法制出版社2007年版,第41页。
④ 曹康泰主编:《中华人民共和国行政复议法实施条例释义》,中国法制出版社2007年版,第143页。

政复议制度的认识是存在偏差的。这种偏差就是与社会实践的需求不相适应,与行政复议制度应当具有的功能不相适应。承认行政复议具有一定的司法性质,表明我们对行政复议制度的认识已经发生了根本性的变化。

(2) 行政复议程序从制度上已经逐渐向"准司法性"逼近

我国《行政复议法》实施之后,曾有学者呼吁"行政复议应向司法化逼近",并认为作为一种救济渠道,行政复议的第一要务应当是"积极地、动态地"实现纠纷解决,之后在纠纷解决基础上兼顾保障和监督行政主体依法行政的功能。① 我国行政复议制度长期以来一贯遵循的原则是强化行政复议的内部监督功能,并将其作为制定《行政复议法》的主要指导原则。这就不可避免地使行政复议制度的具体运行陷入过度行政化的泥潭,影响了其行政纠纷解决功能的正常发挥。而《行政复议法实施条例》的制定,目的就是要纠正由于制度的偏差所带来的制度功能的虚无状况,使行政复议制度的纠纷解决功能得到发挥。

第一,从《行政复议法实施条例》的立法宗旨看制度功能定位的变化。《行政复议法实施条例》第 1 条明确了制定该条例的目的在于"进一步发挥行政复议制度在解决行政争议、建设法治政府、构建社会主义和谐社会中的作用",该条例将行政复议制度的功能首先定位为"解决行政争议",即明确了其化解社会矛盾的功能,而通过化解社会矛盾,促进法治政府建设,最终实现构建社会主义和谐社会的目标。这一立法宗旨反映了我们对行政复议制度功能在认识上的一个重大转变。这一转变符合了新时期解决纠纷机制的客观需求,也与构建和谐社会的客观需求完全吻合。在社会转型时期,行政争议面广量大,而且遍布在各个行政管理领域,尤其集中在公安、土地征收、城镇房屋拆迁、企业改制和重组、劳动和社会保障、工商和税收管理等领域。对于这些行政争议,如果还是仅仅以原来的"行政机关的内部监督制度"的思维模式来对待和解决,很难达到预期效果,因为"行政争议的处理结

---

① 参见朱新力:《行政复议应向司法化逼近》,载周汉华主编:《行政复议司法化:理论、实践与改革》,北京大学出版社 2005 年版,第 88 页。

果往往直接关系到社会和谐稳定的大局"①。有关统计表明,行政争议主要集中在基层,89.7%的行政复议案件的被申请人是地级市以下行政机关,70%的行政复议案件被申请人是市县两级政府部门。② 笔者认为,基层行政机关依法行政水平的高低直接决定了法治政府建设和构建和谐社会的成败,通过发挥行政复议制度的功能,将大量的行政争议解决在基层,对法治政府建设和构建和谐社会具有决定性的作用。转变对行政复议制度的认识,并通过重新界定行政复议制度的功能,使行政复议制度能够发挥其在解决行政争议过程中应有的积极作用,是我们对待这一制度的一个正确选择。

第二,《行政复议法实施条例》的若干制度已经向"司法化"逼近。从《行政复议法实施条例》的有关规定可以看出,国务院力图改变《行政复议法》所确立的一系列"行政机关的内部监督制度"为主旨的行政复议规则,尤其是在有关程序的规定上,着力体现了解决行政争议的功能,具有了一定的"准司法程序"的因素。例如,在对行政复议当事人(申请人、被申请人和第三人)的规定方面,明显借鉴了行政诉讼制度中的有关规定,从而使行政复议当事人与以司法程序解决行政争议的行政诉讼当事人在一定程度上趋于一致。在申请人举证责任的规定上,同样也借鉴了行政诉讼制度中原告举证责任的规定,从而使行政复议和行政诉讼这两种行政争议解决途径上的原告举证责任制度具有相同的规则。在审理方式上,更是吸收了司法程序的有益成分,明确规定"行政复议机关认为必要时,可以调查核实证据;对重大、复杂的案件,申请人提出要求或者行政复议机构认为必要时,可以采取听证的方式审理",从而在制度上改变了"原则上采取书面审查的办法"和"不再重新取证"的传统做法,使行政复议的审理方式更加符合解决行政争议的目的。尤其是在行政复议中建立了和解与调解制度,突出了行政复议制度化解矛盾、解决争议的功能。和解与调解制度本是纠纷解决制度中的应有内容,是化解纠纷、解决争议的重要方式之一。《行政复议法实施条

---

① 曹康泰主编:《中华人民共和国行政复议法实施条例释义》,中国法制出版社2007年版,第3页。

② 参见《依法行政再加速 市县政府任重道远》,载《法制日报》2007年7月25日。

例》将和解与调解制度引入行政复议程序之中,使行政复议程序明显增添了争议解决机制的色彩,与司法程序中的和解与调解程序相接近,凸显了行政复议程序"准司法性"的特征。此外,关于代理人、有关鉴定、撤回行政复议申请、行政复议中止与终止以及驳回行政复议申请等规定,都与司法程序中的相关规定类似,所不同的仅仅是争议或者纠纷解决的途径而已。这说明在"进一步发挥行政复议制度在解决行政争议、建设法治政府、构建社会主义和谐社会中的作用"这一立法宗旨的指导之下,行政复议制度已经在一定程度上摆脱了完全"行政化"的倾向,吸收了司法程序中体现公开、公正的有关程序规则。

《行政复议法实施条例》的程序规则,极大地强化了行政复议程序的公正性、公开性以及程序规则之间的和谐性,也增强了行政复议制度的可信度。该条例在依法完善、方便申请、积极受理、改进和创新方式、强化监督原则的指导下,进行了一系列的制度创新。除了上文所提到的若干内容之外,还在以下方面进行了必要的努力:第一,方便了相对人申请,进一步明确了受理的程序。例如,该条例规定行政机关作出的具体行政行为对公民、法人或者其他组织的权利、义务可能产生不利影响的,应当告知其申请行政复议的权利、行政复议机关和行政复议申请期限;规定了行政复议期限的计算方式;申请人对两个以上国务院部门共同作出的具体行政行为不服的,可以向其中一个部门提出行政复议申请,由作出具体行政行为的国务院部门共同作出行政复议决定;公民、法人或者其他组织认为行政机关的具体行政行为侵犯其合法权益提出行政复议申请,除不符合《行政复议法》和本条例规定的申请条件的,行政复议机关必须受理;明确规定了应当予以受理的具体条件;规定对申请材料的补正时间不计入行政复议审理期限;上级行政机关认为行政复议机关不予受理行政复议申请的理由不成立的,可以先行督促其受理,经督促仍不受理的,应当责令其受理,必要时也可以直接受理等。第二,规定行政复议的指导和监督制度,并规定了相应的程序。例如,该条例规定了行政复议的督促、指导、检查、抽查、意见书、建议书、行政复议状况分析报告、重大决定备案等制度,完善了行政复议的资格制度,明确了专职行政复议人员应当具备与履行行政复议职责相适应的品行、专业知识和业务能力,并取得相应资格,目的在于加强对行政复议工作的指导和监督,提高行政复议工作质量。第三,在《行政复议法》的基础上完善了行政复议的法律责任制度。《行政复议法实施条例》专门设立一章对行政复议被申请人、行政复议机关、行政复议机关负责法制工作的机构不履行行政复议决定、不履行行政复议职责等违法行为所应当承担的法律责任作了进一步的规定。

笔者认为,行政复议程序是行政救济程序中最为重要的程序规则之一(从某种程度上说,行政救济程序的重要性完全可以与行政诉讼程序相提并论),进一步完善其程序制度,强化通过合法、公正的程序规则及时化解行政争议、实现对行政相对人权利的救济功能,可进一步体现行政复议制度的可信度,对于构建社会主义和谐社会意义重大。《行政复议法实施条例》所进行的一系列制度创新,尤其是在程序规则上所进行的制度设计,一是在一定程度上符合及时解决行政争议的要求,保障了行政相对人的行政复议申请权,体现了服务型政府的要求;二是进一步强化了行政复议程序的公正、公开和便民,同时还有助于鼓励行政相对人在发生行政争议时,通过行政复议的方式解决行政纠纷,符合了现代法治社会以法治渠道解决纠纷的基本理念,同时也提高了行政复议制度的可信性;三是对于及时解决行政争议、化解行政纠纷具有明显的促进作用,如关于方便申请、及时受理的规定,尤其是行政复议程序中和解、调解制度的确立,更是对行政争议的及时有效解决、减少或消除政府与行政相对人之间的对立、建立"官民"之间的相互信任关系具有明显的促进作用;四是有利于对行政复议工作的指导和监督,促进行政机关尤其是行政复议机关和行政复议人员切实履行行政复议职责,从而使行政复议能够健康顺利地开展;五是使行政复议制度更加符合新时期解决行政争议的需求,也使行政复议制度在一定程度上回归了其作为纠纷解决制度和行政救济制度的本质。

以下是在《行政复议法实施条例》实施之后进行行政复议听证的一起案例,很能说明行政复议程序的作用:

贵州省黔西南布依族苗族自治州人民政府近日就一起行政复议案件作出行政复议决定:维持被申请人贵州省晴隆县人民政府《关于对晴隆县水泥厂与莲城镇东北社区四组土地权属争议的处理决定》。这本是一件普通的行政复议案件,而它却是贵州省第一件在召开行政复议听证会后作出行政复议决定的案件。

时间:2007年8月3日。

地点:贵州省黔西南州人民政府所在地兴义市。黔西南州各行政执法机关的法制科科长到会旁听。

基本案情:1973年,当时的晴隆县革委会筹办晴隆县国营水泥厂,征用社区四组土地6.3亩(现争议地)。2003年晴隆县政府决定关闭水泥厂,由经贸局牵头处理善后事宜。社区四组以原征地协议约定"水泥厂停办后,土地由生产队收回"为由,主张土地权属。晴隆县政府2007年3月12日作出决定,认为水泥厂是当时经县革委会批准建立的地方国营企业,并已按双方约定兑现了给社区四组的土地补偿款,土地权属已发生改变,依据有关法律,决定双方争议的6.3亩土地所有权属国有,使用权归晴隆县水泥厂。

争议焦点:社区四组认为晴隆县政府的决定回避了征地协议第四条被水泥厂单方涂改的事实。协议第四条约定,水泥厂办下去,土地问题属水泥厂单方管理;如停办,土地由生产队收回。莲城镇革委会签署了"同意以上协议,三、五年内按规定减免公粮,如不办厂交队耕种"的意见。

晴隆县政府认为协议书中所涂改内容及注明都是双方当事人在协商约定时的共同行为,并非厂方单独所为。在协议注明中,第四条已涂改作废,土地问题今后由国家处理。水泥厂已生产三十多年,不存在不办厂土地交回耕种的问题。

社区四组要求黔西南州政府撤销晴隆县政府的决定,将争议地归申请人集体所有;晴隆县政府要求黔西南州政府维持决定;第三人水泥厂和经贸局均请求黔西南州政府复议维持决定。

听证过程:申请人、被申请人和第三人分别就复议请求、案件事实、证据、处理程序、理由等进行陈述;围绕协议涂改情况等争议焦点,进行了举证、质证、认证。质证采取一证一质的形式;进行了充分的辩论,阐述各方观点。听证会历时三个多小时,当天没有作出复议决定。

各方声音:复议决定宣布后,晴隆县副县长张颖表示,通过这次听证,使政府部门更加明确依法行政的重要性,有利于增强依法行政的意识。今后不管作出什么决定,都要把依法行政放在首位。晴隆县经贸局局长孙琮乔表示,依法行政是行政机关为民服务的前提条件,将不断提高法律意识,今后遇有这种事情还要出席;社区四组的代表张克炳表示,尽管州政府维持了晴隆县政府的决定而使他们感到遗憾,但对于复议听证的程序和形式非常满意。听证会给了他们向上级政府充分表达自己意见的机会,给了他们与政府工作人员平等交流的机会。

黔西南州法制办主任田大宝对记者说,以前行政复议以书面审理为主,有时无法查清案件事实,过程也不透明。一些群众在输了官司之后,往往认为是暗箱操作,官官相护,不利于消除隔阂,不利于达成共识或谅解,不利于维护群众利益。召开听证会审理行政复议案件,让官司输赢都明明白白,可以促进行政机关依法行政,提高行政复议的办案质量。他说,现在州政府对依法行政工作非常重视,已作了明确规定,所有常务会议州法制办主任必须列席,所有政府文件出台前必须由法制办把关、审查。[①]

从上述案例可以清楚地看出,程序规则的完善对强化当事人对行政复议审理过程的信赖程度、推进社会和谐起到了重要作用。这种"看得见的公正"正是行政复议程序规则所追求的目标。

(三)《行政复议法实施条例》的局限与《行政复议法》的修改

虽然《行政复议法实施条例》的意义非常重大,对它的评价也应当是正

[①] 《让官司输赢双方都明明白白》,载《法制日报》2007年8月14日。

面的,但由于它毕竟是一部由国务院制定的行政法规,性质上属于《行政复议法》的下位法,拘于《行政复议法》的规定,它在制度的完善和创新方面也是有限的。"受立法权限的限制,《行政复议法实施条例》不能与《行政复议法》相抵触。囿于条例本身的层级,只能扮演有限的角色、解决有限的问题。许多根本性、原则性的问题又无法规定,更不能对行政复议制度进行大而全的修改。只能在它力所能及的范围内,尽可能用足作为下位阶的行政法规的立法时机,在符合《行政复议法》立法原则、立法精神的前提下,根据中国当代依法行政的形势,进行一些制度完善和制度创新"①。虽然《行政复议法实施条例》已经在《行政复议法》的基础上对我国行政复议制度中的很多内容(尤其是程序规则)进行了完善,也使我国行政复议制度在原有的基础上有了一定的发展。但根据笔者的思考,至少还有以下几个方面的问题有待于进一步解决:

第一,提高解决行政纠纷的效率,区分各种行政争议案件不同的解决途径和方式,必须建立简易程序制度。国务院于2004年3月发布的《全面推进依法行政实施纲要》提出:"要完善行政复议工作制度,积极探索提高行政复议工作质量的新方式、新举措。对事实清楚、争议不大的行政复议案件,要探索建立简易程序解决行政争议。"中共中央办公厅、国务院办公厅《关于预防和化解行政争议健全行政争议解决机制的意见》也提出要探索建立行政复议的简易程序。从及时化解行政争议、降低复议成本、维护社会和谐的角度来说,行政复议的简易程序确实有必要建立。

第二,解决自己做自己法官的问题,必须对行政复议的管辖问题作出更为合理的规定。尤其是广受学术界批评的省部级行政机关对自己作出的具体行政行为的行政复议案件的自我管辖问题,应当有合理的调整。同时,即使仍保留原有的管辖制度,对于国务院作出最终裁决的程序问题也应当由法律作出具体规定,从而使国务院的裁决行为有明确的法律程序依据。

---

① 张越:《修订行政复议法正当其时》,载《行政法与财产权保护》(中国法学会行政法学研究会2007年年会论文集)(下册),第851页。

第三,对于行政复议程序中的一些具体程序规则问题,也应当通过法律来加以规定。如关于申请人是否既可以查阅,也可以复制有关材料的问题,《行政复议法实施条例》仅仅在第35条规定"行政复议机关应当为申请人、第三人查阅有关材料提供必要条件",而没有具体规定申请人、第三人是否有可以复制的权利。由于这个问题涉及被申请人所提供的材料是否合法、有效以及与行政诉讼中的证据制度有一定的关联,所以必须以法律的形式加以规定。

第四,使行政复议与行政诉讼实现有效衔接,必须在两者之间建立良好的协调关系。从广义上说,行政复议与行政诉讼的衔接是行政诉讼制度的组成部分,根据《立法法》的规定,应当属于法律保留的范围,理应要由法律规定。《行政复议法实施条例》作为国务院的行政法规,在这一方面难以有所作为。

第五,如何解决复议机构的中立性问题是今后行政复议制度改革所必须考虑的问题。如借鉴韩国以及我国台湾地区的经验,设立相对独立的行政复议委员会是保证行政复议机构公正和中立、克服"官官相护"、提升行政复议制度公信力的一个重要举措。在2006年12月召开的全国行政复议工作座谈会上,国务委员华建敏在讲话中也提出,要进行行政复议委员会的试点工作。实践中,有些地方和部门已经在进行行政复议委员会的试点工作,比如贵州、中国证监会等规定行政复议委员会可以吸收外部专家参加裁决案件,就是一个有益的探索。① 然而,这一探索毕竟是一种制度之外的探索,《行政复议法》对此并没有规定。要解决这一问题,还是必须通过修改《行政复议法》来加以解决。

第六,和解协议的审查程序、效力以及行政复议调解书的执行问题。《行政复议法》对行政复议的和解与调解问题没有作出任何规定,《行政复议法实施条例》虽然对和解与调解问题作出了规定,如第40条规定"和解内

---

① 参见曹康泰主编:《中华人民共和国行政复议法实施条例释义》,中国法制出版社2007年版,第142页。

容不损害社会公共利益和他人合法权益的,行政复议机构应当准许",但对于行政复议机构依照什么程序进行审查以及和解协议的效力应当如何确定(如是否具有执行力等问题)则没有规定。同时,对于行政复议调解书,虽然《行政复议法实施条例》第50条规定"行政复议调解书经双方当事人签字,即具有法律效力",但对于执行的程序却没有作出任何规定。

此外,其他有关程序的完善和协调问题也需重视并加以解决。如回避、禁止单方面接触等问题,并不是靠一个行政法规性质的"实施条例"所能完成的,而应当通过修订《行政复议法》来加以完成。

笔者认为,之所以要提出通过修订《行政复议法》来促成我国行政复议制度的完善,可以从以下四个方面来认识:

其一,从性质上说,行政复议制度作为一种争议解决制度,具有一定的司法性,至少具有准司法性。此外,与行政诉讼制度一样,行政复议制度也属于解决行政争议、化解行政纠纷的制度,其中很多内容还涉及与行政诉讼制度的衔接与协调问题,因此,从法律保留原则的角度来说,理应由法律来加以规定。

其二,《行政复议法》无论存在多少问题,至今仍然是一部合法有效的法律。《行政复议法实施条例》尽管已经对我国行政复议制度作出了很多符合"进一步发挥行政复议制度在解决行政争议、建设法治政府、构建社会主义和谐社会"这一社会需求的创新性规定,但是从法律优越原则的角度来说,其中的有些规定是没有法律依据的,是在上位法所没有规定的前提下所进行的创新,它的合法性存在一定的问题。要避免和解决这一问题,必须通过修改《行政复议法》来加以解决。

其三,对《行政复议法实施条例》无法解决的若干问题,更应当通过修改《行政复议法》来予以解决。如前文所提到的简易程序的建立、行政复议委员会的设立等问题,必须通过修改《行政复议法》来解决。

其四,应当抓住修改《行政诉讼法》的契机,实现行政诉讼制度和行政复议制度的同时完善和进步。由于行政复议制度与行政诉讼制度在解决行政争议、化解行政纠纷、推进依法行政、推进法治政府建设、促进和谐社会的构建等功能方面的一致性,同时两者在具体的程序方面还有很多的衔接和联系,因而笔者建议,在修改《行政诉讼法》的同时,把对《行政复议法》的修改也提上立法议程,有利于两种行政救济制度,尤其是两种行政救济程序的协调。

笔者认为,根据社会转型时期行政纠纷的特点,修改《行政复议法》,是全面完善我国行政复议制度、进一步理顺"官民"关系、促进社会和谐的明智之举。

第五章 我国行政诉讼程序规则的协调

行政诉讼是现代民主政治国家所普遍确立的一项由司法权对行政权依法进行监督的重要行政救济制度。同样,行政诉讼程序也是行政救济程序的重要组成部分。

我国《行政诉讼法》的修改工作列入了十届全国人大常委会的立法议程。学者们对于这部关系着我国民主政治进程的重要法律的修改倾注了很大的热情,提出了许多富有建设性的观点。但是,许多讨论似乎较多地关注于我国《行政诉讼法》中一些较为宏观性的重要制度的修改和完善,如立法宗旨和法律功能的准确定位、受案范围的扩大、行政审判体制的改革、公益行政诉讼制度的建立以及当事人制度进一步完善等问题。① 这些建设性的观点对于我们修改《行政诉讼法》、促进我国行政诉讼制度功能的正常发挥、构建公正的行政诉讼制度无疑是非常重要的。然而,笔者认为,作为一部完整的法律,它的重要性不仅仅在于其中一些重要制度的确立和修改,还在于为实现这些制度的特殊功能而设立的具体的诉讼程序规则的进一步完善。行政诉讼制度毕竟是一种以程

---

① 参见马怀德:《修改行政诉讼法需要重点解决的几个问题》,载《江苏社会科学》2005年第6期。

序规则为主要内容的法律制度,它修改的落脚点应主要在设立合理、公正的程序上。因此,在本章中,笔者在对我国行政诉讼制度以及行政诉讼程序进行总体性思考的基础上,对于我国行政诉讼制度中一些程序规则的合理性设置进行了具体探讨,目的在于从程序具体规则的合理性角度探析行政诉讼程序的和谐性。

一、行政诉讼观念与行政诉讼立法:对我国行政诉讼制度与行政诉讼程序的一些反思

行政诉讼是专门处理解决行政争议的法律制度。自1990年10月1日以来,作为一项独立法律制度标志的《行政诉讼法》已施行了18年。这一法律的颁布和施行,使我国过去只能"官管民"而不能"民告官"的历史传统发生了根本性的变革,表明了我国的行政法治建设开始从以官为本转向以人为本,这对于进一步培养公民的主体意识、权利意识和法治意识,促进行政机关在行政管理活动中重视对公民、法人或其他组织权利的保护,推进依法行政原则的落实,具有十分积极的意义。《行政诉讼法》的颁布和实施,开创了中国历史上"民告官"的先河,从某种意义上讲,也标志着我国民主与法治建设的真正开始。但是,由于行政诉讼制度的诞生毕竟是对传统观念的一次强烈挑战,自然会对社会的政治、经济乃至人们的思想观念产生强大的冲击,各种观点的碰撞无不影响着行政诉讼制度的立法与实践。笔者认为,18年的努力虽然使我国的行政诉讼制度得到了一定的发展,也使这一制度的独特作用得到了一定的展现,但由于一些传统观念的束缚和某些消极观念的影响,行政诉讼制度的立法本身以及实践过程也产生了一些值得探究的问题,从而使行政诉讼制度应有的功能未能得到全面的体现。改变关于行政诉讼的观念,加快解决行政诉讼制度立法和实践中出现的问题,不仅是进一步完善我国行政诉讼制度的关键,同时也是进一步加强我国民主与法治建设的重要举措,更是我们在《行政诉讼法》的修改进程中所必须正视的重

要问题之一。

（一）影响行政诉讼立法与实践的几个主要观念

客观地说，我国《行政诉讼法》是在理论研究尚不够充分、实践基础也并不深厚的条件下制定和实施的，所以行政诉讼制度的出现，必然会引起人们对它的种种不同反应。由于数千年封建传统的影响，人们当时对行政诉讼这一新生事物的出现产生各种各样的想法也属情理之中。而最为关键的问题是如何随着社会的发展逐步改变这些观念，从而促使行政诉讼的立法与实践更加符合有中国特色的民主与法治建设的需要。当然，这些反应中也有积极的观念，即认为行政诉讼制度的建立，是我国改革开放和民主与法治建设的必然要求。有学者进一步认为，行政诉讼在我国的产生不是偶然的，它既不是哪一个决策者的恩赐，也并非单靠专家学者们的极力倡导所能奏效。我国行政诉讼的产生根源深埋在体制改革之中，是我们顺应体制的变化所作的一种明智选择。① 同时，经过18年的行政诉讼实践，行政机关的依法行政水平已经有了很大的提高，依法行政原则亦已日趋成为各级政府行为的重要行为准则。同时，公民、法人或其他组织的权利意识也逐渐增强，建立和发展行政诉讼制度的必然性以及政府行为受法律监督的重大意义已经在社会中基本形成共识。但是，无论是当时还是在今天，对行政诉讼的认识还存有许多消极的观念，这些观念不但在当时就影响着行政诉讼的立法，甚至至今也在一定范围内影响着行政诉讼实践的发展。归纳起来，这些观念主要有：

1. 行政诉讼程序与民事诉讼程序的关系问题

在行政诉讼与民事诉讼的关系问题上，认为行政诉讼制度脱胎于民事诉讼制度，两类诉讼具有一定的共通性，为避免在立法上造成重复，《行政诉讼法》仅仅是对行政诉讼与民事诉讼的不同方面作出规定，而行政诉讼与民事诉讼共同的程序规范，则不应在《行政诉讼法》中加以规定，可以适用《民

---

① 参见张树义：《冲突与选择——行政诉讼的理论与实践》，时事出版社1992年版，第3页。

事诉讼法》。这一观点是从行政诉讼立法的简便性角度加以考虑的。受这一观念的影响,我国《行政诉讼法》在立法上过于简单,这样一部对我国当代社会起重大影响作用、对民主与法制的发展有着重要决定意义的基本诉讼法律规范,连附则部分加在一起总共75条,与《民事诉讼法》(共270条)和《刑事诉讼法》(共225条)远远不能相比。问题的关键还不仅仅在于条文的数量上,更重要的在于行政诉讼与民事诉讼所要解决的争议性质、案件审理的对象、诉讼目的、举证规则、法院判决与裁定的作出及执行程序等方面均有重大区别。行政诉讼的被告是依法拥有国家行政权的行政机关或者法律、法规授权的组织,诉讼内容主要在于认定被告行使国家行政权的行为合法与否,从某种程度说,进行行政诉讼的难度和复杂程度远远超过了以解决平等主体间的民事权利义务争议为内容的民事诉讼。行政争议本质上是一种公法争议,行政争议与其他性质的争议的性质不同,决定了它在解决争议方式和程序上的特殊性。行政诉讼作为一种解决行政争议的法律制度的特殊性,决定了它长期以来套用民事诉讼法理论、原则、制度和一些程序的不可取性。纵观《行政诉讼法》条文,并没有关于"本法没有规定的,适用民事诉讼法"的规定,只是最高人民法院在《行政诉讼法意见》第114条、《行政诉讼法解释》第97条中作了"可以参照民事诉讼的有关规定"的规定。笔者认为,由于受"行政诉讼法套用民事诉讼法"观念的影响,在目前作为基本诉讼法典的《行政诉讼法》中,其诉讼制度的特殊性未能完全得到体现,作为法典应有的全面性和完整性也未能得到充分展示。由于《行政诉讼法》规定的内容较为简单,其在实践中的可操作程度也相应降低,只能由最高人民法院一再以司法解释的形式确立很多程序规则,作为行政诉讼基本法典的《行政诉讼法》对行政诉讼程序的基本规范力难以全面体现。

2. 关于对行政诉讼范围的认识

关于我国行政诉讼范围问题的研究,从《行政诉讼法》起草时就受到立法和理论部门的高度关注,尽管在当时的立法者看来,《行政诉讼法》对受案范围的规定只不过是法律迁就现实的一种表现,是行政诉讼制度初步建立阶段的历史现象。但随着行政诉讼制度的进一步发展,有关受案范围的研究不仅没有减少,反而有升温的趋势。事实上,行政诉讼受案范围历来是行政诉讼法学研究的重点内容,这也是《行政诉讼法》区别于其他诉讼法的一个重要方面。世界上几乎所有国家,包括大陆法系和普通法系国家都有关于受案范围或者类似的规定,只是各自对这一问题的表述有所不同。美国将该问题称之为"司法审查的可得性",法国称之为"行政法院的审判权范围"。不管表述如何,实质内容都是一样的,即法院不可能解决所有的公法争议,也无力审查所有的行政行为,法院能够解决的争议范围是有限的。[①]

在我国制定《行政诉讼法》之初,立法者认为行政诉讼的受案范围不宜过宽,而是应当"符合国情,逐步扩大"。[②] 理由主要有以下方面:一是长期以来,行政机关依法行政的意识不强,而且在行政执法实践中所依据的法律、法规又较滞后。如果行政诉讼的受案范围规定得过宽,将一些法院难以处理的行政争议也纳入行政诉讼的范围,将会干扰或影响行政机关的正常行政管理,既不利于社会的稳定,也不利于对公民、法人或者其他组织权利的切实保护。二是认为行政诉讼在我国尚属初创,人民法院在审判能力和审判经验上都不能适应较大范围的行政案件审判,否则法院将会因行政案件的增多而超负荷运转,从而影响了正常的审判工作。三是认为行政诉讼制度在我国既无历史的渊源,现实的基础也不够充分,几千年封建思想意识的影响还比较深厚,因此无论对行政机关,还是对公民或法人来说,都有一个在实践中逐步适应、在心理上逐步接受的过程。如果行政诉讼范围过于宽泛的话,不但法院的审判力量难以承受,而且可能出现滥诉、乱诉现象。由于这三条理由的存在并被立法时所采纳,导致了目前我国行政诉讼受案范围的过于狭窄。这主要表现在:第一,目前的受案范围仅仅局限于行政机关的具体行政行为所产生的行政争议,而比具体行政行为影响更大的抽象

---

① 参见马怀德主编:《行政诉讼原理》,法律出版社2003年版,第168页。

② 全国人大常委会原副委员长王汉斌在《关于〈中华人民共和国行政诉讼法〉草案的说明》中指出:"法院受理行政案件的范围,是行政诉讼法首要解决的重要问题。考虑目前我国的实际情况,行政法还不完备,人民法院行政审判庭还不够健全,行政诉讼法规定'民可以告官',有观念更新问题,有不习惯、不适应的问题,也有承受力的问题,因此对受案范围现在还不宜规定太宽,而应逐步扩大,以利于行政诉讼制度的推行。"这反映了立法者当时对行政诉讼范围的基本认识。

行政行为则不能对其提起行政诉讼；第二，目前的受案范围主要是具体行政行为中被认为侵犯了公民、法人或其他组织人身权、财产权方面产生的争议，除此之外的争议原则上不纳入行政诉讼范围；第三，《行政诉讼法》在对可以提起行政诉讼的具体行政行为作出规定时，在立法技术上主要采取列举式加以限制。具体行政行为中只有被列举的8种才能提起行政诉讼，未被列举的则被排除在范围之外。虽然《行政诉讼法》也规定"法律、法规规定可以提起诉讼的其他行政案件"也属诉讼范围，但这些规定又是从另一个角度对受案范围作了限制，即涉及人身权、财产权以外的行政争议，法律、法规没有规定可以起诉的，不能提起行政诉讼。但在实践中，法律、法规规定可以提起行政诉讼的案件比例很少，由此造成实际上人身权、财产权方面以外的行政争议还是难以跨入行政诉讼受案范围的大门。18年来的行政诉讼实践证明，实施行政诉讼制度既没有干扰行政机关的正常管理，反而是使行政机关的依法行政意识有了很大的提高，也没有使法院因行政争议案件过多而穷于应付，相反正因为受案范围过于狭窄而使法院行政审判庭案件太少，以至于有时不得不兼办其他类型的案件以完成工作量。更重要的是，由于受案范围的过于狭窄，很多当事人投诉无门，导致信访、上访的激增甚至一些暴力抗争等影响社会和谐的现象出现，使《行政诉讼法》第1条所确定的"保护公民、法人和其他组织的合法权益，维护和监督行政机关依法行使行政职权"的立法目的难以得到真正和完整的体现。当时认为行政诉讼受案范围不宜太宽的理由是失之偏颇和证据不足的，可以说是一种脱离客观实际的主观臆想。

3. 关于审判程序问题

在立法时，由于行政诉讼的受案范围较为单一，认为人民法院对行政诉讼案件的审判只能适用合议制的普通程序，而不能适用独任制的简易程序，因此，我国《行政诉讼法》只有普通程序的规定，而无简易程序的规定。理由一是行政案件的被告是拥有国家行政权的行政机关，被告的地位较为特殊；二是行政案件涉及行政机关行使国家行政权的合法与否，而且起诉到法院的行政案件一般都经过了行政机关的一次或多次处理，如经过行政复议等，案情比较复杂,审理难度较大;三是行政争议所涉及的行政管理专业知识较强,行政法律规范繁多且分散,以审判人员目前的素质将难以胜任,因而必须依靠集体的智慧,组成合议庭来审理行政案件。以上认识的出现,使人们在主观上自觉或不自觉地淡化了对行政诉讼中实行以独任审判为特征的简易程序可行性、必要性的认识,使其在行政诉讼立法上出现了空白,也使行政审判在程序上出现了人为的繁琐化,从而使实践中一些较为简单的行政争议案件必须经过比较复杂的普通程序才能得以审结,这一方面使人民法院的行政审判效率难以得到提高,另一方面也使诉讼经济原则无法得到体现。试想,如果某位公民因被行政机关处以罚款5元甚至更低,当其了解到要预付数倍的诉讼费用,并要经过较为复杂的普通程序的审理,而且要等3个月才能得到一审判决的情况下,他提起行政诉讼的意愿就有可能会动摇,而我们通过行政诉讼制度及时化解行政争议的愿望也难以实现。一些对公民、法人或者其他组织权利虽然影响较小,但确属违法的具体行政行为就难以受到司法机关的有效监督。行政审判只能实行合议制,不能实行独任制的现状,理应从立法上加以改革。

4. 关于司法变更权的问题

一种观念认为人民法院对具体行政行为的司法审查,不拥有或仅仅拥有有限的司法变更权,而不能拥有完全的或较大范围的司法变更权。它的理论依据是司法权和行政权的内容不同,互有分工,法院作为司法机关不能代替行政机关行使行政职权,法院主要是从监督角度,审查被诉的具体行政行为是否合法,合法的予以维持,不合法的应予撤销,法院没有必要变更具体行政行为。如何行使自由裁量权,最有经验和发言权的是行政机关,而不是司法机关,否则就侵犯了行政机关的职权,破坏了现代国家机关职能的分工。只有对于极少数具体行政行为,法院才可以判决变更。这样做既照顾到行政机关的自由裁量权不受司法职能的过多干预,又考虑到了行政管理中的实际需要。① 由此决定了我国《行政诉讼法》只赋予了人民法院有限的

---

① 参见马原主编:《中国行政诉讼法教程》,人民法院出版社1992年版,第49页。

司法变更权,即规定"人民法院审理行政案件,对具体行政行为是否合法进行审查",明确人民法院原则上只审查具体行政行为的合法性,不审查其合理性,法院原则上不拥有司法变更权。该法第54条第4项规定"行政处罚显失公正的,可以判决变更",从而使人民法院在合法性审查的原则之下,享有了极小范围内的司法变更权。这一限定与行政自由裁量权同样应受法律控制的要求极不相称。笔者认为,行政自由裁量权同样是一种行政权力,具有国家意志性和强制性的特征,而自由裁量权本身所具备的灵活性又成为它可能被滥用的重要条件,这同样是对行政法治原则的一大威胁。因此,现行《行政诉讼法》将司法变更权限定在极小范围内,将不利于人民法院对行政权实施有效的监督,也与《行政诉讼法》"维护和监督行政机关依法行使行政职权"的立法宗旨相悖。

5. 对于《行政诉讼法》的实施,各种主体产生了不同的消极情感,从而使行政诉讼实践不尽如人意

首先,公民、法人或其他组织的心理障碍未能得到较为彻底的消除。由于"民不告官"的传统意识在实践中根深蒂固,公民不愿告、不敢告和不懂告的状况还在一定范围内存在着。而这些畏难心理的产生,很大程度上是因为现实中很多方面还受制于行政机关,对行政机关还存在许多依附之处,独立的人格还没有完全形成,因而瞻前顾后。其次,行政机关的抵触情绪。我们某些行政机关认为行政诉讼碍手碍脚,不利于行政活动顺利进行,由此产生了某种不利于《行政诉讼法》贯彻实施的行为,①如不愿当被告,不应诉,或拒不执行法院裁判。最为严重的是某些地方和部门的党政领导对公民依法提起行政诉讼存有偏见,对于依法敢于"民告官"的公民斥之以"刁民",并想方设法予以刁难,甚至打击、报复。如湖南省衡阳市城北区蒸湘法庭开庭审理原告陈某不服被告衡阳市公安局限制人身自由和扣押财产、罚款一案时,法官宣布休庭后,双方当事人进行庭审笔录签字,陈某刚签完字就被

---

① 参见张树义:《冲突与选择——行政诉讼的理论与实践》,时事出版社1992年版,第4页。

市公安局的工作人员当场从法庭抓走。① 而且有的行政机关对于法院判决行政机关胜诉的,则以"法院支持了政府工作"进行褒扬,反之则认为是对政府工作的干扰,甚至利用手中的权力阻止法院的依法审理与裁判。这种状况一直到近年来还没有完全消除。如有媒体在介绍浙江台州法院探索行政诉讼的"异地交叉管辖"经验时曾经提到:

>一直以来,"民告官"案件很难摆脱的一个困境就是行政干预过多。
>
>2002年3月,台州中院行政庭庭长陈崇冠上任伊始,到台州的9个县(市、区)法院调研时,庭长们一致反映,被告是当地政府的行政案子最难审,行政干预多,原告也不信任法院。
>
>一个"刺激神经"的事例是,某基层有一个行政案件牵涉到一个行政单位,开庭之前,市长打电话把基层法院院长找去,数落一顿后把传票扔给院长说:拿回去,胡闹!
>
>由于种种原因,台州从2000年到2002年3月间审结的1763起一审行政诉讼案件中,原告"撤诉"的高达50.65%。②

以上在浙江台州曾经发生的事例,只是全国行政诉讼受行政干预的一个缩影。有学者更是明确地指出:"多数情况下,行政诉讼显然是一场实力过于悬殊的较量。这不仅因为原告手无寸柄而被告掌握着行政权力,更因为被告可能滥用行政权力。""由于完善对行政权的监督非一时之功,更不是个案诉讼所能解决,原告不难感受到行政权的随时威胁。法院即使能够保护一时,却不能保护一世。原告如果能够通过诉讼逼行政机关做些让步,可能已是上上大吉,要想彻底翻案,反而可能遭'秋后算账'。"③有法官曾在文章中写道,在实践中,行政机关首长必要时可以通过党委的渠道左右法院的行政审判。某法院受理的一件以省政府为被告的行政案件,省长以省委副书记的身份对法

---

① 参见《打击压制民告官说明什么?》,载《人民日报》1999年8月25日。
② 章再亮、陈佳:《浙江台州法院五年探索——"异地交叉管辖"破解行政诉讼难》,载《民主与法制时报》2007年4月2日。
③ 何海波:《行政诉讼撤诉考》,载《中外法学》2001年第2期。

院如何处理案件提出具体意见,使得法院左右为难。又如法院受理的一件以公安机关为被告的案件中,公安厅长竟以省政法委书记的身份批示法院不要受理该案。某一区法院在审理一起行政案件时,该区某副区长竟质问法院领导还想不想开工资。① 这类不正常状况的出现,严重干扰了《行政诉讼法》的正常实施,也导致某些人民法院审理行政案件畏首畏尾现象的出现。

6. 审判程序的形式公正难以保证

在审判实践中,法官不得单方面接触一方当事人应当是公正审判程序最起码的形式要求。但是,由于观念片面认为行政机关与法院都属于国家机关,导致在行政审判实践中,法官单方面接触一方当事人尤其是单方面接触被告的情况时有发生,表现在:(1)具体行政行为一旦被诉,有些行政机关首先想到的不是按照法律规定积极应诉,而是迫不及待地到法院找法院领导或承办法官打听情况、商量对策。行政机关的一些工作人员并不以为这是违反规定,而是在诉讼过程中与法院之间的"必要的沟通",同时一些法院领导或者法官好像也没有意识到这是一种违规行为,对于行政机关的"沟通"来者不拒,不但笑脸相迎,而且还会热情接待,"共商"对付原告的对策。(2)法院遇到对行政机关不利的案件,为了协调或者保全与行政机关的关系,使法院的判决结果取得行政机关的理解和谅解,往往会在判决作出之前,主动地与行政机关沟通和打招呼。如果能够商量出"两全其美"对策的,法官也会全力以赴地帮行政机关摆脱困境。这种状况的出现,从表面上看是法院"忽视"了行政诉讼被告的当事人地位,实质上是法院在一定程度上对行政机关的"屈就",使得法院对行政争议的解决过程丧失了最起码的程序公正,偏离了其应有的中立地位,即使不存在违法审判的结果,也有可能使当事人有理由怀疑法院审判结果的公正性,从而可能在一定程度上激化矛盾,影响社会和谐。

我国行政诉讼立法和观念上的相关问题还不止上述这些,有些问题笔

---

① 参见柴立军、潭建林:《我国建立行政法院势在必行》,载《行政审判疑难问题新论》,人民法院出版社1996年版,第184页。

者将在下文中作为专门问题加以分析和阐述。笔者认为,上述关于行政诉讼的消极观念,使行政诉讼立法在诸多方面呈现出不完善之处,使其与当今社会对民主与法治的强烈需求不相适应。而在实践中所出现的一些对行政诉讼的畏难、抵触等情绪,则又使行政诉讼制度的实施在某些地方变得步履艰难,困难重重。这些状况已经严重地影响了行政诉讼制度的科学建立和正常发展,对于民主与法治的建设造成了一定的阻碍,因此,必须在修改《行政诉讼法》的过程中从立法上加以必要的完善和规范。

(二) 完善行政诉讼程序立法的几点思考

要解决《行政诉讼法》以及实施过程中出现的诸多问题,还是必须依靠立法。通过立法来完善制度,并使这一制度得到有效的贯彻实施,是实现法治的重要途径。"制度好可以使坏人无法任意横行,制度不好可以使好人无法充分做好事,甚至会走向反面。"[①]笔者认为,修改现行的《行政诉讼法》,可以进一步完善行政诉讼的各项制度,使我国行政诉讼的立法与实践更加符合建设社会主义法治国家和构建和谐社会的客观要求。

第一,根据行政诉讼的特点和特殊要求,全面完整地对行政诉讼活动作出规范,摆脱《行政诉讼法》长期套用《民事诉讼法》部分原则、制度和程序的状况。

从诉讼制度发展的历史看,行政诉讼的产生要晚于民事诉讼,并且行政诉讼产生的初期适用民事诉讼程序。为适应和推进行政诉讼的发展,许多国家的行政诉讼制度逐渐从民事诉讼法中分离出来,而且随着专门的行政诉讼法的颁行,行政诉讼制度已成为一项独立并具独立特色的诉讼法律制度。我国在行政诉讼制度建立之初,也适用的是民事诉讼程序,1982年颁布的《民事诉讼法(试行)》规定:"法律规定由人民法院审理的行政案件,适用本规定。"1989年4月4日,《行政诉讼法》颁布,并于1990年10月1日起施行,表明行政诉讼制度在我国也已成为一项独立的诉讼法律制度,有自己

---

① 《邓小平文选》第2卷,人民出版社1994年版,第333页。

特殊的规范对象和程序制度。行政诉讼之所以成为一项独立的制度,最本质的原因就在于它和民事诉讼所要解决的争议性质不同,它所解决的是行政主体与行政相对人在行政法律关系中,由于属于公共权力范畴的行政职权的行使而产生的争议,与民事诉讼所解决的平等主体之间因为民事权利、义务所产生的争议具有本质的区别。正因为如此,它们的诉讼活动必然有不同的程序规则和要求。行政诉讼涉及公共权力和公共利益,而民事案件则侧重于对民事主体权利的保护。行政诉讼制度既要体现行政权行使的特殊要求,又要顾及平衡公共利益和公民、法人或者其他组织的合法权益,而且各种合法的利益都应该得到法律的平等保护也是构建和谐社会的基本要求。行政诉讼应有符合其自身规律和性质的诉讼制度和诉讼程序,建立不同于其他诉讼程序的完整的独立的行政诉讼制度,既是进一步完善行政诉讼法本身的需要,也是适应民主政治发展、更好地发挥行政诉讼制度特有作用的一种需求。

第二,通过立法进一步强化人民法院作为国家审判机关对行政案件的独立审判机制,以保证人民法院对行政案件的独立审判真正实现。

人民法院独立行使审判权,是我国宪法规定的一项司法原则。《行政诉讼法》第3条规定:"人民法院依法对行政案件独立行使审判权,不受行政机关、社会团体和个人的干涉。"这一规定已作为我国《行政诉讼法》的一项基本原则。虽然法律有明文规定,但是,从实践看,人民法院在独立行使行政审判权的道路上步履艰难。由于行政诉讼的被告是国家行政机关,在某种程度上对于行政诉讼还存有一定的消极观念,不少行政机关漠视法院的权威,行政机关的领导随意地插手行政案件受理与审判的情况也时有出现,使法院的行政审判在一些地方受到不同程度地干扰。更重要的是体制上的原因,从宪法规定看,人民法院与当地政府应当是同级,但实际上法院的地位是"明高暗低",政府的地位远远高于法院,行政机关首长必要时还可以通过党委的渠道左右法院的行政审判工作。加上法院的财政不独立,常常要受制于当地政府或者其他行政机关,法院常常在严肃执法与其自身经济利益之间左右为难。这些状况使人民法院依法独立行使对行政案件审判权的原则在某些地方难以得到切实实现。笔者认为，应当根据实践中对行政审判工作存在一定干扰的实际情况，通过立法对人民法院独立行使对行政案件的审判权作出制度上的强有力保障，一是规定无论是哪一部门或者个人，非法干预法院行政审判工作的一律追究相应的法律责任；二是进一步细化各级人大及其常委会对法院独立行使行政审判权的监督制度，各级人大及其常委会有权对行政诉讼案件进行个案审查；三是从体制上保证人民法院的财政独立，使法院免除财政上的后顾之忧，从而大胆地独立行使行政审判权。此外，目前在全国有些法院所进行的提高行政审判的审级、探索异地交叉管辖的做法，对于保证法院不受干扰、严格独立审判行政案件有很大帮助，可以通过法律的进一步完善使其成为一项有效的制度。

第三，进一步扩大行政诉讼的受案范围，更为全面地监督行政机关依法行政和保护公民、法人或者其他组织的合法权益。

受案范围是行政诉讼中的一个重要而特殊的问题，对于公民、法人或者其他组织来说，它属于起诉权范围；对行政机关来说，它标志着其作出的行政行为接受司法审查的范围；对于人民法院来说，它确定着其行政审判权的范围，因此，受案范围对于上述三类主体都有着非常重要的意义。但是，长期以来，由于我国《行政诉讼法》对于受案范围规定得过于狭窄，从而使公民、法人或者其他组织应受司法保护的权利范围、行政机关行使行政权应受司法监督的范围以及人民法院对行政活动的司法监督范围也变得较为狭小。笔者认为，如果在行政诉讼制度建立之初还有很多谨慎考虑的话，那么在《行政诉讼法》已经实施了 18 年后的今天，我国的民主与法治建设已经大力加强，且在国家已经将"依法治国，建设社会主义法治国家"的基本方略和"国家尊重和保障人权"原则载入宪法的条件下，再以当初的理由来维持原先的受案范围，已不适应我国社会发展和民主与法治建设的需要。在当今社会，政府行政行为的复杂化和专门化是市场经济发展的必然结果，与此相适应，行政诉讼所指向的可诉性行政行为也应当趋于丰富。在对《行政诉讼法》进行修改的大量建议中，一些观点认为行政诉讼范围应当进一步扩大，如一部分抽象行政行为应纳入行政诉讼范围；除人身权、财产权以外，公民、法人或者其他组织认为政治权利、受教育权利、宗教信仰权利、劳动休息权利等宪法确认的各项权利受到行政机关侵犯的，都应依法确定一定的范围，赋予申请人可以依法提起诉讼的权利；建立公益诉讼制度等，从而全方位地促进行政机关的依法行政，体现社会民主，维护社会稳定。笔者认为，伴随着行政诉讼范围的扩大，应当根据不同的案件设置不同的程序，如简易程序、普通程序以及适用于特殊案件诉讼的特别程序规则，以适应不同案件在诉讼中的需要，保证诉讼活动的正常进行。

第四，对行政诉讼的原告资格作出统一界定，更为广泛地在程序角度保护公民的诉权。

在行政诉讼中，原告资格的认定极其重要，它关系着什么样的人有权提起行政诉讼以及行政诉讼法在何种范围内保护公民、法人或其他组织的诉权问题。我国《行政诉讼法》第2条规定："公民、法人或者其他组织认为行政机关和行政机关工作人员的具体行政行为侵犯其合法权益，有权依照本法向人民法院提起诉讼。"第24条规定："依照本法提起诉讼的公民、法人或者其他组织是原告。有权提起诉讼的公民死亡，其近亲属可以提起诉讼。有权提起诉讼的法人或者其他组织终止，承受其权利的法人或者其他组织可以提起诉讼。"第41条有关起诉条件的规定更是明确了"原告是认为具体行政行为侵犯其合法权益的公民、法人或者其他组织。"以上规定实际上已经明确了行政诉讼的原告资格。但是，由于理论上的认识还存在一定的偏差，抑或是出于对行政职权不当维护的理念，致使在实践中做法很不一致，在最高人民法院《行政诉讼法解释》颁布之前，[1]有的法院片面强调原告必须是某一特定行政法律关系的相对人，认为如赋予非行政相对人以原告资格，则会使诉权范围过于宽泛，所以对相对人之外的公民、法人或者其他组织提起诉讼，一概以"不是行政管理相对人为由"予以拒绝。然而，也有相当一部分法院依法受理并作出了裁判。对此，笔者认为，行政诉讼的根本目的

---

[1] 最高人民法院《行政诉讼法解释》第12条规定："与具体行政行为有法律上利害关系的公民、法人或者其他组织对该行为不服的，可以依法提起行政诉讼。"该解释第13条至18条还对"与具体行政行为有法律上利害关系的公民、法人或者其他组织"的几种具体情形作了列举性的规定。

就在于保护公民、法人或者其他组织的诉权,行政诉讼制度本身就有着将行政争议纠纷的解决纳入正常有序轨道的功能,当公民、法人或者其他组织的权益受到行政机关的不法侵害时,必须充分考虑对其权益的保护,特别是最具权威的司法保护。过于严格地限制原告资格,会将许多理应受到司法机关监督的行政行为排斥在司法审查之外,这样不仅会使许多行政争议无法得到合法解决,也可能会放纵一些违法行政行为。笔者曾经认为,当时最高人民法院《行政诉讼法解释》中对行政诉讼原告资格的规定,"既排除了只有行政管理相对人才有权提起行政诉讼从而使诉讼范围失之过窄的状况,也避免了将行政诉讼原告资格规定得过于宽泛而不利于行政审判工作正常开展状况的出现,不失为符合我国目前行政诉讼制度实际发展情况的一个明智之举,对于健全我国行政诉讼制度,进一步完善我国行政诉讼的立法起到明显的推动作用"[①]。然而,当今社会的发展使实践中的原告资格又呈多元化趋势,因此,必须在《行政诉讼法》的修改进程中,根据多年来在原告资格制度建设方面的实践,确定原告与被诉行政行为的内在联系,同时对公益行政诉讼的原告作出准确和合理的界定,从而使行政诉讼原告的资格在法律中得到科学的表述,改变司法实践中对原告资格认定不一而产生有的案件被法院受理、有的类似案件法院却不受理的执法不统一的状况,使之更加符合行政诉讼法的特定宗旨和功能,使公民、法人或者其他组织通过行政诉讼程序保障合法权利的诉求从司法救济的层面得以全面的实现。

第五,增设简易程序,使行政诉讼程序符合不同类型行政案件审判的需要。

目前《行政诉讼法》所设定的一律适用普通程序的规定,确属当时立法初期的客观需要。行政审判工作发展的现实情况表明,行政案件中确实有很多审理难度大,作为审查依据的法律、行政法规、地方性法规门类较多且又比较复杂的,对这些案件必须组成合议庭进行审理。但是,实践中也出现

[①] 沈福俊:《论对我国行政诉讼原告资格制度的认识及其发展》,载《华东政法学院学报》2000年第5期。

了许多较为简单的行政案件,特点是事实较为清楚,具体行政行为所涉及的法律、法规明确、具体,对这些简单的行政案件若适用普通程序进行审理,在人力和时间上较为浪费,同诉讼经济与审判效率原则相悖。"现行《行政诉讼法》没有关于简易程序的规定,极大地限制了行政诉讼效率的提高。"[①]而且从三大诉讼制度的协调看,我国《刑事诉讼法》和《民事诉讼法》都规定了简易程序,并且都是针对较为简单的刑事和民事案件所设立的。唯独在《行政诉讼法》中无简易程序的规定,使行政诉讼制度与其他诉讼制度显得不相协调。提起行政诉讼是一种追求正义之举,但如果实现正义的成本过高,很有可能阻却追求者的脚步,更有可能导致司法资源不能均衡"消费"。笔者认为,随着行政法制的不断完善,行政机关执法水平的不断提高,法院审判行政案件的经验也不断丰富,应当依照构建和谐社会及时化解行政争议的要求,并适应实践中简单行政案件审判的需要,在行政诉讼制度中增设简易程序,对案情简单、事实清楚、争议明确的案件适用简易程序进行审理,从而简化诉讼程序,合理配置司法资源,积极发挥行政审判及时、高效的功能,使一些简单的行政纠纷在司法程序中得到快速地化解。

第六,对不服限制人身自由的行政强制措施的当事人提起行政诉讼作出具体规定,使这类当事人的诉权得到切实保护。

限制人身自由的行政强制措施主要包括劳动教养、强制扣留、强制收容教育、强制戒毒、强制治疗、强制约束等,它是行政机关在行政管理活动中对公民人身自由的强制性限制。虽然《行政诉讼法》明确规定对当事人这类具体行政行为不服,可以依法提起诉讼,但是实践中,当事人行使这方面的诉权却存在一些障碍:其一,有关这些行政强制措施的法律、法规中没有类似于《治安管理处罚法》对行政拘留处罚在复议、诉讼期间暂缓执行的规定,限制人身自由的决定一经作出,便立即予以执行,使当事人在人身自由被限制的情况下行使起诉权存在一定困难;其二,部分行政机关在作出限制人身自

[①] 马怀德主编:《司法改革与行政诉讼制度的完善》,中国政法大学出版社2004年版,第347页。

由的行政强制措施决定时,不告知诉权和起诉期限,客观上剥夺了当事人应有的起诉权利;其三,即使起诉,由于当事人已被限制人身自由,实际上很难亲自到庭参加诉讼。《行政诉讼法解释》虽然在第 11 条第 2 款规定"公民因被限制人身自由而不能提起诉讼的,其近亲属可以依其口头或者书面委托以该公民的名义提起诉讼",但这仍缺乏委托的具体程序规定,当事人起诉权被限制的状况也可能出现,实际上这一权利在很多情况下也难以实现。为了改变这种当事人诉权在一定范围内被变相剥夺的状况,《行政诉讼法》应当明确规定被行政强制措施限制人身自由的当事人提起诉讼的具体保障措施,如起诉时效适当延长、行政机关不告知诉权和起诉期限因而导致当事人丧失诉权应承担的法律责任、允许其近亲属代为提起诉讼的具体程序以及行政机关应负有保证当事人按时到庭参加诉讼的义务等,从而使这类当事人的诉权不因某种不正常的阻碍而丧失。

第七,扩大人民法院司法变更权的范围,更为全面地监督行政机关的自由裁量权。

行政合法性以及在此基础上的行政合理性都是行政法治的基本原则,行政违法是对行政法治的破坏,同样,失当行政或滥用行政自由裁量权,同样对行政法治原则构成威胁。目前,我国《行政诉讼法》将人民法院的司法变更权限定在一个非常狭小的范围之内,仅仅是对"行政处罚显失公正的",才可以判决变更。这一方面限制了人民法院对行政自由裁量权实施监督的权利,也使实践中许多严重不合理甚至滥用行政自由裁量权的具体行政行为无法得到及时矫正,致使法院因无法变更某些不合理的行政决定,根据《行政诉讼法解释》第 56 条第 2 项规定,只能采用判决驳回原告诉讼请求的方式进行处理。原告对一个合理性存在问题的行政行为起诉,最终得到的却是被法院驳回诉讼请求的结果,这无论从哪个角度来说,都是对原告通过行政诉讼监督行政权依法合理行使的积极性的一个沉重打击,还会在一定程度上助长被告的不当行政。笔者认为,行政诉讼制度的内涵本身就是人民法院对行政机关实施依法监督,那种认为赋予人民法院较大范围的司法变更权是"司法权侵犯行政权"的观点是片面的,它不利于法院司法监督权的有效行使。况且,实践中除了行政处罚有显失公正的情况存在,其他行政行为(如行政强制措施)中也有显失公正的状况存在,人民法院也应当予以必要的变更。实践中大量存在滥用自由裁量权的情况说明,在行政处罚之外,必须要进一步扩大人民法院的司法变更权。但是,判决变更原行政行为,应当遵循"禁止不利变更"的原则,不得作出比原行政行为对原告更为不利的判决。当然,利害关系人同为原告的除外。

第八,强化人民检察院的监督功能,使检察机关对行政诉讼活动的监督职能更为具体和充分。

人民检察院是国家的法律监督机关,有权对法律的实施情况进行监督。《行政诉讼法》第 10 条规定,人民检察院有权对行政诉讼实行法律监督。人民检察院具体监督职能体现在对人民法院已经发生法律效力的判决、裁定,发现违反法律、法规规定的,有权按照审判监督程序提出抗诉。但是,这仅仅是一种事后监督。行政权毕竟属于一种公共权力,它是一种对社会能够产生强大影响的力量,对其实施司法监督,不但要依靠人民法院,也要依靠检察机关。由于现实生活中还存在着诸多制约行政诉讼制度正常发展的消极因素,为保证人民法院行政审判活动的正常开展,笔者认为仅有事后监督还远远不能发挥检察机关的监督职能,应当确立人民检察院参与行政诉讼的制度。当然,这并不是指全部行政案件的审判都应由检察机关参加,具体来说,一是可以在立法中确立重大复杂、审理难度较大以及各方面干扰因素较多的行政案件,可以由法院要求检察机关参加诉讼,使公民、法人或者其他组织在庞大的行政权面前有所依靠;二是在一定范围内建立行政公诉制度,在扩大行政诉讼受案范围的基础上,将一部分抽象行政行为和涉及国家和社会公共利益的案件纳入行政公诉的范围,以全面体现检察机关作为法律监督机关的职能,也体现检察机关对行政审判工作的支持和监督,保证行政审判活动的公正、合法,同时也使人民检察院对行政诉讼活动的监督更为全面和充分。同时,积极发挥检察机关在解决行政纠纷、促进社会和谐与稳定方面的积极功能。

此外,根据构建社会主义和谐社会的要求,在处理行政诉讼与行政复议的关系、加强行政诉讼对行政复议活动的司法监督、在行政诉讼中为保障法院对行政行为的合法性审查从而完善被告的举证规则以及建立行政诉讼的和解制度、完善诉讼管辖制度等方面,都应当从行政诉讼程序的角度进行必要的思考和研究。鉴于在《行政诉讼法》修改方面已经有阐述该问题的专门著作问世,①笔者将在下文中具体阐述自己对一些问题的研究心得。

二、论"穷尽行政救济原则"在我国之适用——我国提起行政诉讼的前置条件分析

(一)从一则案例看我国行政诉讼的前置条件所存在的问题

关于在提起行政诉讼之前是否应当以经过行政复议为前置条件,我国《行政诉讼法》第 37 条规定:"对属于人民法院受案范围的行政案件,公民、法人或者其他组织可以先向上一级行政机关或者法律、法规规定的行政机关申请复议,对复议不服的,再向人民法院提起诉讼;也可以直接向人民法院提起诉讼。法律、法规规定应当先向行政机关申请复议,对复议不服再向人民法院起诉的,依照法律、法规的规定。"这一规定就是通常所说的"复议或者诉讼,由当事人选择为原则,复议前置为例外"的制度。自从我国《行政诉讼法》实施以来,这一制度所受到的赞许与肯定远远大于对其的批评和反对。这种由当事人对行政诉讼和行政复议自由选择的观点在行政法学界被认为是"越来越占主导地位",并且认为这种自由选择"应当是一种原则或主要形式"。② 但是,笔者所见到的一个案例,使人不禁对这一制度在我国实施的合理性产生怀疑,而这一怀疑又引发了笔者对这一问题的一些思考。

这是一个不服房屋拆迁纠纷裁决的行政案件,基本案情是:

---

① 参见马怀德主编:《司法改革与行政诉讼制度的完善》,中国政法大学出版社 2004 年版。
② 参见姜明安主编:《行政法与行政诉讼法》,法律出版社 2003 年版,第 443 页。

一拆迁户，一家三口，老人已70多岁高龄，儿子及媳妇均身有残疾，行动不便，在与拆迁公司协商未果的情况下，房管部门裁决安置该户回迁位于顶楼（六层，无电梯）的一套三居室。该户老少均喊不平：如此楼层，如何居住？于是诉至法院，要求有个说法。结果令他们很失望，因为法院认为，从法律上来讲，房管部门裁决安置楼层的高低完全在其自由裁量权的范围之内，法院对此也无能为力。①

我国《行政诉讼法》规定，人民法院审理行政案件，是对具体行政行为的合法性进行审查，而对于具体行政行为的合理性，法院原则上无审查的权力。正是这样一种法定因素，导致法院在面对行政机关的自由裁量权是否合理这一问题时，只能是"无能为力"。在这样一起看似非常简单的一个案例中，却折射出我国《行政诉讼法》在设计行政诉讼前置条件上的明显缺陷。笔者思忖，如果该户居民在这一案件中，不是首先选择提起行政诉讼，而是首先选择申请行政复议的话，那么这一案件所涉及的行政机关行使自由裁量权是否合理的问题就有可能得到较为圆满的解决。② 我国《行政复议法》第1条明确规定，行政复议的功能在于"防止和纠正违法的或者不当的具体行政行为，保护公民、法人和其他组织的合法权益，保障和监督行政机关依法行使职权"，行政复议机关的法定职责就是既要审查被申请复议的具体行政行为的合法性，又要审查其合理性。而行政诉讼与行政复议之间很重要的一个区别，就在于行政诉讼原则上只审查具体行政行为的合法性，而不审查其合理性，具体行政行为的合理性问题在行政诉讼中一般是无法得到解决的。由此看来，法院对这一问题的"无能为力"完全是一个"合法之举"了，否则法院将会陷入"违法审判"的泥潭而不得脱身。然而，既然法律明文规定行政诉讼和行政复议这两种救济途径之间允许选择，那么，不同的选择为什么又会导致完全不同的结果呢？进一步说，既然如此，这样的选择还有

---

① 王敏：《自由裁量权，你能释放人性的光芒吗》，载《法制日报》2002年11月13日。
② 从制度角度来说，如果本案原告选择行政复议的话，行政复议机关理应依照行政复议法的规定，依法对房管部门的房屋拆迁裁决进行合法性和合理性审查。但鉴于目前我国行政复议实践的现状，笔者只能认为即使提起行政复议，也只是"可能得到较为圆满的解决"。

什么意义呢？再进一步说，我们设立行政救济制度的根本目的究竟是什么？我们将如何走出这样一个两难境地，从而通过行政救济制度更好地维护公民、法人和其他组织的合法权益？这些都是笔者在对这一问题的论述中所要讨论的问题。

（二）行政复议和行政诉讼两种救济途径选择结果的不同使公民权利的保护陷入两难境地

行政法上的救济制度，是国家为保障行政权的正当和合法行使所建立的。从根本上说，这类制度建立的终极目的，是为了保障公民权利免受违法行政和不当行政的侵害，从而在根本上保护公民、法人和其他组织的合法权益。对此，我国《行政复议法》和《行政诉讼法》均作出了明文规定。从制度功能的角度来说，两者在维护公民权利和对行政实施法律监督方面具有相同的一面。但是，行政复议和行政诉讼毕竟是两种不同的制度，前者为行政上的救济制度，后者则是司法上的救济制度。许多行政法和行政诉讼法学方面的著作对两者的不同作了较为相似的论述，如有学者认为，行政复议和行政诉讼的区别在于：(1) 性质不同。行政复议属行政活动，适用行政程序；行政诉讼属司法活动，适用司法程序。(2) 审理机关不同。行政复议机关为作出具体行政行为的行政机关的上级行政机关或法律、法规规定的其他行政机关；行政诉讼的主持审理机关则为人民法院。(3) 对具体行政行为审查的范围不同。行政复议对具体行政行为是否合法和适当进行全面审查；行政诉讼只对具体行政行为是否合法进行审查，一般不审查其适当性。(4) 审理方式不同。行政复议一般实行书面复议制度；行政诉讼一般采用开庭审理方式。(5) 审级不同。行政复议一般实行一级复议制；行政诉讼则实行两审终审制。(6) 法律效力不同。行政复议决定一般不具有最终的法律效力，作为相对一方的公民、法人或其他组织对复议决定不服的，仍可以向人民法院提起行政诉讼，只有人民法院依法对案件所作的判决才具有最终的确定力。此外，行政复议与行政诉讼在当事人称谓、法定期限、受案范围等方面也有所不同。① 还有学者更加简洁明了地指出,这两种制度的差异在于:从性质上说,行政复议属于行政救济,行政诉讼属于司法救济,因为前者由行政机关主持,后者由司法机关裁判;从审查标准上说,人民法院在审查行政案件中,是审查具体行政行为是否合法,而在行政复议中,行政复议机关是对被复议的具体行政行为是否适当和合法进行审查。② 由此可见,行政复议和行政诉讼作为两种不同的法律救济途径,它们的区别也是显而易见的。正是由于这样的区别存在,现行的行政复议和行政诉讼制度在制度的具体设计上必然会产生很多的不同,尤其是两者在审查范围和审查标准上的不同,更是导致其结果在一定情况下必然是不相同的。更何况,我国《行政复议法》和《行政诉讼法》在具体制度的设计上还存在着受案范围、当事人认定资格、审查范围、法律适用、复议终局裁决与司法终审等方面的脱节现象。③ 如此看来,在救济途径的选择上,究竟是选择行政救济(即行政复议救济),还是选择司法救济(即行政诉讼救济),对于当事人来说,是一个值得慎重考虑的问题,稍有疏忽,其合法权利的保护就可能成为一句空话。最高人民法院《行政诉讼法解释》第 56 条明确规定,被诉具体行政行为合法但存在合理性问题的,是人民法院应当判决驳回原告诉讼请求的法定情形之一。如果原告因为合理性问题而选择了司法救济,所选择的将是对自己不利的结果(当然,行政处罚显失公正的除外)。如果这样的话,我们的法律必须要求公民都应当是行政法方面的专家,从而使他们在选择救济途径之前,都能够搞清楚所起诉的具体行政行为究竟是存在合法性问题,还是存在合理性问题。但这样的要求,对于我国公民是不是过于苛刻了一些? 同时我们还应当思考,这样选择的结果,对于我们从完善行政救济制度的角度,促进社会主义和谐社会的建设是有利还是不利?

当然,法律之所以在行政法上设立复议和诉讼的选择制度,自有其理论基础和一定的内在合理性。首先,行政复议制度作为一种由行政机关所实

---

① 参见方世荣主编:《行政法与行政诉讼法》,中国政法大学出版社 1999 年版,第 304 页。
② 参见胡建淼主编:《行政诉讼法学》,高等教育出版社 2003 年版,第 5 页。
③ 参见王克稳:《我国行政复议与行政诉讼的脱节现象分析》,载《行政法学研究》2000 年第 4 期。

施的救济制度,既有审查行政行为合法性的功能,也有审查行政行为合理性的功能,而行政诉讼作为司法审查制度,则主要是审查行政行为的合法性,两者在对具体行政行为的合法性审查的功能上有重叠的一面。仅就这一点来说,允许当事人对复议和诉讼进行选择,不但是可行的,而且是值得提倡的,因为这样可以使公民、法人和其他组织在受到行政权力的违法侵害时,多了一条救济途径,而且更重要的是当事人拥有了自主选择救济的权利,这样至少在程序上保障了当事人的选择权。由于两者在解决合法性问题上的同一性,当事人无论选择哪一种救济途径,都将会产生同样的结果。其次,从对公民、法人和其他组织诉权尊重的角度考虑,理应要将选择救济途径的权利给当事人,使之能够选择对自己最为有利和方便的救济途径,从而使其权利得到最为有效的保护,也使救济制度的功能得到最大限度地实现。有些学者在论述主张由当事人自由选择的主要理由时,认为:(1)有利于当事人行使诉讼权利,可以避免跨地区申请行政复议给当事人带来交通、食宿等困难,避免当事人花费大量的时间和精力,减少程序,使行政案件得到较快的解决;(2)有些具体行政行为在作出前一般都请示过上级行政机关,再经复议没有多大意义,而且有些上级机关往往偏袒下级机关,人们怀疑其解决问题的公正性;(3)提起诉讼是宪法赋予当事人的民主权利,不应加以限制,允许当事人选择,有利于当事人行使民主权利;(4)国外行政诉讼立法也有先行复议和当事人选择两种规定,发展趋势是直接起诉。① 有学者更加明确地指出,之所以主张复议和诉讼的自由选择,"这或多或少与行政复议制度存在的一些缺陷和实际运用中存在的一些问题有关"②。正是因为上述理由的存在,关于我国行政法上的救济制度中复议和诉讼自由选择的观点明显占主导地位,以至于法律的规定也使这一观点在立法中基本得到了实现。

笔者毫不怀疑上述观点在其理论上有其一定的积极意义。但是,这一

---

① 参见许崇德、皮纯协主编:《新中国行政法学研究综述》,法律出版社1991年版,第697页。
② 姜明安主编:《行政法与行政诉讼法》,法律出版社2003年版,第443页。

理论和法律规定的相对合理性,并不能掩盖其在实际操作中的缺陷。理论上的合理性,应当是建立在实践的合理性基础之上的。离开了这一基本前提,任何理论和法律规定都会显得苍白无力。瞿同祖先生曾经指出:"研究法律自离不开条文的分析,这是研究的根据。但仅仅研究条文是不够的,我们应注意法律的实效问题。条文的规定是一回事,法律的实施又是一回事。某一法律不一定能执行,成为具文。社会现实和法律条文之间,往往存在着一定的差距。如果只注重条文,而不注意实施情况,只能说是条文的、形式的、表面的研究,而不是活动的、功能的研究。我们应该知道法律在社会上的实施情况,是否有效,推行的程度如何,对人民的生活有什么影响等等。"① 应当承认,复议和诉讼由当事人自由选择的法律规定,虽然从条文的表面上看,是对当事人选择救济权利的一种尊重,但从实际效果看,在某些情况之下,不但起不到保护公民权利的实际作用,反而在一定程度上使公民维护自身合法权利的希望落空。第一,当事人往往从法律规定的表象去进行分析,且又限于其自身的法律知识水平,不可能像专业法律工作者那样深入领会法律的内涵,往往凭自身的感觉选择法律救济途径;第二,法律规范本身对相关问题的表述不够精确,《行政诉讼法》第 37 条仅仅规定"对属于人民法院受案范围的行政案件,公民、法人或者其他组织可以先向上一级行政机关或者法律、法规规定的行政机关申请复议,对复议不服的,再向人民法院提起诉讼;也可以直接向人民法院提起诉讼",这一笼统的规定没有表述清楚什么是能够选择的,什么是不应当选择的事项,从而导致公民在选择救济途径时,往往不得要领而盲目进行,丧失了对自身权利维护的最有利途径;第三,当公民满怀信心地选择司法救济途径时,却又可能因为是属于合理性问题而无法得到司法机关的有效救济,而如果再去申请行政复议,已经不符合法律规定,这与《行政诉讼法所》所确立的"保护公民、法人和其他组织的合法权益"的立法宗旨不相符合。

究其原因,就在于我国《行政诉讼法》的某些规定,离开了我国法治发展

---

① 瞿同祖:《中国法律与中国社会》,中华书局 1981 年版,第 2 页。

的实际水平。在我国,虽然经过二十多年的普法教育和法制宣传,但公民的法律素养从总体上说还不是很高,尤其是在行政诉讼领域,面对强大的国家行政权,很多公民会觉得无所适从,根本无法在选择救济途径之前去理清自己的案件究竟是属于合法性问题,还是合理性问题,还是两者兼而有之,而且究竟属于哪一类问题,也要在法院审理之后才能见分晓(更何况,即使在目前的行政法学界,对于合法性和合理性问题的界限也存在争议)。如果从公民角度分析,自由选择救济途径既然是法律所规定的权利,而当事人依照法律规定选择了救济途径,理应都能够达到相同的结果。因为无论从理论上还是从实际效果来说,只要是法律明确规定可以选择的,那么不管请求哪种法律救济,救济的质量和意义或者结果都应当是一样的,只不过法律在程序上为公民增加了一条途径而已。而实践中实际效果的不一样,非常有可能使公民对法律本身失去信心,从而也使某些公民将自己的维权之路转移到其他非制度渠道(如不断的上访、申诉甚至暴力抗法),这不但影响了政府的正常工作,也在很大程度上影响了社会稳定和社会和谐。为此,笔者认为,这一制度理应加以改革。

(三)实现公民权利的有效途径:在一定范围内确立"穷尽行政救济原则"

笔者认为,要改变目前所存在的状况,使行政法上的救济制度真正体现保护公民权利的根本目的,必须对目前所存在的复议和诉讼由当事人自由选择的制度进行改革。而改革的有效途径,就是在一定范围内建立"穷尽行政救济原则",使一部分行政案件,必须经过行政复议,才能够向人民法院提起行政诉讼,这样可以使一些在行政诉讼过程中所无法解决的案件,尽可能地在行政复议程序中加以解决,从而根本上使公民权利得到切实有效的保护。

"穷尽行政救济原则"即复议前置原则,也就是在提起行政诉讼之前,应当经过行政复议。"穷尽行政救济原则"的基本涵义,是指当事人没有利用一切可能的行政救济以前,不能申请法院裁决对他不利的行政决定,当事人在寻求救济时,首先必须利用行政内部存在的、最近的和简便的救济手段,然后才能请求法院救济。① 世界上部分国家和地区采取了这一制度,如美国、德国、韩国及我国台湾地区的法律规定,对行政机关的行政行为不服,必须先提起行政复议,对行政复议决定不服,才能提起行政诉讼,目的在于尽量将行政争议在行政程序内解决。这一制度存在的目的,在于避免司法程序不必要和不合时宜地干预行政程序。它的基本作用在于保障行政机关的自主和司法职务的有效执行,避免法院和行政机关之间可能产生的矛盾。② 实际上,在我国《行政诉讼法》颁布之初,就有学者主张在提起行政诉讼之前,应当采取这一制度。罗豪才教授在《行政诉讼法》颁布之后主编的司法部统编教材《行政法学》中就曾经指出,从实践看,复议前置原则更符合我国行政诉讼的实际情况。复议前置原则是由行政诉讼法律关系的特殊性决定的。诉讼客体是引起行政争议的行政决定,而作出决定的行政机关是统一行使行政权的行政系统。第一,行政机关有权也有能力解决因自己的管理行为引起的争议;第二,上级行政机关对下级行政机关的行政行为负有监督检查的权力和义务;第三,行政争议通过行政复议途径解决不仅可能,也是必须的。如果不经行政复议就直接由法院解决,那么,第一,会使行政机关丧失纠正自身缺点和错误的必要机会;第二,将剥夺上级行政机关对下级行政机关的行为进行监督检查的权力和义务,不利于行政权的完整行使;第三,行政诉讼的程序一般较复议程序繁复,这就必然会拖延行政决定的实施,不利于行政效率的提高;第四,将大大增加人民法院的负担。从各国司法实践看,由行政机关先行处理,穷尽后再提起诉讼,既有利于提高行政机关的工作效率和质量,保护当事人的合法权益,又有利于解决行政争议,减轻法院的负担。③ 在此之后,也有学者曾经指出,充分利用行政方法解决行政争议的益处,一是使国家机关的法定职权分工得到彻底的贯彻;二是提高解决行政争议的效率。④ 但是,自《行政诉讼法》实施以来,很多学者不但反

---

① 参见王名扬:《美国行政法》(下),中国法制出版社1995年版,第651页。
② 参见张正钊、韩大元主编:《比较行政法》,中国人民大学出版社1998年版,第757页。
③ 参见罗豪才主编:《行政法学》,中国政法大学出版社1989年版,第315—316页。
④ 参见于安、江必新、郑淑娜编著:《行政诉讼法学》,法律出版社1997年版,第13页。

对在行政诉讼之前必须经过行政复议,而且对目前法律中存在的复议前置规定也颇有微词,如有学者认为复议前置程序实际上限制了当事人对救济程序的选择权,前置的正当性根据不足,而对行政复议和行政诉讼的自由选择则"体现了法治的精神,也体现了对相对人权利的保护"①。如果仅仅从程序权利角度来说,多设置一道程序事实上确实给当事人增添了一定的不便,使其不能及时从根本上维护自身的合法权利。然而,很多学者在反对复议前置制度时,仅仅是考虑到了当事人程序上的方便(这当然也是十分必要的),而未能注意到行政复议和行政诉讼毕竟存在一定的不同,在我国《行政复议法》和《行政诉讼法》所规定的审查范围和审查程度均不相一致的情况之下,一味地强调当事人对行政复议程序和行政诉讼程序的自由选择权,表面上是维护了当事人的权利,实际上当事人获得的仅仅是程序上的权利,而实际失去的却是其实体权利。本书所引述的案例和实际生活中许多类似的案例都说明了这一点。我们不能仅仅关心程序权利的表面,而更应关注这一程序权利给当事人带来的是不是真正意义上的实体公正,这应当成为我们设计法律程序或者程序权利的目的所在。"目的是全部法律的创造者。每条法律规则的产生都源于一种目的,即一种事实上的动机。"②为此,笔者认为,为了从根本上维护当事人的合法权利,消除由于当事人盲目选择救济途径对其所产生的不利影响,同时也使我国行政救济制度的功能得到真正发挥,在一定范围内确立"穷尽行政救济原则"是完全必要的。

1. 在一定范围内确立"穷尽行政救济原则"符合我国行政复议和行政诉讼制度的功能

在我国,行政复议和行政诉讼在法律救济和法律监督方面具有相同的本质属性,目的都是为了监督行政权的合法与正当行使,维护公民、法人和其他组织的合法权益,从而对公民权利实现有效的救济。从制度功能的角度来说,根据《行政复议法》第 1 条规定,行政复议救济的功能在于防止和纠

---

① 马怀德主编:《行政诉讼原理》,法律出版社 2003 年版,第 355 页。
② 〔美〕埃德加·博登海默:《法理学——法哲学及其方法论》,邓正来、姬敬武译,华夏出版社 1987 年版,第 104 页。

正违法或者不当的具体行政行为,保护公民、法人和其他组织的合法权益,保障和监督行政机关依法行使职权。根据《行政诉讼法》第1条规定,行政诉讼救济的具体功能则在于保证人民法院正确、及时审理行政案件,保护公民、法人和其他组织的合法权益,维护和监督行政机关依法行使行政职权。从两者功能的比较来说,行政复议的功能应当说比行政诉讼更为广泛,不但受案范围比行政诉讼更为广泛,而且审查范围也比行政诉讼广泛得多。在一定范围内建立"穷尽行政救济原则",可以使很多虽然依照法律的程序权利可以起诉但在行政诉讼中实际上并不可能得到实际解决的行政争议案件,完全可以通过行政复议的救济途径得到解决(如涉及合理性问题的行政案件等)。当事人如果对行政复议决定不服,仍然可以向人民法院提起行政诉讼,由人民法院对行政复议机关是否依法履行纠正违法或不当具体行政行为的法定职责进行合法性审查。如果人民法院在对行政复议行为进行司法审查的过程中,发现其违反《行政复议法》规定,未能履行纠正违法或者不当行政行为的职责时,应依法对其进行合法性审查并予以纠正,[1]从而使行政复议和行政诉讼的法定功能得到充分发挥。在目前行政复议和行政诉讼的功能尚存在一定区别的情况之下,如果不论什么案件,都允许当事人跨越行政复议程序而直接提起行政诉讼,当事人最终真正得到的,恐怕不是其期望获得的权利,而仅仅是一种程序上的选择权而已,那我们在行政法上建立这两种救济制度的目的又如何体现呢?有学者认为,是否全面而有效地保障公民的基本权利应当成为社会主义法治的最基本标志,社会主义法治的各个环节,包括立法、守法、执法、适法和督法的所有活动,都应当体现马克思主义价值观关于人的全面而自由发展的目标,而它在法治国家最基本的表现就是公民的基本权利能够得到全面而有效的保障。[2] 应当说,这一要求

---

[1] 关于完善行政诉讼对行政复议的司法监督,笔者认为,行政复议机关未能按照《行政复议法》的规定履行纠正违法或不当具体行政行为的职责的,应属于违法,法院完全可以根据《行政诉讼法》的规定对该行政复议行为进行合法性审查。参见沈福俊:《对行政复议的司法监督:现实问题与解决构想》,载《法学》2003年第12期。

[2] 参见蒋德海:《法治现代化和人的全面而自由的发展》,载《政治与法律》2003年第4期。

已经蕴涵在我国《行政复议法》和《行政诉讼法》所确定的功能之中。

2. 在一定范围内建立"穷尽行政救济原则"符合行政复议救济制度的特性

行政复议在本质上仍旧是一种具体行政行为,但这种具体行政行为和其他行政行为相比,又具有其特殊性,这种特殊性表现在其不但具有一般行政行为行政性、职权性和程序性的特征,同时也具有监督性、救济性的特征。[①] 可以说,行政复议是具有一定司法特征的具体行政行为,或称行政司法行为。在一般行政行为中,只有行政主体和相对人。而在行政复议中,行政复议机关要面对双方当事人,即复议申请人和被申请人,它要对发生于行政复议申请人和被申请人之间的行政争议作出明确裁断。显然,从形式上看,行政复议就是行政机关作为纠纷与争议双方的居中裁判者,依法判定是非,而且这种准司法性质的行政行为的程序,相对于严格的司法程序,又较为简捷。因此,这种具有一定司法性质的行政救济和作为司法救济的行政诉讼制度的同时存在,对于行政机关而言,使上级行政机关对下级行政机关的监督有了合适的渠道,便于及时纠正错误,符合行政权的层级监督原则,同时又可使行政机关自觉纠正错误,取信于民。这两种救济制度的同时存在对公民而言是有利的,在行政复议失败后,还可以依法提起行政诉讼,从而使自身的合法权益得到充分的保障。对于法院而言,"穷尽行政救济原则"在一点范围内的确立,可以使一部分行政争议尽量在行政复议这一准司法程序中得到妥善解决,即使被起诉到法院,法院也仅仅是对其进行合法性审查而已,避免了法院由于对行政管理专业不尽熟悉而导致某种失误,有利于尽快对案件作出合理、合法的裁断。

3. 通过在一定范围内确立"穷尽行政救济原则"促进我国行政复议制度的创新

不可否认,我国的行政复议制度无论是在某些制度的设计上,还是在实际运行过程中,都存在着许多明显的不尽如人意之处,行政复议作为一种行

---

① 参见罗豪才主编:《行政法学》,北京大学出版社1996年版,第356—357页。

政救济制度的功能并未能够得到发挥,这一现象影响了行政复议在社会公众心目中的形象。很多学者在论及反对将行政复议作为行政诉讼的前置程序时,都无一例外地提到了我国行政复议制度的实际缺陷;①一些学者在论述我国行政复议制度的改革与行政诉讼关系时,也提到了我国行政复议制度目前存在的不合理状况。② 诚然,行政复议在制度上的不尽完善和在实践中的不当操作,已经严重影响了其作为行政救济制度应有的功能,但这并不能成为我们从某种程度上否定它作为一项制度本身应具备功能的理由。在对待一些不尽完善的制度时,我们不能一味地抱怨制度设计和运行的不公正,而应尽量从制度改革和促进制度合理实施的过程中保证其功能的发挥。当某一制度发生偏差时,我们应努力纠正这一偏差,从而使其制度功能得到发挥。如果我们都主张当事人对复议和诉讼有选择权,而实践中复议又很难发挥作用,从而导致当事人都去选择诉讼,不但使当事人的一部分权利在客观上无法得到保护,同时也只能使我国的行政复议制度逐渐走向萎缩,成为一项名存实亡的制度,而这与我们建立这一制度的初衷是背道而驰的。为此,笔者认为,通过在一定范围内建立"穷尽行政救济原则",并以此为契机,进一步完善我国的行政复议制度,促进行政复议制度的创新。首先,进一步完善行政复议的程序制度,使其具有比一般行政行为更为完善的行政程序,在程序的重构上更好地体现救济和监督功能。其次,进一步完善行政复议制度的组织体制,使其能够公正、合法并且相对独立地行使行政复议职能。再次,进一步强化行政复议机关的法律责任,完善行政复议过程中的法律责任制度,以促使复议机关严格履行行政复议职责。最后,改善在行政诉讼中对行政复议行为的司法监督体制,改变目前相当一部分行政复议案件无法受到司法监督的状况(尤其是复议机关复议维持的案件及复议终局案

---

① 参见许崇德、皮纯协主编:《新中国行政法学研究综述》,法律出版社1991年版,第697页;马怀德主编:《行政诉讼原理》,法律出版社2003年版,第355—358页;姜明安主编:《行政法与行政诉讼法》,法律出版社2003年版,第443页。

② 参见王学政:《行政诉讼和行政复议制度之创新》,载《中国法学》2001年第4期;沈福俊:《对行政复议的司法监督:现实问题与解决构想》,载《法学》2003年第12期;周汉华:《行政复议制度的司法化改革思路》,载《法制日报》2003年9月25日。

件),使行政复议这一具体行政行为全面地置于司法监督之下。因此,笔者建议,在一定范围内建立"穷尽行政救济原则",并不是孤立进行的,它必须与我国行政复议制度和行政诉讼制度的改革相辅相成。在对我国行政复议制度进行一系列改革的基础之上,逐步建立这一制度,促进我国行政复议制度的不断创新,使我国强大的行政资源发挥积极作用,提高行政效率和行政效益。

鉴于以上分析,笔者认为,进一步完善我国行政复议制度、行政诉讼制度,应当在一定范围内建立"穷尽行政救济原则"。在具体制度的设计上,针对实践中当事人由于不熟悉法律规定而盲目选择使其合法权益不能得到有效保护,从而出现行政复议的功能难以发挥的现实状况,应当在程序上明确规定:

(1) 根据行政复议和行政诉讼在审查范围上的区别,要求对于由行政权的具体运行所发生的行政争议案件,如不属于行政诉讼受案范围,应当规定一律先提起行政复议,并在此基础上,明确规定法院对行政复议行为的合法性有完全的司法审查权(无论是复议机关的维持行为还是改变行为),当事人对行政复议行为不服的,均可以复议机关为被告向人民法院提起行政诉讼,要求人民法院对行政复议的合法性进行审查。若法院经审理,发现复议机关未能依法进行行政复议的,可判决其重新作出复议决定或判令其履行复议职责。在这里,法院审查的仅仅是复议行为的合法性,与被申请复议的原具体行政行为并不产生直接联系。虽然,法院在对行政复议行为进行合法性审查的过程中,必然涉及原具体行政行为,但行政行为不是法院审查的直接对象,法院审查的直接对象是复议行为的合法性,从而避免出现由于行政诉讼和行政复议的受案范围不同而导致的困境。这样可以既保证复议机关的行政复议权,又使这一权力受到严格的司法监督,符合行政救济和司法救济不同的受案范围规定。

(2) 明确规定原则上对于涉及合理性问题的案件,当事人一律应当先提起行政复议,对行政复议不服的才可以提起行政诉讼,以便于法院在司法程序中对行政复议的合法性以及原具体行政行为本身可能存在的合法性问题进行全面审查,从而通过行政复议和行政诉讼的双重救济给公民权利以最大保障。

(3) 如果当事人由于对所涉及的案件属于何种问题辨别不清而直接向人民法院提起行政诉讼的,法院有责任在被告于法定期限内举证之后对案件所涉及的问题属于何种类型(合法性或合理性)进行初步审查。如经初步审查发现案件涉及问题属于合理性而法院最终无法作出处理决定的,有义务告知当事人撤回起诉,向行政复议机关申请行政复议。当事人撤诉后,应视为没有起诉,在行政复议之后,仍然可以向人民法院提起行政诉讼,此时当事人申请复议的期限,应从法院告知之日起计算。通过上述的改革,一方面可以使行政复议制度的监督和救济功能得到发挥,使行政资源得到有效配置,并使行政复议机关受到有效的司法监督,促使其依法行政;另一方面,使当事人的合法权益得到充分保护,使其不至于因为盲目选择救济途径而导致其权利实际上无法得到救济,从而最大限度地实现行政复议和行政诉讼制度的功能。同时,也使人民法院对行政权的司法监督功能逐步得到实现。笔者在这里要强调的是,主张在一定范围内建立"穷尽行政救济原则",并不排除行政诉讼对行政行为进行司法审查的作用,而是通过在一定范围内对行政救济制度的重视,进一步强化行政复议制度,并且尽力使行政复议制度的合法性得到更广泛的司法审查。"司法审查不仅在其实际应用时可以保障个人的权益,而且由于司法审查的存在对行政人员产生一种心理压力,可以促使他们谨慎行使权力。"[①]要求行政机关及其工作人员谨慎行使权力的根本目的所在,就是要使行政权的运作能够维护最广大人民群众的根本利益,作为我国的行政救济制度理应反映这一点。

在世界上许多国家和地区,"穷尽行政救济原则"得到广泛适用,有其法理基础和特定的法治背景。我国行政复议和行政诉讼制度的发展,同样必须符合我国法治进程的现状和我国的具体国情。"每个国家依照各自的传统制定自己制度与规范是适当的。但是传统并非老一套的同义语,很多改

---

① 王名扬:《美国行政法》(下),中国法制出版社1995年版,第566页。

进可以在别人已有的经验中汲取源泉。"①因此,我国的行政复议和行政诉讼制度必须符合我国现阶段国情,适应公众对法治的认识水平。由于我国公民对《行政诉讼法》中复议、诉讼自由选择的规定尚无法做到准确理解和适用,在客观上起到了阻碍公民权利真正实现的作用,所以,这种自由选择制度就有改革和完善的必要。我国行政法上的许多制度都是在改革开放之后建立并逐步完善起来的,而且借鉴了大量的国外和其他地区的经验,"在行政诉讼方面,现行的制度和原则乃至观念,几乎都是在70年代末改革开放以后,在移植外国的经验的基础上建立起来的"②。因此,在行政复议和行政诉讼的关系之上,我们也应当汲取他国之长,在符合本国实际的前提之下,以从根本上维护当事人的合法权益为出发点,实现行政复议和行政诉讼的功能为目标,在一定范围内建立"穷尽行政救济原则",这也是从制度建设的角度维护社会公平与正义从而达到社会和谐的一个重要步骤。

三、加强行政诉讼对行政复议的司法监督:问题与构想

在上文中,对于在建立"穷尽行政救济原则"的前提下,通过行政诉讼制度加强对行政复议的监督,笔者已经有一些相关的论述。但是,完善人民法院通过行政诉讼的形式对行政复议进行必要的司法监督,毕竟是一个比较复杂的问题,它是进一步促进行政复议制度乃至整个行政救济制度走向完善的重要问题,更是建设和谐的行政救济制度的关键问题之一。我国于1999年10月1日起施行的《行政复议法》,较之于原由国务院颁布施行的《行政复议条例》在很多方面已经有了很大的突破和发展。但是,由于我国行政复议制度本身的不足和其他相关原因,行政复议这一行政系统内的救济制度所应有的功能并未得到有效的发挥。笔者希望通过行政诉讼制度,

---

① 〔法〕勒内·达维德:《当代主要法律体系》,漆竹生译,上海译文出版社1984年版,第2页。
② 何勤华:《新时期中国移植西方司法制度反思》,载《法学》2002年第9期。

进一步强化对行政复议的司法监督,既促进行政机关依法行政,又促进社会和谐。

(一)通过行政诉讼程序加强对行政复议司法监督的必要性

由于我国行政复议应有的功能不能有效发挥,通过司法监督程序加强对行政复议行为的监督就成为一种客观的必要。笔者认为,行政复议行为的最终结果,无论是维持原行政行为的行政复议决定,还是撤销或者变更原具体行政行为的决定,抑或是确认原具体行政行为违法的决定,或者是责令履行法定职责的决定,都是一种行使行政权运作的体现和结果,都涉及对原行政行为效力的认定,也就有可能涉及相对人或者利害关系人的合法权益,都具有一定的法律效力,从根本上说,都应当受到司法审查。如果行政复议在接受司法监督方面存在欠缺和不足,不但不利于这一制度的建设,而且还与法治的基本要求相违背。同时,我国行政复议制度在实践中所出现的较多问题也决定了对其加强司法监督具有必要性。

根据我国《行政复议法》第1条规定,行政复议的功能是"防止和纠正违法的或者不当的具体行政行为,保护公民、法人和其他组织的合法权益,保障和监督行政机关依法行使职权",这一功能定位与原来《行政复议条例》相比,比较恰如其分地表明了行政复议制度的宗旨。原《行政复议条例》第1条规定的行政复议功能为"维护和监督行政机关依法行使职权,防止和纠正违法或者不当的具体行政行为,保护公民、法人或者其他组织的合法权益",这一规定将行政复议制度的首要功能定位于"维护和监督行政机关依法行使职权",而其中的"维护"又成了在"监督"之前的第一位职能,这不能不说是一项违背设立行政复议初衷之举。作为一项对行政机关的具体行政行为实行法律监督的行政救济制度和行政系统实行层级监督的重要制度,其首要功能理应定位于"防止和纠正违法的或者不当的具体行政行为",从而达到"保护公民、法人和其他组织的合法权益"的立法目的,并通过行政复议对受行政机关侵犯权益的公民、法人或者其他组织给予必要的救济。如果行政复议只是或主要是为了"维护"行政权,这种制度就失去了其存在的意义和价值。①《行政复议法》对我国行政复议制度的功能定位基本上是恰当和准确的,它反映了行政复议这一行政救济制度应有的属性。

然而,虽然法律已经对行政复议制度所应当实现的功能作了较为明确的规定(可以说,在制度层面上已经解决了行政复议制度的功能问题),但是从具体规定和实践层面来说,我国行政复议这一行政救济制度的特殊功能并未得到有效的发挥。对于这一问题,笔者在第四章中已经作了较为详细的阐述。而实践中行政复议功能的难以发挥及其所存在的问题,恰恰表明通过行政诉讼渠道加强对其司法监督的必要性。

1. 一个不具有独立性的行政复议机构的复议活动难以保证行政复议结果的公正性,加强对这一结果的事后监督就成为一种必然

根据《行政复议法》第3条规定,行政复议机关负责法制工作的机构具体办理行政复议事项。作为复议机构的"负责法制工作的机构"分别隶属于各级不同的人民政府和不同的行政职能部门,缺乏相应的独立性。而作为行政复议机构所在的行政复议机关,要么是被申请复议的作出原具体行政行为的行政机关的上一级行政机关,要么是作出原具体行政行为的行政机关自己。在这样的一种格局中,履行行政复议职责的复议机构是很难有自主决定权的。目前法律所规定的行政复议机构,仅仅是行政复议机关的一个内部机构,有时甚至就是作出原具体行政行为而被申请复议的行政机关的内部机构,②完全隶属于其所属的行政机关,没有自主地位可言。在实践中,各级人民政府和各行政职能部门根据自己的实际情况设立主管行政复议的工作机构,不但名称五花八门,有的叫"法制办",有的叫"法制处"、"法规处"、"政策法规处"、"条法处"、"法制科"等等,而且根本无法形成独立而又统一的行政复议机构体系。由这样的机构来承担行政复议救济的法定职

---

① 参见姜明安主编:《行政法与行政诉讼法》,法律出版社2003年版,第298页。

② 《行政复议法》第14条规定,对国务院部门或者省、自治区、直辖市人民政府的具体行政行为不服的,向作出该具体行政行为的国务院部门或者省、自治区、直辖市人民政府申请行政复议。在这种情形之下,行政复议的被申请人就是复议机关自己。这种状况完全属于"集运动员与裁判员于一身"。

责是难以实现《行政复议法》所确定的这一制度的宗旨的,因为在一个社会当中,缺乏独立性和自主性的机构是很难承担公正裁决的职责的。由于这一现状难以在短时期内加以改变,完善对行政复议的司法监督就成为一种现实的必要。

2.《行政复议法》基本原则在行政复议过程中的难以体现决定了必须加强司法监督

《行政复议法》第4条规定的"行政复议机关履行行政复议职责,应当遵循合法、公正、公开、及时、便民的原则,坚持有错必纠,保障法律、法规的正确实施"的基本原则,理应是该法律的灵魂所在,依照该法律所进行的所有活动理应不折不扣地遵守,这样才能使法律的功能得以体现。然而,令人遗憾的是,《行政复议法》的基本原则在立法本身和实践中并未得到真正遵守,其中既有因法律本身的规定所产生的问题,也有实践中的问题。

首先,过多的维持率使合法、公正原则难以体现。依照《行政复议法》的规定,行政复议的功能首先就在于"防止和纠正违法或者不当的具体行政行为",作为法律的宗旨性规定,应当具有法的强制性。但是,在实践中,却有一些承担着监督职能的行政复议机关置这一条法律规定于不顾,或是为了照顾上下级关系,或是为了避免成为行政诉讼的被告,对于所受理的行政复议案件,不问其是否有违法或不当情形,大都维持了事。实践中一些具体行政行为在行政复议程序中被维持,而在行政诉讼中却被人民法院判决撤销或变更的实例,恰恰证明了行政复议机关未能按照《行政复议法》的规定"合法"、"公正"地履行行政复议职责。之所以会出现这样的结果,除了前面提到的原因之外,至少有下列因素制约着行政复议机关有效地纠正下级违法或不当的行政行为:第一,分灶吃饭的财政体制使不同层级的行政机关有着自身的经济利益,上级行政机关如要改变下级的行政行为,首先要考虑在经济上是否方便、可行。第二,在一般较重要案件的查处过程中,上级行政机关都需要作事先介入,表达意见,进行指导,所以在案件复议中不但要经受能否依法否定自己行为的考验,而且要经受承受下级不满的考验(笔者认为,这种做法本身就是对行政复议制度的否定)。第三,目前的行政管理体制大致分垂直管理、部分垂直管理和地方管理、部门指导几种类型。无论哪种类型,上下级之间均有合作、协调问题。行政复议中的"人情关"也并不好过,因此,行政复议大多以上级行政机关的维持决定为结果。① 同时,基于"经济人"的立场,复议机关在履行行政复议职责的过程中,往往会对即将作出的行政复议决定进行风险评估和得失权衡,特别是当被申请具体行政行为是否合法不甚明朗或被申请行政行为合法而只存在适当性问题时,维持类行政复议决定就自然成了行政复议机关规避风险的"避风港"。② 笔者认为,这些因素使我国行政复议制度在一定程度上形同虚设,"有错必纠"的法律规定不能得到贯彻实施,从而也就从根本上无法保障法律、法规的正确实施。

其次,公开原则在行政复议程序中难以得到真正体现。"行政复议的公开原则是指行政机关在处理复议案件时,应该以公开的方式来处理之。除非有其他法定理由,例如涉及国家机密、商业机密或个人隐私等外,不能够以黑暗作业的方式来做出复议决定。"③但是,《行政复议法》在第 4 条规定"公开原则"的同时,却在第 22 条规定:"行政复议原则上采取书面审查的办法,但是申请人提出要求或者行政复议机关负责法制工作的机构认为有必要时,可以向有关组织和人员调查情况,听取申请人、被申请人和第三人的意见。"根据这一规定,无论是简单的复议案件,还是疑难、复杂的复议案件,原则上均采用"书面审理"的办法。就某一个具体复议案件的审理,应该采取何种组织形式(如采用合议制形式还是独任制形式),经过何种审理程序(如采用严格的听证程序还是非正式的听证程序),则没有明确规定。④ 笔者认为,原则上千篇一律的"书面审理",极易导致行政复议的"暗箱操作"和内部人为的干扰,尤其是在目前行政复议机关与被申请人之间有着千

---

① 参见王学政:《论我国行政诉讼和行政复议制度之创新》,载《中国法学》2001 年第 4 期。
② 参见王太高、徐晓明:《维持类行政复议决定的可诉性研究》,载中国法学会行政法学研究会编:《中国行政法之回顾与展望》,中国政法大学出版社 2006 年版,第 836 页。
③ 陈新民:《中国行政法学原理》,中国政法大学出版社 2002 年版,第 278 页。
④ 姜明安主编:《行政法与行政诉讼法》,法律出版社 2003 年版,第 307 页。

丝万缕的联系以及行政复议机构本身具有较强依附性的情况下,这种现象非常容易出现。而如果要调查情况、听取意见,必须是"申请人提出要求"或者"行政复议机关负责法制工作的机构认为有必要时"才可以进行。更何况,法律规定是"可以",而不是"应当",是否调查情况、听取意见,完全由尚不具有独立地位的行政复议机构来决定。虽然《行政复议法实施条例》第33条规定:"行政复议机构认为必要时,可以实地调查核实证据;对重大、复杂的案件,申请人提出要求或者行政复议机构认为必要时,可以采取听证的方式审理",但由于其行政法规的性质所限,从总体上仍然无法完全摆脱《行政复议法》的束缚,仅仅是明确了"可以采取听证的方式审理"而已。这种"书面审查"的办法是难以体现行政复议的"公开"原则的,而一个不可能公开的操作程序就难以保证其结果的公正性。若不能保证行政复议决定公正,将难以使被申请人产生信任,也就无法得到社会的认同。再进一步说,既然无法得到社会的认同,那么公众对这一制度持消极、怀疑的态度也就理所当然了。在目前体制下,现行行政复议体制的缺陷,导致了行政复议决定的公正性和合法性在一定程度上的欠缺,理应以完善的司法审查对其加强有效的监督,以从根本上保障公民权利,促进行政复议机关重视行政复议,保证依法行政原则在行政复议领域的实现。

3. 权责不统一的行政复议活动理应受到严格的司法监督

《行政复议法》专门设立一章规定了法律责任问题,从而使其与原《行政复议条例》相比,强化了对行政复议活动的监督力度,也在一定程度上保证了行政复议活动的合法进行。该法第35条规定:"行政复议机关工作人员在行政复议活动中,徇私舞弊或者有其他渎职、失职行为的,依法给予警告、记过、记大过的行政处分;情节严重的,依法给予降级、撤职、开除的行政处分;构成犯罪的,依法追究刑事责任。"然而,对于实践中大量存在的不依法履行行政复议职责、对于被申请复议的具体行政行为不问其是否违法或不当大都维持了事的行为,尚缺乏明确的法律责任规定。上述条款中所规定的"渎职"、"失职"行为,根据权威机构解释,是指"除徇私舞弊以外的其他渎职行为,如滥用职权行为、玩忽职守行为等"①,但仍较为抽象、笼统,缺乏具体界定。对于是否包含上面所述的情形,并无明确的规定或解释。这样即使最后通过行政诉讼证明行政复议维持决定是错误的,也难以追究相关机关和人员的法律责任。难以追究责任,就可能导致对行政复议的敷衍了事,从而影响行政复议制度功能的正常发挥。因此,在行政诉讼程序中加强对行政复议的司法监督,就成为一项促进行政复议机关及其工作人员依法履行行政复议职责的重要措施。

鉴于以上因素,实践中公民、法人或者其他组织不愿申请行政复议的情况十分普遍。从公民寻求法律救济的正常心理来说,首要是要求法律上的公正,公正的前提首先在于有一个中立的裁判者,而这恰是行政救济方式所不具备的。② 为此,要使行政复议这一行政救济制度的功能得以正常发挥,有必要进一步完善行政诉讼对行政复议的监督机制,从而使对行政复议的司法监督机制更为完备,以促进行政复议制度的正常实施。

(二)行政复议行为的可诉性决定了对其实施全面、有效的司法监督的可能性

行政复议行为的可诉性,是由行政复议行为的性质所决定的。

关于行政复议行为的性质,国内学者多有不同论述,如有学者认为行政复议是一种权利救济,行政复议的基本出发点建立在行政复议和行政诉讼应当构成对作为相对人的公民、法人和其他组织合法权益提供救济和保障的认知基础上。③ 也有学者认为,行政复议是一种行政司法行为,认为行政司法可分为行政复议和行政裁决,行政复议解决行政争议,行政裁决解决与行政管理有关的民事争议。④ 在认为行政复议是一种行政司法活动的基础

---

① 全国人大常委会法制工作委员会研究室编著:《〈中华人民共和国行政复议法〉条文释义及实用指南》,中国民主法制出版社1999年版,第152页。
② 参见王学政:《我国行政诉讼和行政复议制度之创新》,载《中国法学》2001年第4期。
③ 参见姜明安主编:《行政法与行政诉讼法》,北京大学出版社、高等教育出版社1999年版,第280页。
④ 参见应松年主编:《行政法学新论》,中国方正出版社1998年版,第444页。

之上,可进一步再分为"偏行政活动"和"偏司法活动"两种观点,"偏行政活动"的观点认为,行政复议是具有一定司法性的行政活动;"偏司法活动"的观点认为,行政复议是一种准司法活动。这种区分法是从行政复议适用介于行政程序与诉讼程序之间的程序而引申出的结论。① 还有学者认为,司法性、救济性,只是行政复议的特征,就行政复议而言,本质是一种具体行政行为。② 笔者认为,行政复议虽然既可称为行政救济行为(从其救济功能而言),也可称为行政司法行为(从其解决纠纷角度而言),但究其本质属性,乃是如有学者所概括的,是一种具有监督性质的行政行为。③

从国外情况看,外国行政法制度和理论从不同的角度对行政复议进行了阐述,英国、法国的行政复议从公民权利保护的角度出发,认为行政复议实质上是行政机关在公民合法权益受到违法或不当行政行为侵害时,所提供的一种行政上的救济手段,因此亦称"行政救济"。日本行政法从复议机关的角度考虑,认为行政复议无非是有关行政机关对原行政处理机关的行政行为的一种重新审查,也称为"行政审查"。日本的行政复议制度由1962年《行政不服审查法》确立。我国台湾地区一直将行政复议称做"行政诉愿",是指当事人因国家行政机关的违法或不当的处分而使其权利或利益遭受损害时,依法向原处分机关的直接上级机关提出申诉,请求撤销或变更原处分的救济程序。④ 由此可见,在国外和我国台湾地区,虽然制度的名称不一,但却与我国的行政复议的性质是一致的。

行政复议制度的建立,为行政机关裁决相应的行政争议提供了可能。从西方各国的行政复议制度的发展看,建立行政复议制度适应了社会发展的需要,传统的三权分立制度应该有新的内涵,行政权与司法权之间没有不可逾越的界限,行政权可以借鉴司法权运作的有益经验,司法权也可以吸收

---

① 参见应松年主编:《行政行为法》,人民出版社1993年版 第687页。
② 参见程雁雷、安扬:《〈行政诉讼法〉新司法解释第53条质疑——兼论行政复议的性质》,载罗豪才主编:《行政法论丛》第5卷,法律出版社2002年版,第402页。
③ 参见罗豪才主编:《行政法学》,北京大学出版社1996年版,第347—349页。
④ 参见胡建淼:《中外行政复议制度比较研究》,载《比较法研究》1994年第2期。

行政权的某些合理运作形式。但是,西方国家在赋予行政机关行政复议权的同时,都普遍建立了相应的监督机制,以防止行政复议权的滥用和侵犯公民的合法权利,尤其是司法救济制度的建立。因为按照西方的法制观点,司法是最后的正义源泉,因此,西方的行政复议制度普遍受司法的监督,行政复议裁决不是终局裁决,相对人对行政复议裁决不服的,可以寻求司法救济。①

在我国,无论是从理论还是从制度角度来说,行政复议作为一种行政活动要受到人民法院的司法监督,似乎已不成问题,不需要争议。行政复议行为从其本质来说,无论是它具有行政救济的特征,或者是具有司法权的某些特点,抑或是具有监督行政的功能,它仍然是一种行政机关行使行政权的行为,而且是一种对原具体行政行为是否合法或适当作出裁决的具体行政行为,体现了行政复议机关对国家行政权的具体运用。况且,行政权要受司法权的监督,已经成为当代法治国家所普遍遵循的一条公理。因此,我国《行政复议法》第5条规定:"公民、法人或者其他组织对行政复议决定不服的,可以依照行政诉讼法的规定向人民法院提起行政诉讼",我国《行政诉讼法》和最高人民法院的相应司法解释也对司法权对行政复议行为的司法监督作出了相应的规定。可以说,与西方法治国家基本一致的对行政复议的司法监督体制在我国已经得到基本确立。

(三) 我国目前行政诉讼对行政复议监督体制的缺陷

虽然我国目前已经建立了对行政复议行为的司法监督体制,但无论是从制度层面还是从实践层面来说,这种监督体制还存在着不协调、不到位的缺陷,从而使司法权对行政复议权的监督功能无法彻底实现。

1. 审查原则不统一

根据《行政复议法》的规定,行政复议机关依法对具体行政行为是否合法和适当进行审查。而《行政诉讼法》则明确规定,人民法院审理行政案件,

---

① 参见姜明安主编:《行政法与行政诉讼法》,法律出版社2003年版,第282页。

是对具体行政行为的合法性进行审查,只有是在行政处罚显失公正时,才可以判决变更。由此可见,行政复议中对具体行政行为的审查应当奉行合法性审查与合理性审查并重的原则,而行政诉讼中对具体行政行为的审查则应遵循以合法性审查为主、合理性审查为例外的原则。审查原则方面的不同,导致在实践中,由于行政复议实际作用有限,应有的功能不能正常发挥,而行政诉讼的审查原则又有限,只能进行合法性审查,原则上不能进行合理性审查,从而使大量行政复议机关属于合理性审查的行政复议案件无法得到人民法院的监督,公民、法人或其他组织的权益往往得不到充分的保护。

2. 审查范围不统一

《行政复议法》所规定的行政复议审查范围几乎囊括了所有具体行政行为,行政复议的审查不仅包括具体行政行为,而且还包括一部分抽象行政行为(即作为被申请复议的具体行政行为依据的国务院部门、县级以上地方各级人民政府及其工作部门以及乡、镇人民政府的规定)。现行《行政诉讼法》规定,人民法院在行政诉讼中的审查范围只能是具体行政行为,并且应当是法律规定的受案范围内的具体行政行为,不包括抽象行政行为。不仅如此,《行政复议法》和《行政诉讼法》均有部分行政案件属于行政复议终局裁决、法院不得受理的规定。这一状况也使一部分虽然已经通过行政复议但当事人仍然不服的行政案件难以进入行政诉讼领域,人民法院对行政复议行为的司法监督权无法全面实现。

3. 审查依据不统一

根据《行政复议法》的规定,行政复议机关审理行政复议案件,依据不仅包括法律、法规和规章,还应包括国务院部门、省级以上地方人民政府及其工作部门和乡、镇人民政府的规定。而根据《行政诉讼法》规定,人民法院审理行政案件,以法律、法规为依据,参照规章。依据不同,容易导致同一具体行政行为产生的法律后果不一致,而行政复议与行政诉讼的结果可能不相一致,反过来甚至会出现法官去迁就一些与法律、法规不怎么协调一致的行政规范性文件而作出维持判决,从而使法院对行政复议行为的监督大打折扣。

4. 复议决定的不同使被告的确定不相统一

根据《行政诉讼法》第 25 条第 2 款规定,经行政复议的案件,复议机关决定维持原具体行政行为的,作出原具体行政行为的行政机关是被告;复议机关改变原具体行政行为的,复议机关是被告。这一规定在实践中的后果,是复议机关一旦作出维持决定,这时的复议机关的法律地位便处于一种真空状态,相应的,也不需要承担任何的法律责任。复议机关为了避免成为被告,会尽可能地作出维持原具体行政行为的复议决定,以维护其自身利益。① 笔者认为,这样的规定无异于鼓励行政复议机关不依法作出行政复议决定而一味地维持了事,如果这种状况继续下去,不仅与我们建立行政复议制度的宗旨背道而驰,而且也使人民法院对行政复议机关不依法履行复议职责而随意作出维持决定的行为完全失去监督。

(四) 进一步完善行政诉讼对行政复议的监督机制的构想

政府的依法行政(包括行政复议机关通过履行行政复议职责所体现出的依法行政),需要司法权的强有力的监督,而要真正使我们所建立的行政复议制度发挥其应有的功能,就必须从法律上消除行政诉讼对行政复议在监督体制方面的缺陷,有效发挥行政救济和司法救济对控制行政权滥用和公民权利保护方面的功能。通过行政诉讼对行政复议行为的有效监督,不但可以促进行政复议机关依法行政水平的提高,从而重塑行政复议这一重要的法律制度在社会公众中的形象,而且可以保障行政法治原则的有效实现,从而实现社会的正义与和谐。在一些行政法较为发达的国家中,行政诉讼对促进行政法治的实现起到了不可替代的作用。如在被称为"行政法母国"的法国,就完全可以认为"行政诉讼是法国行政法治原则最主要的保障"②。

笔者认为,鉴于目前我国行政复议制度的应有功能不能有效发挥,必须

---

① 参见程雁雷、安扬:《〈行政诉讼法〉新司法解释第 53 条质疑——兼论行政复议的性质》,载罗豪才主编:《行政法论丛》第 5 卷,法律出版社 2002 年版,第 399 页。
② 王名扬:《法国行政法》,中国政法大学出版社 1989 年版,第 212 页。

进一步完善我国现有对行政复议的司法监督机制,并通过行政诉讼中人民法院的司法监督使行政复议机关的依法行政得以实现。为此,笔者认为:

1. 凡经过行政复议的案件应一律以复议机关为被告提起行政诉讼

行政复议案件在行政诉讼中的被告确定,是人民法院对行政复议能否实施有效监督的前提。虽然目前行政机关对于行政诉讼的认识水平已经有了很大的提高,但行政机关"怕出庭,怕当被告,怕败诉"的心理还一定程度地存在,《行政诉讼法》第25条第2款关于"复议机关维持原具体行政行为的,作出原具体行政行为的行政机关是被告"已经事实上成为一些行政复议机关避免当被告的风险而对被申请复议的具体行政行为一味地作出维持决定的一个重要因素。在这样的一种合法背景之下,一些行政复议机关为了维护自身利益和避免介入行政诉讼,尽可能作出维持原具体行政行为的复议决定而无须承担任何法律责任。这在很大程度上使我国的行政复议和行政诉讼制度形同虚设,难以体现其应有的价值,由此看来,《行政诉讼法》的这一规定就非常有改革的必要了。因此,笔者建议,应当确立这样一种制度,凡是经过行政复议的案件,行政复议机关无论是维持原具体行政行为的,还是改变原具体行政行为的,当事人均一律以行政复议机关为被告提起行政诉讼。这样改革的益处,一是为行政复议机关设置了其可能因不依法履行行政复议职责而承担不利法律后果的风险,可以极大地促进行政复议机关依法履行其法定职责,而且,"由于司法审查的存在对行政人员产生一种心理压力,可以促使他们谨慎行使权力"[1]。这样,就可以将本来企图通过维持原具体行政行为而避免司法审查的行政复议维持决定纳入司法审查的范围,使行政诉讼对行政复议的司法监督得到较为全面的实现,同时也体现"谁行为,谁被告"的司法原则。[2]

2. 建立对行政复议维持决定的审查机制

行政诉讼的合法性审查原则与行政复议的合法性审查、合理性审查并

---

[1] 王名扬:《美国行政法》(下),中国法制出版社1995年版,第566页。
[2] 《行政诉讼法(修改建议稿)》已经对此问题有所规定,第30条第2款的内容为"经复议的案件,复议机关是被告"。预计经过修改后的《行政诉讼法》对行政复议的监督将会加强。

重原则之间存在一定的不一致，使得实践中一部分行政复议机关疏于合理性审查的行政复议决定无法受到司法监督。从我国行政复议制度和行政诉讼制度实施以来形成的观念认为，行政复议过程中对合理性问题疏于审查仍属于合理性问题，而《行政诉讼法》所确立的"合法性审查"原则制约着法院对其的审查权。《行政诉讼法》规定，行政复议维持决定不能作为行政诉讼中的被审查对象。对此，笔者认为，这种观念和制度似乎有转变和改革的必要。

首先，《行政复议法》第1条就规定行政复议的宗旨是"为了防止和纠正违法的或不当的具体行政行为"，而且该法第28条第1款第1项规定，只有在"具体行政行为认定事实清楚，证据确凿，适用依据正确，程序合法，内容适当"的前提下，才能维持。如果行政复议机关对一个不适当的具体行政行为也加以维持，不但违反了法律的宗旨性规定，也违背了《行政复议法》所确定的合法原则，因为"法的基本原则是法的灵魂"[1]，而且行政复议的基本原则"是对行政复议具有高屋建瓴指导意义的基本行为准则"[2]。同时，从更具体的角度来说，更是违背了行政复议中的维持决定应当具备的条件，理应是一种违反《行政复议法》规定的违法的行政复议决定。以复议机关维持一个存在合理性问题的具体行政行为为例，复议机关作出维持决定以后，依照法律规定可以对原具体行政行为提起行政诉讼。但按照现行行政诉讼制度，法院对该不合理的行政行为其实是"无能为力"的，结果必然是驳回原告的诉讼请求。然而实际上，行政复议机关所维持的是一个有错误的具体行政行为(不合理的具体行政行为应属于有错误之列)，从行政复议的维持条件来说，这是违背行政复议活动应当遵循的合法、公正、坚持有错必纠以及保障法律、法规有效实施的原则的，在这种情况下，法院完全可以依照行政复议活动合法的要求对其进行司法审查。

其次，行政复议维持决定同样是一种具体行政行为，维持的理由和结论

---

[1] 姜明安主编：《行政法与行政诉讼法学》(第二版)，北京大学出版社、高等教育出版社2005年版，第62页。

[2] 同上书，第415页。

是否符合法律规定，必须由法院对此进行依法审查。因为法院此时所审查的是复议维持决定本身的合法性问题（即是否符合行政复议维持决定所应当具备的法定条件），完全符合《行政诉讼法》所规定的审查原则，所以，人民法院完全可以运用《行政诉讼法》所确立的合法性审查原则依法进行审查，并作出相应的判决。在具体操作上，应当明确行政复议机关不履行合理性审查职责的行为是一种违法行为，人民法院对这样的维持决定应予判决撤销。同时，由于法院不能代替行政复议机关对合理性问题进行决断，因而法院在撤销违法的行政复议决定的同时，应在判决书中说明行政复议机关不履行合理性审查职责的情况并判决其在一定期限内重新作出行政复议决定。这样不仅使行政复议机关成为行政诉讼的被告、使维持决定成为行政诉讼中的被审查对象，同时也避免了司法权干预行政权的现象出现，从而促进行政复议机关全面履行行政复议职责，最大限度地保护公民、法人或其他组织的合法权益。

3. 对行政复议的司法监督应当确立司法最终解决原则

司法机关的存在，目的是保障社会公正。"国家与其成员或公民间产生的纠纷只能诉诸法庭，其他方案均不合理。"[1]为了保障行政复议的公正性，西方各国一般都确立了司法最终解决原则，因为司法审查是以司法权力制约行政权力，无论是普遍法系的英美等国，还是大陆法系的法德等国，都确立了行政裁决要受司法审查的原则。如在英国，有时法律对于某些行政裁判所的裁决没有规定上诉的权利，但这并不妨碍高等法院对这个裁决进行司法审查。[2] 我国《行政复议法》和《行政诉讼法》均有行政复议终局的规定，这意味着法律对部分行政复议案件实行司法监督的排斥，使一部分行政复议行为避免司法审查成为一种合法的实然状态。这些关于行政复议终局裁决的规定，不仅违背了现代法治关于"司法最终解决"的原则，而且与我国加入世贸组织的承诺不符。我国在《WTO加入议定书》中明确承诺："如初

---

[1] 〔美〕汉密尔顿等：《联邦党人文集》，程逢如等译，商务印书馆1992年版，第400页。
[2] 参见王名扬：《英国行政法》，中国政法大学出版社1987年版，第146页。

始上诉权需向行政机关提出,则在所有情况下应有选择向司法机关对决定提出上诉的机会。"虽然我国目前行政终局决定的范围很小,且《行政诉讼法》第12条第4项规定只有"法律规定由行政机关最终裁决的具体行政行为"不属于行政诉讼的受案范围,但这毕竟与司法最终解决的现代法治原则不协调,理应取消该规定,从制度上保证人民法院对行政争议有最终裁断的权力,强化人民法院对行政复议的司法监督力度。

4. 协调行政复议和行政诉讼的审查范围

目前,行政复议的范围明显大于行政诉讼的范围,《行政复议法》明确规定一部分抽象行政行为也可以在行政复议中一并审查。我国行政诉讼的范围比行政复议范围狭窄许多,这样将导致部分行政案件即使能进入行政复议程序,也无法进入行政诉讼程序。这一方面与"司法最终解决"的法治原则不相符合,另一方面也使一部分行政相对人的权益得不到最终的司法保障,使行政诉讼对行政复议的司法监督无法全面实现。笔者建议,应当使行政复议与行政诉讼的受案范围相互协调,使其范围基本一致。同时,赋予人民法院对一部分抽象行为的司法审查权。从法治角度来说,对部分抽象行政行为是否合法的判断权不仅应授予行政机关,似乎更应授予司法机关。行政复议范围和行政诉讼范围的协调一致,可以使一切行政争议最终都诉诸法院作出裁决,从而使人民法院对行政复议活动的司法监督得到全面实现。

从一般意义上说,行政复议与行政诉讼的目的与相关法律的立法宗旨相重合,既保护公民、法人或者其他组织的合法权益,监督和保障行政机关依法行政。行政复议虽然也具有救济性和一定的司法性,但究其本质来说,仍应属于一种行政行为,而对行政行为实施司法监督已成为现代法治所不可或缺的基本内容。"司法复审是纠正不法行为的基本措施。蒙受行政裁决或其他行政行为损害的个人可以就这些行政裁决或行政行为的合法性问题向法院提起诉讼。"[①]进一步完善行政诉讼对行政复议这一行政救济行为

---

① 〔美〕伯纳德·施瓦茨:《行政法》,徐炳译,群众出版社1986年版,第396页。

的监督机制,进一步开阔司法救济的途径,以最大限度地实现对行政行为的司法监督,使公民权利在行政法领域的救济逐步系统化,形成相互协调的救济体系,不仅是全面实现人民法院国家审判权的需要,也是行政法治原则所追求的目标。

四、行政诉讼规则之间的和谐与协调:以被告的举证规则为视角

在行政诉讼中,规则之间的协调是关键内容。从具体程序规则角度来说,一是规则与规则之间应当要有衔接性,二是规则的设计应当具有正当性,宗旨在于保障立法目的的实现。美国著名法理学家罗纳德·德沃金认为:"我们只有承认法律既包括法律规则,也包括法的原则,才能解释我们对于法律的特别尊敬。"[①]法律规则是程序法的重要内涵,它是法律目的和原则在具体程序中的体现。在我国,行政诉讼的核心问题是对行政机关的具体行政行为进行合法性审查,因此,被告对被诉具体行政行为的合法性承担举证责任。被告不能举证或所举证据不能证明其所作出的具体行政行为合法的,将导致败诉。我国《行政诉讼法》和《行政诉讼法解释》、《行政诉讼证据规定》均对被告在行政诉讼中的举证责任问题作出相应的规定。由此可见,在行政诉讼中,被告的举证责任问题至关重要,它不但确定了被告行政行为的合法与否,而且涉及诉讼结果和司法公正,更关系着我国行政诉讼制度价值功能的发挥。被告在举证活动中的程序问题是被告承担举证责任的关键内容,因此,从行政诉讼被告举证规则的角度,探讨行政诉讼程序规则的协调与和谐,就成为一个很有意义的话题。笔者试以行政诉讼中被告的举证规则为视角,具体探讨我国行政诉讼中与"具体行政行为的合法性审

[①] 〔美〕罗纳德·德沃金:《认真对待权利》,信春鹰、吴玉章译,中国大百科全书出版社1998年版,"序言"第18页。

查"原则具有最紧密联系的这一程序规则之间的协调性问题。

(一)被告举证规则是行政诉讼程序的中心内容

行政诉讼的核心问题,是人民法院对行政机关的行政行为进行合法性审查。由这一核心原则所衍生的被告对被诉具体行政行为的合法性承担举证责任制度,是《行政诉讼法》的中心内容。而且作为诉讼程序法,《行政诉讼法》为实现被告的举证责任制度所作的举证规则的设计又是该内容中的重中之重。正如贺卫方教授所言:"一个良好的社会制度实际上是由许许多多细微的甚至是琐碎的'小制度'合力构成的,仿佛滚滚长江是由无数支江细流汇聚而成。离开了具体的法治,那种宏大而高扬的法治只不过是引起空气振动的口号而已。"①根据《行政诉讼法》和相关司法解释的规定,被告不能举证或者所举证据不能证明其所作出的行政行为合法的,将承担败诉的法律后果。这是根据对具体行政行为合法性审查的原则要求所产生的必然后果,符合行政诉讼的规律。《行政诉讼法》和《行政诉讼法解释》、《行政诉讼证据规定》等法律和司法解释均对被告在行政诉讼中的举证责任问题作出了相应的规定。而被告对行政行为合法性所承担的举证责任,正是通过法律所设计的一个个具体的程序规则来加以实现的。同时,国家之所以设置行政诉讼制度,是从保障公民基本权利、监督行政机关依法行政从而实现民主政治的目标角度来加以考虑的,而这个目标的实现,取决于程序规则的良好设计。而对于司法审判实践来说,又是通过一系列公正规则的不断推进反映程序性活动的全部过程,进而达到诉讼的特定目的。"法院不应当把诉讼审理过程作为只是为了达到裁判而必须的准备阶段,而应把这一过程本身作为诉讼自己应有的目的来把握","只有正当的程序才是使裁判获得正当性的源泉"。② 可见,法院要获得正当性的裁判或者要达到行政诉讼的目的,唯有通过正当的程序规则,因而被告的举证程序规则是被告举证责

---

① 贺卫方:《具体法治》,法律出版社2002年版,"自序"第4页。
② 〔日〕谷口安平:《程序的正义与诉讼》,王亚平、刘荣军译,中国政法大学出版社1996年版,第52页。

任制度乃至整个行政诉讼制度的重要内容,也是最能够体现行政诉讼宗旨和原则的核心内容之一。

第一,规则的正义性是司法审查正当性的前提。行政诉讼制度在本质上是法院对行政机关行政行为的合法性审查,它是由一系列程序性规则所组成的,正是这些规则的正义性构筑了司法审查正当性的前提。同时,由于法院是第二次适用法律,直接目的在于审查行政机关第一次法律适用的正确与否等等。而这一切只能依靠程序设置及其运作的正当性来实现,因为唯有通过诉讼程序的正当设置和运作,才能给原告提供控告比自己强大的政府的法律武器和运作机制,让不平等的双方在一种平等的诉讼法律关系或者在一种正义的程序中进行"控辩"对峙,"攻防"抗衡。① 在法律中,正义的程序依赖于正义的理念支配下各个具体的程序规则的设置。被告的举证责任问题在行政诉讼中至关重要,它不但确定了被告行政行为的合法性与否,而且涉及诉讼结果和司法公正,更关系着我国行政诉讼制度价值功能的发挥。

第二,正义的规则是实现行政诉讼功能或者目的的"桥梁"。行政诉讼的功能在于通过司法权对行政权的依法监督,实现对公民合法权利的有效保护,从而体现行政诉讼救济制度的功能。在这一前提之下,我们必须更加重视对被告举证程序规则的设计。正如美国大法官威廉·道格拉斯所指出的那样:"权利规定的大多数条款都是程序性条款,这一事实决不是无意义的,正是程序决定了法治与人治之间的基本区别"②。德国法学家鲁道夫·冯·耶林所创立的目的法学也认为:"目的是全部法律的创造者。每条法律规则的产生都源于一种目的,即一种事实上的动机。"③我国学者对此也有相同的看法,如认为"法之目的,犹如指导法学发展的'导引之星',其在法

---

① 参见胡肖华:《行政诉讼目的论》,载《中国法学》2001 年第 6 期。
② 转引自季卫东:《程序比较论》,载《比较法研究》1993 年第 1 期。
③ 〔美〕埃德加·博登海默:《法理学——法哲学及其方法论》,邓正来、姬敬武译,华夏出版社 1987 年版,第 104 页。

学中的地位,犹如北极星之于航海者"①。笔者认为,一项制度,特别是涉及权利实现方式的程序法制度,其具体规则的设置应当围绕着法律的特定目的展开,至少要在规则方面尽量做到"法网恢恢,疏而不漏"。有学者在阐述《刑事诉讼法》修改问题时曾经提出了"司法精密"的问题,认为"精密司法这一概念下所蕴藏着更为重要的内容,还是整个司法结构设计的精密化、司法程序运行过程的精密化。以此来保证司法程序的合法性、司法结果的正确性乃至司法本身的正当性及正义性"②。这段话虽然是针对《刑事诉讼法》的修改而言的,但作为诉讼程序所应当具备的共同属性,理所当然地也应当成为我们在修改和完善《行政诉讼法》过程中必须慎重考虑的重要内容。

第三,行政诉讼的特点决定了被告举证规则是该制度的中心内容。行政诉讼的特点是作为被管理者的公民、法人和其他组织对行使行政权的行政机关所作出的行政行为不服,而请求法院对被诉的具体行政行为运用国家审判权进行司法审查的活动,所以,行政诉讼或司法审查也事实上成为行政程序的"上诉审",并受"上诉审"规则的制约。③ 正因为行政诉讼所具有的这种特殊性,在行政诉讼中,法院对被诉的具体行政行为所行使的是审查权。由这一审查权出发,行政诉讼的证据及证据运用也具有独特性。行政诉讼中被告所提供的证据材料,是其赖以作出具体行政行为的依据。在行政诉讼中,之所以要对被告的举证责任相对于原告来说作更为严格的规定和约束,正是由于行政诉讼证据所具有的特点决定的。我国行政诉讼中被告承担的属于结果意义上的举证责任(客观的举证责任、说服责任、主张责任)。一般意义上的举证责任包括两方面的含义:行为意义上的举证责任(主观的举证责任、推进责任、主张责任)和结果意义上的举证责任(客观的举证责任、说服责任)。前者是指诉讼当事人应该对自己提出的主张提供证

---

① 梁慧星:《民法解释学》,中国政法大学出版社1995年版,第65页。
② 陈卫东:《司法如何精密——写于〈刑事诉讼法〉再修改之际》,载《法制日报》2006年1月6日。
③ 参见刘善春、毕玉谦、郑旭:《诉讼证据规则研究》,中国法制出版社2000年版,第674页。

据加以证明,以推进诉讼的进行;后者则是指当待证事实真伪不明时由依法负有举证责任的人承担不利的法律后果。我国《行政诉讼法》和相关司法解释之所以规定被告承担结果意义上的责任(客观的举证责任、说服责任),是出于以下考虑:一是行政程序的基本规则是先取证后裁决,即行政机关在应当充分调查收集证据的基础上,根据所查清的事实,依据相关法律作出行政行为。当行政机关作出的行政行为被诉至法院时,应当能够有充分的事实材料证明其行政行为的合法性,这是被告承担说服责任的基础。二是在行政法律关系中,行政机关居于主动地位,其实施行为时无须征得公民、法人或其他组织同意,而公民、法人或其他组织则处于被动地位。为了体现在诉讼中双方当事人地位的平等性,就应当要求被告证明其行为的合法性,否则应当承担败诉的后果。如果当原告不能证明自己的主张时,由原告承担败诉后果是有失公允的。三是行政机关的举证能力要比原告强。在一些特殊的情况下,原告几乎没有举证能力,因而要求原告举证是超出其能力的。我国行政法理论与实务界一般认为,要求被告承担说服责任体现了行政诉讼的目的,有利于保护原告的合法权益。当被告不能证明其行政行为合法时,法院不能放弃审判,应当作出有利于原告的判决,防止公民、法人或其他组织的合法权益遭受不法行政行为的侵害,[①]因此,行政诉讼的一般证据规则是行政机关对作出的行政行为承担举证责任。在行政诉讼中,由人民法院通过行使国家审判权,采取一种法律行为对另一种业已形成的法律行为的合法性进行审查,这就决定了在行政诉讼中被告必须承担较之于原告来说更为严格的举证责任,而这种严格的举证责任必须靠严格的行政诉讼程序规则来加以体现。

(二) 完善与不足并存:我国行政诉讼法律规范中被告举证规则分析

1.《行政诉讼法》的不足与司法解释的努力

我国《行政诉讼法》实施以后,无论是行政法学界,还是司法部门,对于

[①] 参见张树义:《最高人民法院〈关于行政诉讼证据若干问题的规定〉释评》,中国法制出版社2002年版,第7—8页。

被告必须在行政诉讼中承担行政行为合法性的举证责任的认识是完全一致的。《行政诉讼法》第 32 条规定:"被告对作出的具体行政行为负有举证责任,应当提供作出该具体行政行为的证据和所依据的规范性文件依据。"第 33 条规定:"在诉讼过程中,被告不得自行向原告和证人收集证据。"这些规定明确了作为行政行为的实施者,被告应当在行政诉讼中对其所作行政行为的合法性承担举证责任,而且被告不得在行政程序已经结束之后的诉讼程序中"自行"再收集证据。由于行政诉讼是发生在行政程序之后的一种司法活动,更确切地说,是对行政程序中的活动是否合法的判断与审查,因此由被告对行政行为的合法性进行举证,就显得顺理成章和必要,这是由行政诉讼的特点所决定的。我国《行政诉讼法》的这一规定是完全符合行政诉讼特点和行政诉讼特定目标的。同时,为了使《行政诉讼法》的这一规定得到落实,该法同时规定,被告应当在收到起诉状副本之日起 10 日内向法院提交作出具体行政行为的有关材料,并提出答辩状。但是,笔者认为,《行政诉讼法》的这些规定仍显得过于简单和粗疏,一是被告提供证据的范围不明确;二是在诉讼中不得自行收集证据的"自行"两字意思含糊;三是提交证据的法定形式没有规定等,实际上仅仅是规定了被告的举证责任和举证时间,而对于被告应当如何通过程序上具体的举证规则来实现举证责任的承担基本上没有涉及。

为了弥补《行政诉讼法》的不足,最高人民法院积极发挥司法解释功能,通过司法解释对相应规则进行进一步完善。《行政诉讼法解释》在《行政诉讼法》对被告举证问题所作规定的基础之上作了较为进一步的规定,该解释第 26 条在第 1 款中除了重申《行政诉讼法》第 32 条规定外,进一步规定了被告在法定举证期限内不提供或者无正当理由逾期提供证据、依据的,应当认定该具体行政行为没有证据、依据。同时,第 28 条对于《行政诉讼法》第 34 条第 1 款所规定的"人民法院有权要求当事人提供或者补充证据"的内容进行了具体化,规定了只有在两种情况之下,被告经人民法院准许可以补充相关的证据:一是被告在作出具体行政行为时已经收集证据,但因不可抗力等正当事由不能提供的;二是原告或者第三人在诉讼过程中,提出了原告或者第三人在被告实施行政行为过程中没有提出的反驳理由或者证据的，这也解决了《行政诉讼法》第 33 条规定中"被告不得自行向原告和证人收集证据"中"自行"一词含义不清的问题。此外，《行政诉讼法解释》还在第 31 条第 3 款规定被告在二审过程中向法院提交在一审过程中没有提交的证据，不能作为二审法院撤销或者变更一审裁判的根据，从而明确了被告必须在一审过程中的法定期限内提交的证据才可能被视为合法有效。《行政诉讼证据规定》又在《行政诉讼法解释》的基础之上，对被告的举证问题作了更为详细的规定。该规定第 1 条在进一步重申《行政诉讼法》关于被告对所作出的具体行政行为承担举证责任的同时，再一次明确规定了被告应当在收到起诉状副本之日起 10 日内，提供据以作出被诉具体行政行为的全部证据和所依据的规范性文件。被告不提供或者无正当理由逾期提供证据的，视为被诉具体行政行为没有相应的证据。为了解决被告确因正当事由逾期提供证据的问题，体现司法的实事求是精神，该条第 2 款规定被告因不可抗力或者客观上不能控制的其他正当事由，不能在法定期限内提供证据的，应当在收到起诉状副本之日起 10 日内向人民法院提出延期提供证据的书面申请。人民法院准许延期提供的，被告应当在正当事由消除后 10 日内提供证据。同时又在第 2 条中规定，原告或第三人提出在行政程序中没有提出的反驳理由或者证据的，被告可以在第一审程序中补充相应的证据。而且，《行政诉讼证据规定》的最引人注目之处在于其根据《行政诉讼法》关于证据种类的规定，用整章的形式规定了包括被告在内的当事人所举证据的形式要求，明确了证据的形式要件，如提供书证、物证应提供原件、原物，笔录类书证的签名或盖章手续，提供视听资料的要求，证人证言的形式要求，鉴定结论的法定要求，现场笔录的法定形式要件，以及在我国领域之外所形成的证据材料的认证、证明手续和外文书证或者外国语视听资料的翻译问题等，这也是对行政诉讼被告举证程序的规定，也是基本上针对被告而言的举证规则，对于规范被告的举证行为非常具有实际意义。

可见，我国《行政诉讼法》对于证据的规定尤其是被告举证规则的规定是比较原则的，而《行政诉讼法解释》和《行政诉讼证据规定》则在《行政诉讼法》的基础之上又有了较大的发展和进步:第一,明确了被告举证的期限以及在法定期限内不提供证据或逾期提供证据的法律后果;第二,明确了被告举证的范围是据以作出行政行为的全部证据,解决了当事人对被告举证范围的疑惑;第三,在要求被告依照法定期限举证的基础之上,从法定情形和法定程序上对于被告补充证据的行为加以必要的限制;第四,从被告提供证据的诉讼程序的阶段进行控制,即规定被告必须在一审程序的法定期限内提供证据,从而保证了一审合法裁判的严肃性;第五,明确被告因具有法定正当事由而延期举证的程序规则;第六,明确规定包括被告在内的当事人举证的形式、手续等具体程序要件,从而规范了当事人尤其是作为被告的行政机关在行政诉讼甚至在行政执法过程中收集证据的具体要求,也体现了法律程序对于证据形式合法性的具体要求。

2. 我国目前行政诉讼被告举证规则的不足

虽然最高人民法院以司法解释的形式已经对行政诉讼被告的举证规则作了一定的完善,但从规则完整性的要求看,尚缺乏从行政诉讼被告举证责任特点的角度体现对其举证程序的进一步规范,在具体的程序规则上还有明显的不尽严密之处。根据笔者的分析,至少有以下涉及被告举证责任的规则方面有待于进一步通过程序规则的优化加以规范:

(1) 缺乏相应的"落实性规则"。有的规则"有头无尾",缺乏进一步保障前一个规则实施的"落实性规则",如要求被告提供据以作出被诉具体行政行为的全部证据,但又缺乏对被告是否提供全部证据的认定规则;要求被告在收到起诉状副本之日起10日内提供据以作出被诉具体行政行为的全部证据,但又没有认定被告是否在法定期限内举证的具体证明规则;规定被告因不可抗力或者客观上不能控制的其他正当事由,可以逾期举证,而又没有关于对正当事由的判断规则;对被告在管辖权异议后如何依法定程序履行举证责任,同样缺乏相应的程序规则的规定等。

(2) 对被告某些举证事实的认定缺乏具体规则,从而对被告的举证行为无法进行有效的约束。有的规定是针对法院对某些事实的出现作出了结果性的认定要求,但却缺乏对认定该事实程序规则的具体规定,如规定被告在诉讼中提供的是行政复议机关在复议程序中收集和补充的证据或者被告提供了在复议程序中未向复议机关提供而在诉讼中提供的证据,不能作为人民法院认定原具体行政行为合法的依据,但却缺乏对这种事实认定的具体规则,从而很可能使这样一种出于良苦用心制定出来的规定在实践中陷于"落空"的境地。

笔者认为,上述程序规则上的缺乏很有可能会在一定程度上影响我国通过行政诉讼制度对行政权力的司法监督功能的完整实现,使行政诉讼的原告和第三人产生对被告究竟是否依照法定程序履行举证责任的怀疑心理,不但导致当事人之间的进一步对立,也使原告和第三人产生对法院或者法官的不信任,甚至产生对法律的不信任,从而影响司法和谐。比如在实践中,由于相关程序规则的缺失,对于被告是否依照法律规定履行诉讼程序上的义务,经常会招致原告或者第三人的异议,作为中立者的法官往往"挺身而出",违背自己应有的立场而为被告证明。① 这种现象的出现,既不符合行政诉讼的宗旨和原则,也与司法活动的一般规律相违背,因而在我国《行政诉讼法》的修改过程中,应当从完善行政诉讼程序制度的角度出发。

(三) 我国行政诉讼被告举证程序规则的和谐与协调

我国行政诉讼规范尤其是最高人民法院的相关司法解释已经从总体上完成了对于被告举证规则体系的创建工作,这对于强化司法权对行政权的监督体制,具有明显的实际意义。但是,我们也应该看到,在我国,司法权对行政权的监督,并不是一帆风顺的,《行政诉讼法》所确立的人民法院对行政案件的独立审判原则并未完全在实际中得到真正的贯彻实施。有些从表面上看来已经确立起来的程序规则如果没有更为有效和严格的配套规则加以

---

① 在司法审判的实践中,一般都由法官在庭审时宣布被告已经在法律规定的期限内向法院提供了证据。然而,当原告或者第三人对于被告是否在法律规定的期限内提供证据提出异议时,承办案件的法官往往站出来口头加以证明。这种"证明"也常常受到当事人的质疑。笔者认为,法官理应是中立者,作为以司法公正为己任的、处于中立地位的法官为一方当事人承担诉讼义务的行为是否合法作证明,不符合法官在诉讼中应有的居中裁判者的地位。参见沈福俊:《"法官作证"质疑》,载《民主与法制时报》2004 年 8 月 24 日。

保障,很可能会使我们的制度所确立的这些规则流于形式,从而使行政诉讼监督行政权的合法行使和维护公民合法权益的目的无法实现。只有通过完善的程序规则,才能在行政诉讼中使法院对行政权行使的合法性作出准确的判断,达到我们设立这一制度的根本目的。"司法复审是纠正不法行为的基本措施。蒙受行政裁决或其他行政行为损害的个人可以就这些行政裁决或行政行为的合法性问题向法院提起诉讼"[1],但是,如何通过行政诉讼纠正违法的具体行政行为,是必须通过严密的程序规则来实现的。由于体制、意识和其他相关的原因,我国行政诉讼的实际情况从总体上看尚不尽如人意,行政机关干涉行政审判和法院不依法审判的现象还时有出现。要在制度和规则上设置更为严密的防线,以防止行政诉讼制度在实践中演变为一种"虚设"的制度。笔者认为,在我国行政诉讼被告的举证规则之中,至少还有以下五个方面的问题值得进一步完善:

1. 关于被告提供"全部证据"的判断规则

对于被告在行政诉讼中向法院提供的证据,是否应当是全部证据,理论上和实践中都曾经有过争议。由于《行政诉讼法》仅仅规定了被告提供证据的期限,而没有明确规定被告应当提供其作出具体行政行为的全部证据还是主要证据,所以,在《行政诉讼证据规定》的起草过程中,有的学者提出,要求行政机关提供主要证据即可。主要理由是,《行政诉讼法》第54条第2项确立的证据审查标准是具体行政行为主要证据不足的,法院判决撤销或者部分撤销。行政机关只要向法院提供据以作出具体行政行为的主要证据,法院便可以对具体行政行为是否构成主要证据不足进行审查,因此,没有必要要求被告提供全部证据。

但是,也有学者认为,从行政诉讼证据的特殊功能来说,应当要求被告提供全部证据。主要理由有三:一是从理论上讲,行政机关在作出具体行政行为时,应当收集到足以认定案件事实的所有证据。既然行政机关已经收集到这些证据,就应当提供给法院,由法院对其行为的合法性进行审查。二

---

[1] 〔美〕伯纳德·施瓦茨:《行政法》,徐炳译,群众出版社1986年版,第396页。

是《行政诉讼法》第 43 条要求被告提供作出具体行政行为的"有关材料",应当理解为有关被诉具体行政行为的所有材料,即行政机关据以作出具体行政行为的全部证据材料和所依据的规范性文件。三是被诉具体行政行为是否构成"主要证据不足",审查的主体是法院而不是行政机关。如果规定被告可以只提供主要证据,则意味着允许被告在提交答辩状的时候,对其作出具体行政行为所依据的证据进行筛选,将何为主要证据,何为次要证据的判断权力交由行政机关行使。若行政机关经过筛选向法院提供了主要证据,而法院却认为其提供的证据不是主要证据,要求其补充证据,则会带来一系列的问题,将会导致诉讼程序和举证责任负担上的混乱。①

为了消除这种由于认识上的不同而导致的实际操作上的不一致,更主要的是体现行政诉讼证据的特点,最高人民法院《行政诉讼证据规定》第 1 条第 1 款已经明确被告应当向法院提供全部证据的制度。同时,最高人民法院发布并于 2003 年 1 月 1 日起实施的《关于审理反倾销行政案件应用法律若干问题的规定》第 7 条第 2 款和《关于审理反补贴行政案件应用法律若干问题的规定》第 7 条第 2 款明确规定,人民法院依据被告的案卷记录审查被诉反倾销和反补贴行政行为的合法性。被告在作出被诉反倾销和反补贴行政行为时没有记入案卷的事实材料,不能作为认定该行为合法的根据。这实际上确立了行政程序中的"先取证,后裁决"和"案卷排他性"的基本程序规则。"案卷排他性"规则是指在行政程序中,行政行为只能以案卷作为依据,即以经过听证记录在卷的证据为事实根据,不能在案卷之外,以当事人未知悉的和未质证的证据为根据。在行政诉讼中,作为被告的行政机关向法院提供的据以作出具体行政行为的证据材料,同样应当是其在行政行为作出过程中形成的案卷所记载的证据材料。美国《联邦行政程序法》非常典型地规定了这一规则,该法第 556 条第 5 款规定:"证言、物证,连同程序中提出的文书和申请书,构成本编第 557 条规定的作为裁决依据的唯一案

---

① 参见甘文:《行政诉讼证据司法解释之评论——理由、观点与问题》,中国法制出版社 2003 年版,第 4 页。

卷。当事人只要交付费用，即可以得到该案卷的副本。"[1]但是，由于在我国的行政程序中，并未在事实上真正建立起证据的展示制度，当事人在一般情况下根本无法获得行政机关在行政程序中所收集的所有证据，即使通过行政机关的告知或者通过听证程序对行政机关所采用的证据有所知晓，但是由于在法律上没有确立起当事人有权获得行政程序证据的制度，相当一部分证据保存在行政机关手里，相对人根本无从了解行政机关作出具体行政行为究竟是依据了哪些事实证据。更何况，即使到了行政复议阶段，申请人或者第三人也仅仅是只能"查阅"，而不能复制有关材料。在这种情形之下，行政机关在作出行政行为之后甚至在收到起诉状之后的事后补证的可能性就不能完全排除。到了诉讼阶段，虽然最高人民法院规定被告应当向法院提供作出具体行政行为的全部证据，行政机关也可能信誓旦旦地称其所提供的是"全部证据"，但是如何通过法定的程序或规则来判断行政机关所提供的确实是其在行政程序中收集并采用的"全部证据"呢？如果无法判断，仅凭行政机关说了算，那么，我们在行政诉讼阶段要求行政机关提供全部证据的规则就会成为没有任何意义的"一纸空文"。在行政诉讼中，法院只能对已经发生的具体行政行为进行审查，法官也不是行政程序的亲历者。如果是利害关系人所提起的行政诉讼，由于原告本身可能也未参加过行政程序，更是无法知晓行政机关究竟依据了哪些证据作出了行政行为，因此，如何保证和判断行政机关所提供的证据确实属于全部证据，就成为法院在行政诉讼中对被告作出具体行政行为的事实依据进行审查的首要问题。

笔者认为，解决这一问题的关键还是在行政程序之中，应当在行政程序中真正确立行政证据的公开和固定制度。第一，在行政程序中真正确立行政公开制度。对于行政机关作为具体行政行为事实根据的证据材料，不仅应当依法公开，而且还应通过相应的法律手续使其固定化。一旦依法固定，便不能有任何变动，从而从根本上杜绝行政机关在作出行政行为之后、提交证据之前可能出现的事后补证行为。第二，借鉴美国等国家的做法，确立相

---

[1] 转引自应松年主编：《比较行政程序法》，中国法制出版社1999年版，第308页。

对人或者利害关系人在支付了法定的费用之后,有权获得行政证据的副本的制度,以及利害关系人在知道具体行政行为作出后的证据副本获取制度。第三,被告在行政诉讼中所提供的证据与已经依法公开和固定的证据不一致的,应当以原告或者第三人所依法获取的证据数量为准(当然,应当是在没有充分的证据证明原告或者第三人对已经获取的证据进行篡改或隐匿的前提之下),并以此认定被告所提供的证据不合法,判决其败诉。这样做不仅使相对人或利害关系人对行政程序证据的知情权得到保障,更为关键的是,使法院在行政诉讼中对具体行政行为合法性的审查尤其是被告所依据的证据的合法性有了明确的判断标准。

2. 关于被告在法定期限内举证之证明规则

《行政诉讼法》和相关的司法解释都明确规定了被告应当在收到起诉状副本之日起的10日内向法院提供作出具体行政行为时的证据,司法解释还明确规定了被告不提供或者无正当理由逾期提供的,视为被诉具体行政行为没有相应的证据,法院应依法判决其败诉。这一规定,固然是依照行政诉讼特点所作出的符合行政诉讼规律的规则,体现了对被告举证期限的严格限制,但由于法律和司法解释均没有规定在被告举证时应有原告或者第三人在场并履行相应的法定手续,所以这一问题非常容易成为行政诉讼中一个有争议的问题,而且争议的主体不仅是原告和被告之间,很可能扩展到理应作为司法审判中立者的法院。因为从微观角度说,虽然法律和司法解释明确规定了被告应在法定期限内举证,但如何使这一规定在程序上得到落实,即确认被告确实是在法定期限内提供了证据,实践中确实有很多原告在法庭上对此提出过质疑。然而,由于在我国,同样由于体制、观念以及制度的设计等各方面的原因,行政审判中的不尽如人意之处还比较严重地存在,由此人们对法院是否会对行政机关的行政行为依法审判产生了不同程度的怀疑。我们不能说这种质疑没有一点道理,相反,我们应当认为这种质疑对我们进一步完善被告举证的程序规则,从而进一步促进司法公正具有相当程度的积极意义。在司法实践中,一般都是由法官在开庭审理过程中宣布被告已经在法定期限内向法院提供了作出行政行为的证据,对此,从法理上说,原告是有权提出质疑的。在前面的论述中,笔者已经对与此相关的问题进行了阐述,并认为这种做法在法律上具有欠妥性。因为法官是纠纷的裁判者,理应居于中立地位,在法庭审判中,由其在纠纷的一方当事人并不参与的情形之下单方面宣布另一方当事人已经履行了法定的举证义务,且没有任何法定手续加以证明,实际上是缺乏依据的,至少有"不透明"之嫌,在一定程度上违背了司法的公正性。

  从诉讼法的角度来说,举证期限制度的规定,实际上是负有举证责任的当事人,应当在法律规定和法院指定的期限内提出证明其主张的相应证据,逾期不举证,则承担证据失效之不利后果的一项诉讼期间制度。它构成了评判当事人是否承担不利诉讼风险的一个临界点,是对当事人举证责任在期间上的限制,而与结果责任密切相连。如《最高人民法院关于民事诉讼证据的若干规定》第34条第1款规定:"当事人应当在举证期限内向人民法院提交证据材料,当事人在举证期限内不提交的,视为放弃举证权利。"《行政诉讼证据规定》则规定逾期举证被视为没有证据。而无论是被"视为放弃举证权利",还是被"视为没有证据",诉讼结果都是不言而喻的,因此,在这种前提之下,由审理案件的法官来为当事人的这种诉讼行为作证,无论从哪个角度来说,都是不恰当的。第一,法官作证与其应有的中立地位不符,且混淆了法官和其他诉讼参与人的角色定位。法官在诉讼中的角色是居间裁判,他对当事人所从事的任何行为,没有任何作证的权利和义务,只有审查和判断的权利。如果由法官为当事人作证,必然将其角色混同于一般证人,这与法官应有的角色不相符合。第二,容易引起当事人对法官公正立场的怀疑。由于举证期限对当事人意义重大,如果由法官对一方当事人的举证行为进行证明,很有可能会引起另一方当事人对法官的证明是否公正以及是否实事求是的怀疑。在民事诉讼中,可能会给人以偏袒一方当事人之嫌;在行政诉讼中,则有"官官相护"之嫌。第三,容易使法官陷于尴尬境地。法官的作证往往无其他相关证据证明,在实践中就曾经出现过当事人对于法官的作证产生疑问并要求法官提供证据加以证明的情况。第四,客观上也有可能导致司法不公。在很多方面,司法公正往往是通过程序的公正来体现的,而举证期限是诉讼程序中的重要组成部分,也是举证责任制度中的重要一环,在实践中不能排除部分法官为偏袒一方当事人而为其作"伪证"的可能性,所以,由法官为诉讼当事人作证确实存在不妥。① 有些原告对此提出质疑是完全有道理的,被告是否在法定期限内举证,关系着诉讼的结果,原告对其关注,表明其对自身合法权益的维护。对此,原告要求法院出示证据证明被告在法定期限内举证的事实,是符合法治原则的。

既然法律和司法解释均规定被告应在法定期限内举证,且这种举证行为是被告不可免除的法定义务,那么就应该设置严格的程序规则加以保证和公开,同时也体现法院的中立性和司法活动的公正性。"法律程序有助于从心理层面上和行动层面上解决争执。法律程序的诸多内容无助于判决之准确但有助于解决争执。"②为此,笔者认为,要解决这一问题,关键在于完善举证程序的相关规则,尤其是对当事人举证期限的程序上的认证规则。举证既然是一个程序问题,就应该强化它的公开性,使当事人向法院提供证据的活动在双方当事人都在场的情况下进行,并以法院笔录加以确认。③ 因此,《行政诉讼法》应作以下修改,在负有对被诉具体行政行为承担举证责任的被告举证之时,规定原告可以要求到场,并由法院当场将被告所提供的证据副本发送给原告。同时,对被告举证情况当场做好笔录,由双方当事人签名认可。这样,一方面可以避免相关争议,从程序上完善被告依法定程序举证的制度,促进司法透明和司法公正,同时也体现当事人在诉讼程序中地位的平等性。因为,只有程序规则的严密,才能在根本上杜绝"法官作证"现象的出现,从而使司法的中立性特征更为鲜明。

3. 关于延期举证的正当事由之判断规则

《行政诉讼证据规定》第 1 条第 2 款规定,被告因不可抗力或者客观上不能控制的其他正当事由,不能在法定举证期限内提供证据的,应当在收到

---

① 参见沈福俊:《"法官作证"质疑》,载《民主与法制时报》2004 年 8 月 24 日。
② 〔美〕迈克尔·D. 贝勒斯:《法律的原则——一个规范的分析》,张文显等译,中国大百科全书出版社 1996 年版,第 34 页。
③ 参见沈福俊:《"法官作证"质疑》,载《民主与法制时报》2004 年 8 月 24 日。

起诉状副本之日起 10 日内向人民法院提出延期提供证据的书面申请。人民法院准许延期提供的,被告应当在正当事由消除后 10 日内提供证据。逾期提供的,视为被诉具体行政行为没有相应的证据。而没有提供证据,被告理应承担败诉的法律后果。这一规定体现了法律的实事求是以及原则性与灵活性相结合的精神实质。但是,它同样存在一个条文所指的"正当事由"应当通过什么样的程序进行认定的问题。根据这一条款的规定,应当由法院对被告的申请进行审查,并依法作出是否准许延期举证的决定。然而,无论是《行政诉讼法》还是《行政诉讼法解释》和《行政诉讼证据规定》,对法院依照何种程序审查并作出是否准许的决定都没有明确规定。由于行政诉讼被告举证期限严格的法律限定性以及这一问题在司法实践中的敏感性,仅由法院单方面以职权进行审查而无原告或者第三人的意见参与同样似有不妥。笔者以为,为体现双方在诉讼中的平等地位和防止法院在审查这一问题过程中的"暗箱操作",应当在出现被告以正当事由为由而耽误举证期限并因此向法院申请延长举证期限这一情况时,法院应当将被告提出申请的情况及时告知原告或者第三人,原告或者第三人可以对被告所提出的申请中依据的事实和理由提出意见甚至可以要求法院组织质证,并可以要求法院将查明的事实情况告知原告,然后再由法院判断后作出是否准许的决定。在此,法院应当向当事人公开同意或者不同意的理由,并在裁判文书中加以表明。这样可以保障原告的知情权,也可保证法院审查过程的公正性。同时,笔者建议在《行政诉讼法》的修改过程中对正当事由的内涵和外延以及当事人提出意见的期限、方式等问题作出比较明确的界定,以便于司法实践中的准确把握和判断。

4. 管辖权异议出现时的举证期限之规则

根据《行政诉讼法解释》第 10 条规定,当事人提出管辖权异议,应当在接到人民法院应诉通知之日起 10 日内以书面形式提出。对当事人提出的管辖异议,人民法院应当进行审查。异议成立的,裁定将案件移送有管辖权的人民法院;异议不成立的,裁定驳回。在实践中,当管辖权异议问题出现时,被告的举证期限究竟应当从接到起诉状之日起计算,还是从法院对管辖权异议作出裁定之后计算,各方存有不同的看法,有一种看法认为既然当事人已经提出了管辖权异议,而在法院对管辖权异议的审查阶段,案件的审理一般都是中止的,所以被告的举证期限可以从法院对管辖权异议审查作出裁定之后计算。尤其是在管辖法院有变更的情况之下,应当允许被告在管辖法院重新确定之后再重新确定举证期限,履行举证义务。① 笔者认为这一观点违背行政诉讼的被告举证规则。被告在行政诉讼中所举之证据,是其在行政程序中已经收集并作为具体行政行为的事实依据的材料,与管辖权问题如何处理没有必然的因果联系。况且,管辖权异议问题也并不影响被告依照法定程序所规定的举证期限依法履行举证义务,被告仍然应当依照法定期限向法院提供作出具体行政行为的证据。第一,法律和司法解释明确规定了被告应当在收到起诉状之日起10日内举证,受诉法院已经向被告发送了起诉状副本,被告就应按法定程序所规定的期限举证。第二,管辖权异议仅涉及法院的管辖是否合法的问题,并不涉及被告的举证是否可以延期的问题,无论哪个法院管辖,被告都必须严格依照法定期限履行自己的举证义务。即使管辖法院有所变更,受移送的人民法院也不应当重新接受举证。第三,如果按照上述观点,在管辖法院没有变更的情况之下,或者仅仅是在法院对管辖权异议还在审查的过程中,被告就可以已提出管辖异议为由不履行举证的义务,则明显与我国行政诉讼制度关于被告举证的规定背道而驰。如果允许被告可以在管辖权异议确定之后再重新确定举证期限,那么,就可能会使行政机关利用管辖权异议这一程序上的权利故意拖延举证,或者违背法律的程序规定再进行取证,将违法取得的证据再经过"装饰"之后以合法的面目提供给人民法院,这不但给人民法院的依法审判带来消极影响,也从根本上违背了行政诉讼的宗旨,同时也会给正常的行政审判工作带来不必要的麻烦。笔者认为,只要法院依法受理了行政案件并依法将诉状副本和应诉通知书、举证通知书等诉讼材料发送给了被告,被告就应当

---

① 《行政诉讼法》、《行政诉讼法解释》、《行政诉讼证据规定》对该问题均没有规定,相关著述也没有涉及,因而导致司法实践中对该问题的看法和处理不一。这一观点是笔者从法院的审判实践中了解所得的。

严格按照法定期限向法院提供证据,而不论管辖权异议问题如何处理。鉴于在司法实践中对这一问题有不同看法,修改以后的《行政诉讼法》应当对这一问题作出明确规定,以统一行政审判实践中对这一问题的做法。

5. 复议程序中收集和补充的证据以及复议程序中不提交证据行为之认定规则

《行政诉讼证据规定》第61条规定:"复议机关在复议程序中收集和补充的证据,或者作出原具体行政行为的行政机关在复议程序中未向复议机关提交的证据,不能作为人民法院认定原具体行政行为合法的依据。"根据这一规定,经过行政复议以后的行政诉讼案件,如果被告在行政诉讼中提交的是复议机关在行政复议程序中由复议机关收集和补充的证据,由于复议程序在行政行为程序之后,该证据不但严重违背行政程序规则,而且证据收集和补充的主体也不合法,这类证据不能作为法院认定被诉行政行为合法的依据是顺理成章的。而被告在复议程序中没有向复议机关提交证据,但却在诉讼中提交了相关证据,即使该证据能够证明行政行为的合法性,也会由于被告在行政复议程序中没有履行法定的举证义务,而使其证据在证明行政行为合法性问题上的失效。笔者认为,这一规定是完全符合行政诉讼特点的。问题是,我国的行政诉讼和行政复议在法律上尚不存在程序上的明显衔接,法律和司法解释也没有明确规定要求被告应当在诉讼中向法院提交在行政复议程序中的所有证据并说明其来源,这就产生法院在司法审判中究竟将通过怎样的途径获悉被告所提交的证据是由复议机关在复议程序中收集和补充的,或者被告所提交的证据是在复议程序中没有提交的问题。同样,因为根据《行政复议法》、《行政复议法实施条例》的规定,曾经作为行政复议申请人或者第三人的行政诉讼原告在行政复议程序中对行政机关所提供的证据、依据等材料只有查阅权,而无复制权,更无请求确认行政机关究竟提供了哪些证据材料的权利,从而会导致原告在行政诉讼中,对于被告在行政复议程序中到底提供了什么证据无法以事实为依据来加以说明。而《行政诉讼证据规定》第61条又没有规定相应的程序规则明确法院将通过怎样的程序规则获取这样的信息。而如果不能获取这样的信息,法院将不可能根据该条规定作出正确的判断,从而使该条的规定完全"落空"。尤其是根据《行政复议法》第14条的规定,在被告是省、自治区、直辖市人民政府或者国务院部门的情况下,它既是作出行政行为的行政机关,又是对自己作出的行政行为依法履行复议职能的机关,如果被告不向法院明确说明所提交的证据来源或证据在复议程序中没有提交而仅是在诉讼程序中提交的话,法院将难以区分被告的证据究竟是在行政行为作出过程中收集的,还是在复议程序中收集和补充的。虽然《行政复议法实施条例》第36条规定了原级行政复议的案件,"由原承办具体行政行为有关事项的部门或者机构提出书面答复,并提交作出具体行政行为的证据、依据和其他有关材料",但仍属于"自己复议自己的行为"、"自己做自己案件的法官"。笔者认为,法院对这一条款的执行与否,关系着被诉行政行为在司法认定上的合法性,同时更关系着原告以及第三人的利益,如果没有配套的程序规则,法院将很难根据《行政诉讼证据规定》第61条的规定加以认定。笔者建议在《行政诉讼法》的修改中明确法院对这一问题的认定规则。

规则的正义性是司法审查正当性的前提。行政诉讼的价值要靠行政诉讼的程序规则来体现。行政诉讼制度或者说司法权对行政权的司法审查制度的存在,根本目的是通过完善的司法程序规则实现对行政权的监督,而在这一体系中,程序规则的合理和科学又是最为重要的,因为"我们只有承认法律既包括法律规则,也包括法的原则,才能解释我们对于法律的特别尊重"[①]。我国《行政诉讼法》和最高人民法院《行政诉讼法解释》、《行政诉讼证据规定》等司法解释已经根据行政诉讼证据制度的特殊性,从制度上基本确立了行政诉讼被告的举证程序规则体系。但是,这一体系所确立的规则有些还仅是原则性的,如果程序之间没有具体的规则相衔接和配套,这些规定难以真正落实,从而在一定程度上影响了行政诉讼应有功能的正常发挥。对于被告的举证规则是如此,对于其他的程序问题也是如此。笔者认为,法

---

① 〔美〕罗纳德·德沃金:《认真对待权利》,信春鹰、吴玉章译,中国大百科全书出版社1998年版,"序言"第18页。

律的协调首先是规则的协调与和谐,规则之间不但不能有抵触与冲突,而且已有的规则还要有具体的规则与之配套,以这些规则共同构成严密的司法程序体系。我们要以《行政诉讼法》的修改为契机,从制度上对行政诉讼被告的举证规则以及其他相关程序规则进行全面和严密的规范,以体现我们建立行政诉讼制度的真正目的。走向程序正义的道路是由一个个具体的程序规则所"铺路"而成的,但愿我们在《行政诉讼法》的修改过程中齐心协力共同"铺"好这条通向正义的"大道"。

第六章 行政诉讼协调和解机制专题研究

近年来,在行政法学界和行政审判实务部门的一个热门话题,就是在行政诉讼活动中推行协调、和解化解行政争议的机制。由于我国《行政诉讼法》第50条明确规定"人民法院审理行政案件,不适用调解",因而这一话题也引起了很多的讨论。① 作为最高审判机关的最高人民法院积极主张运用和解的方式解决行政争议,它于2007年1月15日发布的《关于为构建社会主义和谐社会提供司法保障的若干意见》提出了"探索行政诉讼和解制度"的要求。同年3月7日,最高人民法院发布的《关于进一步发挥诉讼调解在构建社会主义和谐社会中积极作用的若干意见》进一步指出:"人民法院作为国家审判机关,必须坚定不移地服从和服务于这一国家大局和中心任务,高度重视、充分运用诉讼调解这一正确处理社会矛盾的重要方法与构建和谐社会的有效手段,最大

---

① 如《法制日报》在2007年的4月和5月期间,连续发表了多篇由行政法学界和司法实务界人士撰写的文章,对行政诉讼协调和解机制的相关问题进行了探讨。此外,一些学术刊物也发表了与行政诉讼协调和解机制相关的文章,如蔺耀昌:《行政争讼中的和解与调解》,载《行政法学研究》2006年第3期;周佑勇、李俊:《论行政裁量中的和解》,载《行政法学研究》2007年第1期等。

限度地增加和谐因素,最大限度地减少不和谐因素,承担起促进和发展和谐社会的重大历史使命和政治责任。"同时,该意见还规定,对于行政诉讼案件、刑事自诉案件及其他轻微刑事案件的处理,人民法院可以根据案件实际情况,参照民事调解的原则和程序,尝试推动当事人和解进程。人民法院要通过行政诉讼案件的和解实践,不断探索有助于和谐社会建设的多种结案方式,不断创新诉讼和解的方法,不断完善行政诉讼案件和解工作机制。同时,在2007年3月召开的第五次全国行政审判工作会议上,最高人民法院院长肖扬提出"要抓紧制定有关行政诉讼协调和解问题的司法解释,为妥善处理行政争议提供有效依据",并再次要求人民法院在行政审判中,要积极探索行政案件处理新机制。① 根据这些要求,一些地方人民法院还出台了关于行政诉讼中和解协调的相关意见,如《上海市高级人民法院关于加强行政案件协调和解工作的若干意见》、《广东省高级人民法院关于行政案件协调和解工作若干问题的意见》、《山东省高级人民法院行政诉讼和解暂行规定》等。2007年3月,山东省高级人民法院下发的《2007年全省行政审判工作要点》明确要求,年内全省将广泛推行行政诉讼协调和解制度,力争一审行政案件和解撤诉率达到50%以上。在行政诉讼领域,积极开展和解协调工作,已经成为各级人民法院行政审判工作的一项主要任务,这项工作正在全国法院的行政审判系统开展得"如火如荼"。②

在当前构建社会主义和谐社会的大背景之下,以促进当事人和解的方式解决政府与民众之间的行政争议,构建以强化民众参与、尽快解决行政争议、及时化解行政纠纷,从而促进官民关系和谐的行政诉讼协调和解机制,这是大势所趋,而且与该机制类似的行政复议的和解、调解已经在《行政复议法实施条例》中有所规定。这不仅是社会发展的一种需求,也是行政法理念的一种创新,同时它更应当是行政救济理论和制度进一步走向成熟的一个标志。然而,不可否认的是,法院所提倡并正在实践的这一机制中理念倡导

---

① 参见《肖扬:抓紧制定行政诉讼协调和解司法解释》,载《法制日报》2007年3月29日。
② 自2006年下半年以来,《人民法院报》将聚焦点放在了宣传各地法院进行行政案件协调和解工作所取得的成绩上,发表了多篇介绍各地法院进行行政诉讼协调和解经验的报道。

的成分多于制度的建设,而且从实践情况看,由于没有统一的制度规定,各地、各部门以及不同地区的人民法院在实践中的做法也不完全一致。一种与我国民主法治建设有重大影响的救济制度的确立,仅仅靠认识的统一和理念的支撑是不行的,而且作为一种诉讼机制,由最高人民法院来进行推进以及由各地法院自行制定相关规范不符合"法律保留"原则的要求。从完善民主法治的角度而言,还是应当由一定的法律制度来加以必要的规制。在这其中诸如行政争议的协调解决与行政法理论之间如何协调,行政诉讼协调和解这一"新机制"如何合法地建立,行政争议协调解决制度如何体现法制统一,人民法院能否自主性地"积极探索"行政案件解决新机制,行政争议协调机制的适用应当有何种的范围、遵循何种的程序规则以及和解及协议的效力与执行等都是值得积极探讨的问题。这些问题若不能得到有效的解决,就可能会影响行政争议解决机制的合法确立和实施,因此,在正确理念的指导下强化制度建设,就成为我们完善行政争议解决机制的重要前提,也是本章所要重点探讨的议题。

一、理念指导下的行政诉讼协调和解实践

在审判实践中被大力提倡的行政诉讼协调和解解决机制,与构建社会主义和谐社会要求的提出密切相关,即在构建和谐社会这个总的要求之下,对在争议解决机制领域强化社会和谐的一个具体要求,也是由我国现阶段行政争议的特点所决定的。在我国现阶段,行政争议的大量存在给社会和谐带来了一些消极影响。这些行政争议的特点主要表现在:一是面广量大。出现在各个行政管理领域,牵涉到经济、社会生活的各个方面,数量庞大,并且呈逐年增长趋势。二是重点突出。主要发生在县、乡政府和市、县两级政府部门;重点集中在公安管理、土地征收、城镇拆迁、企业改制和重组、劳动和社会保障、工商和税收管理等"热点"领域;大多涉及人身权和基本财产权保障方面。三是成因复杂。既有计划经济时期遗留的问题、经济转轨引发

的问题,也有市场经济条件下出现的新问题。四是处理难度大。行政争议有的持续时间长、查清事实难;有的涉及人员众多,各种矛盾交织在一起,稍有不慎就容易引发连锁反应或者相互攀比;涉及诸多法律、法规、规章和文件,专业性要求高。五是政治性强。行政争议的处理结果往往直接关系到社会和谐稳定的大局。行政争议如果不能及时妥善处理,个别问题可能演变为普遍问题,局部问题可能演变为整体问题,经济问题可能演变为政治问题,有的还可能被敌对势力和别有用心的人或组织利用。行政争议如果不能得到及时有效化解,就可能影响我国经济社会全面、协调、可持续发展,影响改革发展稳定的大局,就难以为全面建设小康社会提供良好的发展环境。① 其中最主要的问题是,由于我国大量的行政管理法规主要由基层行政机关具体实施,行政争议主要发生在县、乡两级政府和市(地)、县两级政府部门。近年来,因行政争议不能得到及时有效解决,引发群众集体上访和群体性事件的问题比较突出,影响了社会的正常秩序和稳定。② 有关统计表明,行政争议主要集中在基层,89.7%的行政复议案件的被申请人是地级市以下行政机关,70%的行政复议案件被申请人是市县两级政府部门。③ 基层是构建和谐社会的基础,依法行政的关键是在基层,基层行政机关依法行政水平的高低直接决定了法治政府建设和构建和谐社会的成败,最大限度地发挥行政救济制度尤其是行政诉讼制度解决行政争议、化解行政纠纷的功能,将大量的行政争议解决在基层,对法治政府构建和谐社会具有决定性的作用。

针对新时期行政争议的特点以及行政争议的大量存在对社会和谐所产生的消极影响,2006年9月,中共中央办公厅、国务院办公厅联合下发了《关于预防和化解行政争议健全行政争议解决机制的意见》,对实践中通过

---

① 参见曹康泰主编:《中华人民共和国行政复议法实施条例释义》,中国法制出版社2007年版,第2—3页。
② 参见华建敏:《加强行政复议工作 促进社会和谐稳定》(于2006年12月2日在全国行政复议工作座谈会上的讲话)。虽然该讲话是针对行政复议工作,但同样适用于行政诉讼的状况。
③ 参见《依法行政再加速 市县政府任重道远》,载《法制日报》2007年7月25日。

协调、调解的方式审理行政案件、解决行政争议的做法作了充分的肯定,并对以和解和调解方式处理行政争议案件提出了进一步的明确要求。2006年10月,党的十六届六中全会通过《中共中央关于构建社会主义和谐社会若干重大问题的决定》,从构建社会主义和谐社会出发,进一步从完善司法体制、加强和谐社会的司法保障的角度,提出发挥和解、调解的积极作用,并在"统筹协调各方面利益关系,妥善处理社会矛盾"的要求之下,提出了"适应我国社会结构和利益格局的发展变化,形成科学有效的利益协调机制、诉求表达机制、矛盾处理机制、权益保障机制"的具体要求。最高人民法院根据这一要求,于2007年1月15日发布了《关于为构建社会主义和谐社会提供司法保障的若干意见》,提出了"探索行政诉讼和解制度"的目标。2007年3月27日,在第五次全国行政审判工作会议上,罗干同志提出"要把维护和促进社会和谐稳定作为衡量行政审判工作的重要标准。衡量行政审判工作,最重要的是看是否化解了行政争议,是否理顺了群众情绪,是否促进了社会的和谐稳定","要积极推进行政审判制度改革,探索行政审判的新方式和新思路"。[1] 在这次会议上,最高人民法院院长肖扬不但指出"要抓紧制定行政诉讼协调和解的司法解释,为妥善处理行政争议提供有效依据",而且还明确要求各级人民法院当前"要在查清事实,分清是非,不损害国家利益、公共利益和其他合法权益的前提下,建议由行政机关完善或改变行政行为,补偿行政相对人的损失,人民法院可以裁定准许行政相对人自愿撤诉",对于因农村土地征收、城市房屋拆迁、企业改制、劳动和社会保障、资源环保等社会热点问题引发的群体性行政争议,肖扬特别强调,"更要注意最大限度地采取协调方式处理"。[2] 在这一背景之下,一些地方的高级人民法院纷纷出台了行政案件协调和解的具体意见,对本辖区法院的行政案件协调和解工作进行明确的部署和规范。

由上述内容可以看出,目前所推行的行政争议协调解决方式是在党和

---

[1] 参见《罗干在第五次全国行政审判工作会议上强调:按照构建社会主义和谐社会要求,进一步改进和加强行政审判工作》,载《法制日报》2007年3月28日。

[2] 参见《肖扬:抓紧制定行政诉讼协调和解司法解释》,载《法制日报》2007年3月29日。

国家的文件指导下,在最高人民法院的积极推动下进行的。以上内容实际上起到了三个作用:第一,从构建社会主义和谐社会的高度对新时期行政争议的特点作了分析,提出了创新行政争议解决机制的指导思想;第二,提出了建立符合和谐社会要求的解决行政争议新方式、新机制的基本思路;第三,明确了对建立行政争议解决新机制的具体要求。然而,这一切并不能代表具体的法律制度。在这其中,作为最高审判机关的最高人民法院虽然提出了"探索行政诉讼和解制度"的司法政策,有些地方的高级人民法院虽然制定了行政案件和解协调的具体意见,但是笔者认为,这些要求和"具体意见"并不能代表法律的规定,它们同样是一种在理念支配之下的产物。

从实践中的情况看,由于理念的推动和实践中尽快及时地解决行政争议的客观需求,行政争议的协调解决工作在全国各地大规模地蓬勃开展。自2006年下半年以来,《人民法院报》将聚焦点放在了宣传法院进行行政案件和解协调工作的成绩上,刊登多篇报道对各地法院进行行政诉讼协调和解的经验予以介绍。

如关于河南省法院在行政审判中运用协调和解方式解决行政争议的报道中介绍:

> 河南省的法院在行政审判中,采取多种措施不断优化行政审判工作环境,积极探索和大胆尝试化解行政争议的新办法,运用协调方式妥善化解行政争议,实现法律效果与社会效果的统一。2006年,全省法院一审共审结各类行政案件共13131件,其中有3572件通过协调方式双方达成和解结案,占全年行政案件的27.2%。
>
> ……
>
> 河南各地法院结合工作实际,积极探索和尝试运用协调的方式解决行政争议。在办理行政案件中,全省各地法院注重调查研究,吃透案情,做好案件各方当事人的沟通和协调工作,促使当事人达成和解,从根本上化解行政争议,做到案结事了,不留后遗症。[①]

[①] 《河南审理行政案件实现两个效果有机统一》,载《人民法院报》2007年1月21日。

一篇关于安徽池州的短新闻中报道：

安徽省池州市贵池区人民法院积极探索符合行政审判特点和实际的行政诉讼协调机制，大力开展行政诉讼庭外协调工作，拓宽了化解"官民"矛盾的有效途径。

截止(2007年,引者注)1月31日,该院一年来审结的26件行政诉讼案件中,通过协调撤诉的案件14件,协调结案率达53.85%,有效缓解了行政管理相对人与被诉行政机关之间的抵触情绪,减少了当事人的讼累,节约了司法资源。①

旧区改造所涉及的房屋拆迁行政案件历来是行政审判中的难点。有一篇关于苏州在涉及古城改造的行政审判工作的报道中介绍了苏州法院运用和解方式解决这一问题的经验：

苏州法官以人为本,在法律规定范围内对被拆迁人给予最大限度的保障,促进古城改造在和谐中进行。沧浪区法院实行"三至四调"方法,即庭前一次调解、庭中二次调解、判前三次调解、先予执行中再一次调解。在已结的200余件相关案件中,当事人撤诉的达50%。其做法被最高人民法院作为审理拆迁案件的经验予以肯定。曾作为原告的李某至今提起房屋拆迁还是激动有加:"在处理一起我和其他18名原告诉某行政机关程序违法案件中,如判决或确认违法,虽然简单省事但会给我们留下后遗症,法官竟一次次地找建设方及当地党委、政府部门协商,终使这起案件让我们满意地妥善解决。"

苏州各地法院坚持法、理、情兼顾,把握市情、民情、案情"三情"。金阊法院去年(2005年,引者注)以来办理拆迁案件75件,涉及被拆迁群众120余户,无一改判,无一人上访,无一矛盾激化。全市法院对被拆迁户安置和补偿的焦点问题,坚持"一高一多"的原则,即"就高不就低"和"多挑多选"。如被拆迁户选择货币安置,则"就高不就低";如选

---

① 《贵池行政诉讼重协调》,载《人民法院报》2007年2月4日。

择产权调换,则"多挑多选",协调开发商至少有两套以上安置房供选。

苏州法院还延伸行政审判职能,法官放弃休息时间,应被拆迁人要求的时间安排开庭、协调,同时把法庭搬到拆迁现场,方便召集当事人协商,及时解决被拆迁户的各种困难。①

一篇介绍湖北省保康县人民法院和解协调工作的报道更是详细地列举了该院在行政审判工作中协调和解的情况和具体做法:

>……截止今年(2006年,引者注)10月30日,该院通过协调结案11件,占受案总数的44%。
>
>据该院行政审判庭庭长介绍,该院行政审判探索协调结案始于1996年,10年来(1996年至2006年)该院行政庭共结案777件,经协调处理原告撤诉的占496件,其中被告改变行政行为原告撤诉388件,协调结案率为63.8%,无一件申诉案件,无一件因不服裁判产生信访的案件,无一件缠诉案件。

该法院在协调和解工作中的具体经验是:

>该院在程序规范上,要求严格遵守程序规范,坚持"公开、公平、自愿、平等"的原则,组织双方当事人进行协调,做到不强制、不引诱、不拖延;正确合理地适用法律,防止当事人利用合法的协调规避法律,损害国家、社会、集体利益以及他人的合法权益;引导当事人依法解决争端,平息纠纷。在判断分析上,要求分析案情,揣摩当事人心理,找出导致纠纷的症结所在,找准协调的切入点;及时把握案件的发展状况,随时灵活调整协调方式和方法,妥善处理矛盾;对具体行政行为有一定瑕疵,存在一定负面影响的并涉及群体性、矛盾易激化的案件必须实施协调。另外,对行政赔偿案件或行政裁决、行政处理案件等必须协调。
>
>在语言表达上,要求在耐心听取相对人意见的基础上,讲清法律、

---

① 《古城在和谐中"整容"——苏州行政审判践行法治理念见闻》,载《人民法院报》2006年7月31日。

讲透道理,做好说服教育工作。针对不同的当事人采取不同的表达方式。……
……

庭审前抓和解促协调。庭审前和解不仅能尽早化解矛盾、提高办案效率,而且还能减少当事人的诉讼费用及办案成本。办案法官只要发现该案有一线协调和解的希望,就立即与当事人进行协商,分析利弊。对于一些需要在较短时间内解决的行政诉讼和涉及第三人利益的行政诉讼,就会更倾向于协调,从而化解矛盾。如原告潭某、谢某诉县建设局行政许可一案。被告批准第三人某印务公司建一幢房屋,动工时,原告夫妻俩进行阻挠干预,理由是房屋建成后会影响自己住房的采光通风,要求法院依法撤销原告的行政许可行为。审判人员阅卷时发现,原告曾有意将住房卖给第三人,因价格问题没有谈成。于是,抓住时机做原告和第三人的工作,最后原告将房屋卖给第三人的同时也向法院提出撤诉,三方当事人都非常满意处理结果。此案只用了10天时间便协调处理结案。不仅依法解决了当事人的争议,而且提高了办案效率。

庭审后抓撤销促和谐。案件经过审理后,行政机关明显感到自己的行政行为有问题的,鼓励行政机关主动撤销原具体行政行为,重新作出行政行为,原告的合法权益得到维护,主动向法院递交了撤诉申请。原告姜某诉某镇政府行政确认一案,开庭后发现,在原告山林使用证未被注销的情况下,镇政府便作出处理,将该山林确认给第三人,侵犯了原告的合法权益。法官多次找该镇领导进行协商,被告认识到该行政行为有问题,便主动撤销原行政行为,使原告的合法权益得到维护,原告也主动向法院递交了撤诉申请。

判决后抓协商促和谐。有些案件虽然判了,但"案"了"事"没了。对此,行政审判人员仍不放弃做好协商工作。原告尚某诉县房管局行政登记一案,原告认为被告将自己居住的房屋登记给第三人侵犯了自己的优先购买权,要求法院撤销被告的行政行为,该案经审理,维持了被告的行政行为。判决后,审判人员耐心细致地给原告讲法明理,同时,针对原告的困难情况给第三人做工作,让第三人给予适当补偿。审判人员的热心和公正感动了原告,原告4天内就交出了房屋。

为了巩固在诉讼中协调的成果,该院还建立与行政机关沟通的机制,经常深入行政机关,对行政执法过程中出现的问题及时提出指导意见,指出行政执法行为的不足,促使其主动改变行政行为。建立与行政相对人沟通的制度,主动与行政相对人沟通,多做思想工作,增进行政诉讼原告对行政机关的理解,消除怨恨,化解矛盾。①

还有一篇关于福建省宁德市法院积极进行行政诉讼协调和解工作的报道更是详细地介绍了该院的具体做法:

"多年来,由于受行政诉讼不可调解原则的影响,在过去的一段时间里,我们宁德市两级法院主要侧重于用裁判的方式来审理行政诉讼案件。实践证明,这种就案办案、简单下判的方式,社会效果不是很好,我们这里曾出现过一起拆迁案件,历经十年,省、市、县三级法院9次审理,仍然没法化解矛盾纠纷。"一到宁德中院,院长杨建明就向记者表达了这样的看法。

简单下判的做法,不仅与当前党中央提出的构建和谐社会的要求不相适应,也影响了行政审判工作的发展。当前与经济发展密切相关的涉及城市房屋拆迁、土地征用、劳动工伤等各类新型行政争议大量地涌进人民法院,并已成为社会的热点、焦点问题和行政诉讼案件的主要类型。上述行政争议法律关系复杂、涉及面广、影响面大、不稳定因素多,给法院的行政审判工作带来新的考验。

最高人民法院要求,各级人民法院要积极探索和建立行政诉讼和解制度,在查明事实、分清是非,不损害国家利益、公共利益和他人合法权益的前提下,在双方当事人自愿的基础上,尽可能促使当事人和解。

---

① 《化解纠纷促和谐——保康行政案件协调工作纪实》,载《人民法院报》2006年10月31日。

最高人民法院将在总结各地审判实践经验的基础上，抓紧制定行政诉讼和解问题的司法解释，以规范和解行为、完善和解程序、确认和解效力，为妥善处理行政争议提供有效依据。

在宁德，记者通过开座谈会、到地方党政部门走访，渐渐对宁德法院建立行政诉讼协调和解机制的做法有了清晰的认识。

从2004年起，宁德中院行政庭在坚持对被诉行政行为进行合法性评判不动摇的基础上，本着及时解决行政纠纷的目的，开始尝试对部分行政诉讼案件进行协调。2005年，中院党组对全市法院行政审判工作提出了"转变观念、创新机制，充分发挥行政审判在构筑和谐社会中的职能作用"的要求后，中院行政庭又对协调工作进行了进一步的完善，并在全市法院加以推广。

"合法性审查"分清是非

对被诉行政行为进行合法性审查与评判，是行政诉讼法赋予人民法院行政审判工作的重要职责，也是人民法院开展行政审判工作的重要前提和基础。

据记者了解，近年来，宁德中院所开展的行政诉讼案外协调工作，不是对行政诉讼案件进行无原则的协调，而是坚持在对被诉行政行为的合法性审查不放松为基本原则的基础上，及时解决行政争议，及时保护行政管理相对人的合法权益，及时纠正行政行为中的不当之处，充分发挥法官的释明权，通过辨法析理，协调平衡解决各种社会关系和利益矛盾，努力实现行政审判的法律效果和社会效果的有机统一。

为了奠定案外协调工作的坚实基础，法院坚持实行一审行政诉讼案件的100%开庭。严格依照行政诉讼法的规定，从事实认定、法律适用和程序是否合法等方面对被诉的行政行为进行严格审查。在坚持对被诉行政行为做出合法性评判的基础上，不偏不倚参照"能调则调、当判则判、判调结合、案结事了"的原则，结合行政审判工作的实际，以"能调不判、多调少判"为主要工作思路，以"案结事了"为最终目标，积极开展案外协调工作。

掌握行政纠纷产生的真正原因,兼顾各方利益,平衡各种社会关系,分析案外协调的可能性,寻找突破口。以换位思考的方式,分别召集相对人和行政机关进行协调,辨析法理,分清事理,在不违反法定原则和不损害国家、集体与第三者利益的前提下,充分发挥法官释明权,辨明案件是与非,千方百计促使协调的成功。对于协调不成的案件,及时、依法作出裁判。

据统计,2005 年,两级法院在所审结的一审行政诉讼案件中,法院作出维持或撤销等实体判决的案件占所有结案数的 26.8%;2006 年 1 月至 10 月在已结的 244 件一审行政诉讼案件中,法院作出维持或撤销等实体判决的案件仅占所有结案数的 21.7%。实践证明,通过开展行政诉讼的协调工作,不仅有效地节约了人民法院的审判资源,提高了办案的质量与效率;同时也使行政审判的法律效果和社会效果的有机统一得到了很好的体现。

案外协调"一步到位"

2003 年起,宁德市开始大量出现因劳动工伤引发的行政诉讼案件,尤其是涉及农民工的案件占了相当大的比例。

就案件本身而言,当事人仅是对劳动部门所做出的劳动工伤认定不服而起诉,真正动因在于劳动工伤认定成立与否直接影响到赔偿金的数额问题。根据相关法律规定,构成劳动工伤的赔偿金高出民事诉讼中的人身伤害赔偿金的数倍。

因此,若简单进行合法性审查和判决,受害方要取得赔偿金,还得重新提起民事诉讼。如此,既不利于及时保护受害方的合法权益,也容易造成讼累,浪费了审判资源。

考虑到劳动工伤行政案件中蕴涵着许多民事法律关系的特点,福安市法院大胆尝试采取"一步到位"的方式审理工伤行政案件,积极开展协调,直接促成民工与企业之间达成调解协议,不仅使民工能够及时受偿,而且能够及时消除企业与工伤工人之间长期的劳动和社会保障纠纷,使企业能够安心抓生产发展。

2005年,福安市法院审理的原告福建冠荣鞋业公司诉被告福安市劳动和社会保障局工伤行政诉讼案,即是"一步到位"的典型案例。第三人陈琳华于1990年在原告企业工作期间患了2期尘肺职业病,从1990年到1994年经宁德、福州、上海等地医院多次治疗,切除5根胸腔骨,欠医疗费5万元无法交纳逃离医院,无法正常生活工作,家庭生活陷入极度困难,加上企业停产转制等原因,原告企业又不服工伤认定,要申请重新鉴定。

行政庭人员多次前往福州等地联系职业病鉴定机构、咨询有关职业病的专家,与原告代理人、负责理赔责任的企业负责人,把握时机召开原告、被告、第三人的协调会,真诚终于感动了企业的负责人,15年之久的纠纷得以彻底解决,企业付给第三人工伤补偿款5万元,并为第三人补办了14年的企业职工养老保险和医疗保险。

案内协调精心制订方案

"开展行政诉讼的协调工作必须从国情出发,针对不同类型、不同性质的案件,不同的原、被告,准确把握各方当事人心态,精心制订协调方案。应该说,许多行政诉讼案件都有协调解决的可能。"在记者参加的宁德中院行政审判庭召开的座谈会上,庭长董宇如是说。

董宇认为,以协调方式解决行政纠纷符合"和为贵"的传统精神。法院在开展行政审判工作中,不以裁判的方式结案,而以协调手段解决行政争议,不仅有利于解决行政纠纷,更给行政机关留了面子,当事人易于接受,能做到案结事了,不留后遗症。其次,行政相对人选择行政诉讼的救济途径,目的不仅仅是要求法院居中主持公道,给个说法,最终目的还是为了解决行政争议。法院经过对具体行政行为进行司法审查和合法性评判,做好原、被告协调工作,促使双方依法相互理解和妥协,最大限度地减少裁判形式带来的负面影响。这种解决办法,有利于推进社会的和谐稳定。

记者了解到,近年来,宁德中院行政庭在开展工作中,能够准确把握各方当事人的心态,并根据案件性质的不同、难易程度的高低及行政机关十分讲究行政级别的特点,精心制订好各种级别人员参与的协调方案。对于乡级政府和县市部门为被告的案件,则以主审人或审判长为主进行协调;对于县级政府和市直部门为被告的案件,则以副庭长或庭长为主进行协调;对于市政府为被告的案件,则以庭长或分管副院长为主进行协调,必要时以院长为主进行协调。在开展协调工作中,大家能够做到倾心协力,既有分工,又有协作,千方百计促进协调的成功。

2005年,中院行政庭受理了丁振初等52名村民诉请确认福鼎市人民政府强制交付土地行为违法并请求行政赔偿系列案件104件。由于该案涉及政府土地征用,涉案农民人数多,涉及面广,影响大,原告与政府之间存在较大的抵触情绪,其处理的好坏直接影响到社会稳定和福鼎市太姥山旅游区建设规划的顺利实施。中院陆续派出审判长、副庭长、庭长、分管副院长数次赶赴福鼎,主动加强与党委、政府部门的沟通,对于政府存在的问题予以指出,同时,认真倾听原告的意见,了解原告起诉的真正动机及目的,分析本案的症结所在,告知原告正确的解决途径,寻求解决问题的最佳方案。在中院的努力下,原、被告双方经过协调,达成双方都满意的解决方案。最后,原告向法院申请撤回起诉,使这起征地系列案件得以圆满解决。

行政诉讼协调领域的不断拓展,协调方式的不断丰富,使宁德市两级法院的行政审判工作呈现出低上诉、低申诉、高结案的良好局面。2004年,宁德市法院审结一审行政案件293件,其中通过协调机制促使原告撤诉的107件,占36.6%。2005年,宁德市法院审结一审行政案件410件,通过协调机制促使原告撤诉的175件,占42.7%;案件上诉率也由2004年的28.6%降至22.7%。今年1月至11月,共审结一审行政诉讼案件260件,其中通过法院协调解决了行政争议而使原告撤诉的案件达145件,占56%,名列全省第一,而且,两年多来没有出现新的涉诉上访的行政诉讼案件。

(2006年,引者注)12月7日,宁德市委书记朱之文作出批示:全市两级法院以协调方式化解了大量的行政争议案件,取得良好的法律效果和社会效果。希望全市两级法院要结合当前开展的社会主义法治理念教育活动,及时总结经验,加大协调和解工作力度,为全面推进海峡西岸经济区东北翼中心城市建设,维护社会的安定稳定与和谐发展做出更大的贡献。

多主体、多角度、多对象、多方式的协调方法

行政诉讼所要解决的官民纠纷一般源于社会各种矛盾的集中体现,因此,搞好协调工作必须树立"大协调"的观念。记者了解到,宁德中院根据近年来的实践,能够针对不同的案件,采取多主体、多角度、多对象、多方式的协调方法,开展协调工作,并总结出了七种协调方式:党政授权协调法、借力协调法、提前介入协调法、左右联动协调法、换位思考协调法、利益衡量协调法、层级协调法等。这几种方法或单独使用,或同时使用,从而使行政诉讼的协调工作取得很大的成效。

党政支持协调法:

即在开展协调工作前要事先取得党政领导的重视和支持,并借助党政领导的授权,以法院为主开展协调工作。如:2004年,宁德中院行政庭成功协调解决一起历时近十年、因城市房屋拆迁引发的、经过省、地、县三级法院九次审理仍未解决的涉法上访系列行政诉讼案件,就是在市委政法委的高度重视下,福安市委、福安市人民政府主要领导的大力支持与配合下得到解决的。福安市人民政府在遭遇财政困难的情况下,决定赔偿被拆迁户陈祖树人民币65万元,案件取得了法律效果与社会效果的有机统一。

借助力量协调法:

香港某公司不服宁德市国家税务局作出的行政处理决定案和行政处罚案,是中院行政庭有史以来涉案标的最大的一审行政诉讼案件,涉案金额达1100万元,法律关系复杂、专业性强,涉案证据近千份。在开庭前七天,原告香港某公司向中院提出书面请求,以市政府领导已出面协调此纠纷为由,要求中院延期一周开庭审理。合议庭经研究认为,虽然原告的请求无明确的法律依据,但考虑到既然市政府领导已出面协调本案,同意延期开庭并不影响本案的审理;若能协调成功,则利大于弊。于是,法庭同意了原告的请求。最后,该案在市政府的协调下得到了解决,原告申请撤诉,使得这起具有重大影响的涉外行政诉讼案件顺利结案。

立案审查协调法:

这是根据中院提出协调工作要"关口前移"的新思路而产生的新方法。其主要适用于立案审查阶段,所针对的仅是涉及县级以上政府为被告的案件、涉及群体性的城市房屋拆迁、土地征用案件以及在本辖区内具有重大影响的行政诉讼案件。这些案件有一个共同的特点,法律关系复杂,涉及面广、影响面大,一旦进入诉讼阶段后,由于利益冲突与分配的问题,当事人容易产生较劲的心理,使行政诉讼极易产生"案了事不了"的情况,不利于问题的解决。因此,若在立案审查阶段就进行协调,便可以及时地将矛盾纠纷解决在萌芽状态。如:2005年,中院副院长方向新带领中院行政庭奔赴寿宁县南阳开发区,尝试实行重大行政案件案前介入协调机制,仅用一天就成功协调解决一起涉及征用农民土地,其中又隐含民事、刑事纠纷,当地党委、人大、政府等机关协调半年未果的行政诉讼案件,不仅保护了农民的合法权益,也为当地的开发区建设解决了难题。记者在寿宁采访时,寿宁县委书记刘信华对县法院工作给予高度评价,称县法院为党委分了忧、为政府解了难,行政审判工作已成为寿宁法院的一张名片。

系统效应协调法:

此方法主要适用于当事人之间既有行政诉讼案件,又有民事诉讼案件的案外协调。

2002年12月28日,第三人符学环在上诉人(原审原告)福建省第一公路工程公司中标的工地上做工时左眼被石屑击伤。2003年2月17日被上诉人(原审被告)寿宁县劳动和社会保障局根据第三人的申请作出工伤认定书,认定第三人属工伤,上诉人(原审原告)福建省第一公路工程公司为事故单位。但是,被上诉人没有将该文书送达给福建省第一公路工程公司,而是送达给经层层转包的包工头胡某签收,导致本案在送达问题上发生了重大争议。福建省第一公路工程公司不服,提起了行政诉讼;第三人符学环则提起了损害赔偿的民事诉讼。

由于该行政诉讼结果将影响到民事诉讼的结果,导致民事诉讼中止审理。为了妥善解决此纠纷,中院行政庭决定以行政庭为主,民一庭配合,进行左右连手一起协调解决本案。经过四次组织双方当事人对工伤损害赔偿事宜进行调解,终于使上诉人与第三人就工伤损害达成调解,由上诉人向第三人一次性支付9.25万元赔偿金,上诉人撤回上诉。同时又促成上诉人与第三人在本院二审的民事纠纷案的解决,第三人也自愿撤回民事赔偿案件的诉讼。

换位思考协调法和利益权衡协调法:

主要是在开展案外协调工作时,主持协调的法官要分别从各方当事人的角度换位思考,进行各种利害关系的分析,为其计算诉讼成本和诉讼的目的,从而使各方当事人都觉得法官是在真正保护他们的合法权益,为他们说话,这就为案外协调的成功创造了有利的条件。前面所引的许多成功的案例都是在先实施换位思考协调法和利益权衡协调法后,再结合其他方法进行协调的。[①]

另外在介绍四川省成都市法院进行行政诉讼协调和解探索的报道中,对于当地法院的具体经验也作了详细介绍:

(2007年,引者注)3月18日,记者来到成都,对成都市两级法院探索行政案件协调机制的做法进行调查。

都江堰:88%的行政案件协调处理

"三年前,都江堰作为一个旅游城市,面临申请世界遗产的时机,城市拆迁案件激增。"都江堰市人民法院副院长余涛向记者介绍说。

"当时法院面临行政案件成倍增长的局面,行政诉讼的裁判结果未

---

① 《闽东经验——宁德中院行政诉讼协调和解机制调查》,载《人民法院报》2006年12月17日。

能有效地定纷止争、息事宁讼,有影响到社会稳定和经济发展之虞。对此,我们开始反思并认识到刚性化的诉讼裁判活动在化解社会矛盾方面并非完美无缺,行政领域中的行政主体与行政相对人之间的关系应当给予极大关注。"

于是,都江堰法院提出了运用协调机制处理行政案件的思路和框架:行政审判协调贯穿于整个行政诉讼活动全过程,即从立案审查阶段到裁判生效之前,包括立审协调、庭前协调、庭审协调、审后协调;行政审判协调机制拓展其操作平台,构建在法官的主导下适度社会化,即"以法院为核心,以社会为依托"的多元化协调处理行政纠纷的机制;在协调力度的分配上,以审前协调为主,随机协调为辅。

据记者了解,在2004年至2006年这三年中,都江堰法院受理行政案件118件,协调处理104件,占受理行政诉讼案件总数的88%。其中,撤诉案件80件,占协调案件的77%;裁判24件,占受理案件的20%。裁判案件中上诉案件9件,占裁判案件的37.5%,上诉率从100%下降为37.5%;改发案件2件,改发率从75%下降为22%。

从功效上看,践行行政审判协调机制,对监督行政机关依法行政、保障行政相对人的合法权益、减轻当事人诉累、提高办案效率、竭力化解行政纠纷等发挥了积极作用。

成都法院:规范协调行为,协调方式多元化

记者来到成都中院,行政庭庭长谢立新对记者说:成都两级法院的行政协调呈现两个特点,其一是协调和解结案率较高。如武侯区法院近三年来的平均协调结案率已达38.33%,2006年的协调结案率为57.58%;温江区法院三年来受理77件行政案件,协调处理43件,协调率为55.8%。三年来,成都市两级法院协调处理行政案件456件,占同期一审案件结案总数的23%。

其二是行政案件协调案件类型逐年拓展,呈不断扩大趋势。2004年,成都市两级法院协调行政案件,主要涉及工商、拆迁、经贸等三种类型;至2006年则已涉及工商、劳动和社会保障、司法行政、交通、税务、

土地、民政、治安、房屋登记、档案、城建等多种类型。

谢立新说,经过三年的摸索,两级法院的行政协调工作逐渐走向正轨,呈现出"三化"趋势。

协调方式多元化。成都市两级法院对什么类型的案件应该采取什么样的协调方法,应该调动哪些力量参与协调等问题逐步摸索出一套切实可行的办法,效果明显。

协调行为规范化。通过对协调工作的不断总结,部分基层法院和成都中院已经制定了相应的规范性文件,使行政案件的协调和解工作有章可循,不断规范化、制度化。如温江区法院在展开实证调研的基础上,收集了四年来的一些典型案例,总结撰写了与协调机制相关的系列调研文章。在此基础上制订的《关于建立行政诉讼案件协调机制的实施意见(试行)》于2006年9月22日被最高人民法院办公厅《人民法院信息》采用。实施意见对行政诉讼协调的概念、协调案件的范围、协调参与人、协调程序、协调方式、协调后果等方面进行了规范。

协调工作常态化。随着司法理念的转变以及不断的探索和实践,行政审判的协调和解已经由自发走向了自觉,承办法官对于行政案件只要符合法律规定的一般都会主动开展协调工作,努力实现法律效果和社会效果的统一,力争案结事了。

成都中院:坚持五条原则,确保依法协调

"行政案件协调的分寸很难把握,所以,法院强调,在操作进程中必须坚持五条原则。"成都中院行政庭副庭长陈永红如是说。

坚持法院主导、全程协调原则。成都市两级法院对行政案件基本上都采取法院主导的方式,由法官主持协调,在行政机关与行政相对人之间做大量的沟通、说服、教育、解释、普法等工作,最终促使案件和解结案。此外,坚持融协调于行政案件审理的全过程,从立案审查阶段到裁判生效之前。在当事人达成和解协议后,除要求当事人将和解协议提交法院备案外,在裁判方式上,一审案件采用裁定准予原告撤回起诉的裁判方式,二审案件则采用裁定准予上诉人撤回上诉,注明一审判决已无实际履行必要、原一审判决不再执行的裁判方式。

坚持自愿合法性原则。近年来,成都市两级法院始终把握行政案件协调不得违反国家的法律规定,不得损害国家利益、社会公共利益或者他人合法权益这一基本尺度。努力保障当事人诉讼地位的平等,切实注重保护行政相对人的实际利益。明确法官不得采用"以压促调"、"以诱促调"、"以拖压调"等方式强迫任何一方接受协调。

坚持有限协调原则。行政机关行使权力时代表的是国家意志,它只能在法律允许的自由裁量范围内适度处分行政权,否则将损害国家权力的权威和法律权威。因此,人民法院在行政审判中的协调和解工作应当限定在行政主体法定职权范围之内;限定在非羁束性行政行为范围之内。成都市两级法院明确协调主要适用于以下类型行政案件:行政赔偿案件、自由裁量权案件、行政裁决案件、不履行或拖延履行法定职责案件、行政合同案件、涉及群体利益并需要政府和相关部门配合的案件等。

坚持效率原则。人民法院开展协调和解工作时也应当坚持能调则调,当判则判的原则。对有和解可能的案件,应当创造条件促成和解,通过努力仍不能促成当事人各方达成和解协议时,人民法院应当结束协调,及时作出裁判。

坚持案后释疑并督促履行原则。因协商和解而撤诉的案件,承办法官仍然要本着"案结事了"的宗旨,关注和督促行政机关切实履行在撤诉前与原告所签订的和解协议的兑现承诺,并通过案后释疑对行政机关在实施具体行政行为时存在的不合法或者不规范问题进行分析,以口头、书面提司法建议的方式,帮助行政机关发现问题和完善相关的制度和举措。

借鉴民事调解经验,协调处理行政案中涉及的民事权益

在行政审判实践中,有很大一部分案件往往是由于作为平等主体的当事人之间的民事纠纷引发的行政争议。在这类行政案件的审理中,原告真正在意的是其民事上的权利义务,而提起行政诉讼的目的只是为了维护其民事上的权益。

对于这类行政案件在协调时,对争议中涉及的民事权利义务是无法回避的。借鉴民事调解制度的成功经验对此类行政案件进行协调效果非常明显。

在成都中院审理的王某诉某劳动和社会保障局工伤认定上诉一案中,被上诉人王某因与上诉人阳光公司之间,就王某之夫李某死亡是否属工伤死亡发生争议而提起工伤认定申请。

劳动和社会保障局作出不属于工伤认定后,法院认为事实不清予以撤销,此后劳动和社会保障局又作出属于工伤认定,但法院仍认为事实不清应予撤销,使原本并不复杂的劳动行政确认,两次进入诉讼程序,历时达三年之久,死者家属和用人单位之间的矛盾愈加尖锐,劳动和社会保障局亦左右为难。

法院先后四次召集用人单位,分析说明本案的特殊性,从人道主义角度出发希望用人单位对职工给予更多的关怀和保护,指出企业对维护社会稳定应负有的社会责任。同时法院向死者家属解释相关劳动行政确认案件的特点和办理程序,阐明了目前此类案件确实存在解决周期长的弊端,消除了死者家属的误会。

最终,用人单位一次性补偿王某3万元并申请撤回上诉。法院裁定予以准许并在裁定书上注明原一审判决不再执行,当事人的合法权益得到维护。

借助行政机关力量,促使原告与案外人协商一致,促成原告真实诉讼目的实现

行政审判虽然是以具体行政行为的合法性为审查对象,但在行政审判的协调中,借助行政机关在其管理领域的资源优势及强大的协调能力往往是协调和解成功的法宝。

如成都中院审理的某公司诉发改委的行政许可案件,案情虽然不复杂,但因为行政主体存在违法行政行为导致相对人巨大经济损失,案件的处理对地区的经济发展和西部大开发都可能产生一定影响,四川省政府及各相关部门对案件都予以高度重视。

法院在审理中考虑到原告起诉的目的是使自己的投资损失得到补偿,为了彻底解决纠纷,积极与被告发改委交换意见,敦促其权衡利弊,主动与原告方协商赔偿事宜,平息纠纷。同时,法院还主动与当地市政府联系,加强沟通。发改委也积极与当地市政府多次磋商,并承诺在今后的项目审批工作上将大力支持当地经济发展。

在法院多方协调和行政机关的努力下,当事三方终于就赔偿事宜、赔偿数额等问题达成了一致意见,并同时就本案涉及的其他矛盾纠纷一并进行了协商解决。三方一同来到法院,在行政庭法官的主持下,签署了书面协调解决协议,原告在当场拿到118万元的补偿款后,立即向法院申请了撤诉,合议庭当即裁定准许原告撤诉,有效化解了行政争议,取得了良好社会效果。

通过向党委专报的形式,推动行政机关解决原告具体权益,提出司法建议促成规范性文件修改

有些行政案件,涉及面广,处理难度大,坚持党的领导成为有效化解这些行政争议的关键。

在成都中院审理的傅某诉市政府劳动和社会保障行政复议决定案中,法院积极主动向党委主要领导汇报促使案件得以和解结案。

原告傅某系参加成都市城镇职工基本医疗保险人员。2004年6月,傅某在广东省珠海市探亲期间,因病入住外地医院治疗,后傅某向本地劳动和社会保障局下属的社保局申请报销医疗费用。

社保局口头答复因其报销申请不符合政策规定,不予报销。此后市政府作出责令市劳动局应当本着实事求是的原则,依法处理申请人傅某在异地发生的住院急救费用的行政复议决定。傅某不服,提起行政诉讼。

鉴于行政复议决定存在认定事实不清,且此案涉及如何保障参保人员医疗保险权益这一带有一定普遍性的问题,法院两次以情况专报的形式向市委副书记作了报告。市委副书记对法院的专报高度重视并作出了重要批示,要求劳动和社会保障局妥善处理。

最后,通过法院耐心细致的工作,办理了傅某的医疗费报销事宜,傅某的对立情绪得到缓解,随即向法院递交了撤诉申请,案件得以妥善解决。

通过此案的协调处理,法院发现劳动和社会保障局制定的《城镇职工基本医疗保险实施细则》的有关规定有失偏颇,将异地医疗费用的报销仅限于因抢救发生的费用。而随着经济发展和社会进步,异地医疗费用如何报销的问题已成为参保人员中带有一定普遍性的问题。如不及时对此进行修改和规范,随之还会引发大量类似的行政争议。

法院为此向市政府发出了司法建议书,建议政府召集相关职能部门修改和完善《城镇职工基本医疗保险实施细则》的相关规定。劳动和社会保障局对法院的司法建议作出了回复,函告其已采纳法院的司法建议,解决了该类人员的异地医疗费报销问题。

武侯法院:秉承诸葛智慧,创造协调五法

在行政审判的协调工作中,协调方法、和解技巧正是协调成功的有力武器。在行政关系中,行政机关与行政相对人之间地位、权益与行为的不对等性,决定了行政争议比民事纠纷矛盾更尖锐、冲突更激烈、社会更敏感,也决定了在行政审判中,法官要在吸收民事调解方法的同时,又要创造出适用于化解行政争议的独特方法,并要因人而异、因案而异地采取不同的协调方法。

武侯区法院院长于嘉川正在参加全市法院院长会,他向记者介绍了武侯法院秉承诸葛智慧,总结出的五种协调方法。

相互式:对于通过庭审查明被诉行政行为事实清、是非明,各方当事人对实体处理争议不大或没有争议的案件,因行政相对人对行政机关行政人员的态度不满、或者当事人对法律误解或未能理解、或者当事人诉讼的目的是为了拖延时间等案外因素而引起诉讼的案件,法官在作出评判并休庭后,相互做工作,居中组织各方当事人进行面对面的协调。

隔离式：对于被诉行政行为存在瑕疵，或者双方当事人争议较大，或者法官考虑到裁判既不利于化解矛盾又不便于当面评判的案件，就隔离当事人双方，由法官"一对一"地分别进行劝解、说服和教育。

回避式：对于当事人流露出对法院或法官缺乏信任，或者容易将行政争议演变为司法争议的案件，安排人民陪审员参加评议审理，协调时，法官主动回避，指导人民陪审员以贴近普通群众的立场和口吻，对当事人进行劝解、说服，打消其疑虑，开展协调工作。

折中式：对于行政赔偿案件，在双方均表示不能接受对方提出的调解方案，或者无法提出能让对方认可的调解方案时，法官在双方提出的方案中，主动提出一个折中的方案供双方参考进行协调。

综合式：对工伤认定等隐含有民事纠纷的行政案件，将所隐含的民事纠纷纳入进行综合协调，通过庭审分析孰易孰难后，先易后难，先协调容易和解的部分，为下一步的协调打好基础。①

以上报道从各个不同的角度，对各地法院在行政诉讼协调和解工作中的经验作了介绍，虽然各地法院的具体做法各有千秋，但其主要内容就是多方做当事人的工作，促使原告在纠纷得到解决的前提下撤诉而使诉讼程序归于终结。根据最高人民法院院长肖扬于 2007 年 3 月 13 日在第十届全国人民代表大会第五次会议上所作《最高人民法院工作报告》中的总结，在 2006 年期间，通过法院的协调和解，"在全部行政案件中，行政机关完善或改变行政决定后，行政相对人自愿撤诉的 32146 件，占总数的 33.82%，同比上升 12.13%"。

由此可见，运用协调的方式解决行政争议已经成为人民法院行政审判工作中的重点，能否协调解决行政争议、促进和解也在客观上成为衡量法院行政审判工作质量的一个重要标准。同时，运用协调和解的方式确实也在客观上促进了一定范围内行政纠纷的及时解决。然而，虽然各地人民法院

---

① 《力促官民更和谐——成都法院探索行政案件协调机制调查》，载《人民法院报》2007 年 3 月 25 日。

在行政诉讼协调和解工作中所表现出来的探索精神和创造力令人敬佩,但是,我们又必须看到,各地的人民法院在行政争议协调解决的过程中,并没有明确和统一的法律规范,做法也是多种多样。一是它没有统一的法律依据;二是它没有统一的范围;三是它没有统一的程序规则;四是没有统一的解决方法。实际上,行政诉讼协调和解工作是在理念指导下的产物,有些做法甚至是游离于法律规范之外的(如在未经合法性审查的前提下就进行协调,与行政诉讼的合法性审查原则相违背)。从完善我国行政诉讼制度的角度考虑,这是令人忧虑的一种现象。

二、行政诉讼协调和解机制缺乏明确的法律依据

在当代中国社会,提出构建和谐社会的理念无疑是必要的,尤其是在行政法制领域。由于社会的快速发展,行政争议的增多确实给社会的和谐造成了不利的影响,尤其是行政争议不能得到及时有效化解的情况之下,使政府与行政相对人之间的关系处于一种紧张的状态中,影响了政府与民众之间和谐和信任关系的建立,因此,基于我国的行政争议都属于人民内部矛盾的基本特征,在行政救济领域倡导和建立一种促进当事人之间协调一致、及时解决行政纠纷、促进政府与民众关系和谐的争议解决机制,是构建社会主义和谐社会的必然要求。

然而,目前在实践中所大力开展的行政争议协调解决在法律依据上是不足的。虽然法院所进行的协调和解工作从大局角度值得肯定,但是,其中凸现出来的制度缺失问题应当引起我们的重视。下面,我们有必要分析一下我国《行政诉讼法》中行政诉讼有关协调和解的规定。

1. 我国行政诉讼制度关于行政案件调解处理的禁止性规定与行政诉讼的"协调和解"

《行政诉讼法》第 50 条规定:"人民法院审理行政案件,不适用调解。"它明确地规定在行政诉讼领域排除了调解手段的运用。在这一规定的规范

下，人民法院审理行政案件，只能以判决的形式确定被诉具体行政行为的合法与违法，以及原告诉讼请求的合法性。有学者认为，行政纠纷的和解，在我国经历了一个从肯定走向否定的过程。早在行政诉讼制度建立之前，行政案件一直由人民法院的民事庭和经济庭审理，行政审判规则主要由当时的《民事诉讼法（试行）》规定，如《民事诉讼法（试行）》第3条规定："法律规定由人民法院审理的行政案件，适用本法规定"。据此，该法关于和解及调解的规定当然也适用于人民法院审理行政案件，并有学者认为，"当时我们对行政诉讼中的和解是持肯定态度的"[①]，这一观点与事实不符。其实，在我国《行政诉讼法》颁布之前，即在适用《民事诉讼法（试行）》的规定审理行政案件期间，就有在行政诉讼不得调解的规定。1985年11月6日，最高人民法院发布的《关于人民法院审理经济行政案件不应进行调解的通知》中就明确指出："人民法院审理这种行政案件，不同于解决原、被告之间的民事权利义务关系，而是要以事实为依据，以法律为准绳，审查和确认主管行政机关依据职权所作的行政处罚或者其他行政处理决定是否合法、正确，因此，人民法院不应进行调解，而应在查明情况的基础上做出公正的裁决。"其实，行政诉讼案件不适用调解的规则在这个时候就已经在司法程序上得以确立。1987年7月21日，最高人民法院在《关于审理经济纠纷案件具体适用〈民事诉讼法（试行）〉的若干问题的解答》中，再次就行政案件不适用调解明确作了规定。1989年4月4日，通过的《行政诉讼法》第50条更加明确作出行政案件不适用调解的规定。唯一的例外是《行政诉讼法》第67条规定行政赔偿案件可适用调解。最高人民法院制定的《关于审理行政赔偿案件若干问题的规定》第30条规定，人民法院审理行政赔偿案件在坚持合法、自愿的前提下，可以就赔偿范围、赔偿方式和赔偿数额进行调解，调解成立的应当制作行政赔偿调解书。由此可见，除行政赔偿案件之外的行政案件不适用调解是我国行政诉讼制度的规定。应当指出的是，行政诉讼中"不适用调解"规则的确定，与我国当时建立行政诉讼制度的宗旨是相适应的。

[①] 蔺耀昌：《行政争讼中的和解与调解》，载《行政法学研究》2006年第3期。

我国《行政诉讼法》的立法宗旨是"保证人民法院正确、及时地审理行政案件,保护公民、法人或者其他组织的合法权益,维护和监督行政机关依法行使行政职权"。《行政诉讼法》第 5 条规定:"人民法院审理行政案件,对具体行政行为是否合法进行审查。"行政诉讼是一种审查性质的诉讼,是对既存的行政行为是否合法的审查和判断,因而是一种以司法权监督行政权的制度。在这一诉讼活动中,人民法院的根本任务就是依照行政法律规范的规定审查被诉具体行政行为的合法性,从而达到保护公民、法人或者其他组织的合法权益,维护和监督行政机关依法行使行政职权的目的。行政诉讼中"不适用调解"的禁止性规则为行政诉讼中的根本原则——人民法院对具体行政行为进行合法性审查原则的确立奠定了坚实的基础。① 当时我们之所以要建立行政诉讼制度,是力图尽快建立起一种对行政权的行使进行司法监督的制度,并通过这一制度,促进行政机关的依法行政,建立对公民权利进行保护和救济的体制,因此,"审理行政案件不适用调解"就成为行政诉讼不同于民事诉讼的一个重要规则被规定在法律条文当中。

然而,对调解方式的禁止性使用并没有阻止实践中以"变通"的方式进行"和解"。实际上,在《行政诉讼法》的实施过程中,各地的人民法院在行政审判中早已运用协调和解的方式处理了大量的行政案件。由于为了避免与"不适用调解"的法律规定相抵触,这种方式通常被称为"行政审判协调",并且由于在法律明文规定上的"名不正",使得法院的这一做法显得"言不顺",虽然在实践中开展已久,却很少有法院公开宣扬这一做法,而是在一种"静悄悄"的状态下进行。但是,有关行政诉讼法学的著作对此却没有否定。行政审判实务界和部分学者也认为,《行政诉讼法》禁止的是"调解",但没有禁止"和解"。早在 1990 年 10 月 1 日《行政诉讼法》施行之初,由最高人民法院编写的、主要用于对法官进行培训的相关教材中就曾经认为,"不适用调解原则并不意味着不可以在裁决以前对双方当事人做思想工作,促使有错误的一方当事人认识自己的错误。如使原告一方认识到自己

---

① 参见于安、江必新、郑淑娜:《行政诉讼法学》,法律出版社 1997 年版,第 210 页。

的诉讼请求错误而申请撤诉,或使被告一方认识到自己的错误,撤销或改变具体行政行为,取得原告谅解并申请撤诉,以达到平息诉讼的目的。这种对双方当事人进行法制教育,做思想疏导工作的做法,不仅不应予以禁止,相反还应加以提倡,但是这种思想教育工作与民事诉讼意义上的调解是根本不同的"①。同样,也有学者在强调行政诉讼不能调解且没有调解必要的同时,也认为"我们说行政诉讼不适用调解并不意味着人民法院不能协调行政机关与公民、法人和其他组织之间的矛盾;并不意味着人民法院不能在行政审判中对当事人进行法制宣传、教育,开展疏导工作,缓和矛盾以利于行政争议的解决;也不影响行政机关改变或者撤销自己违法或者不当的具体行政行为"②。应该说,这种观点对于促进行政争议当事人尽快解决纠纷,有一定的实际意义,但这种"协调"或者"做思想工作"如何与法律的规定相符合,则是值得进一步探究的问题。曾经也有学者对此问题进行专门研究,认为行政诉讼协调不是一项法律制度,而是一种诉讼现象,它是一种司法指导行为,旨在敦促诉讼当事人在诉讼之外重新确立一种符合法律的行政关系,促成行政争议的依法解决。③ 也有学者对法院调解与和解之间的区别作了分析,认为法院调解与诉讼中的和解虽然都包含了自愿、协商、让步的旨意,但两者是有明显差别的。首先,法院调解是人民法院行使国家审判权的一种职能活动,调解是法院的审判职能活动同当事人处分行为相结合的结果;和解则是当事人双方行使诉讼权利的一种行为,和解协议是当事人对自己的诉讼权利和实体权利进行处分的结果。其次,法院调解是在审判人员主持下进行的,调解可以说较多地受到法官的干预,审判人员对双方当事人进行法制宣传教育和思想疏导工作,促使当事人达成协议,解决纠纷,因此,审判人员的活动在很大程度上影响着调解的过程和结果;和解则是在没有第三者的参与下,完全由当事人双方自行协商,相互谅解、解决纠纷的活动,和

---

① 马原主编:《中国行政诉讼法讲义》,人民法院出版社1990年版,第40页。
② 应松年主编:《行政诉讼法学》(修订二版),中国政法大学出版社2002年版,第177—178页。
③ 参见江勇、李厚宁:《谈行政审判协调范围的有限性》,载《人民司法》1994年第1期。

解协议是双方当事人在不受任何干预的情况下,对自己诉讼权利和实体权利进行处分的结果。经法院主持或核准的和解,在形式和程序上,与我国的法院调解有相似之处,比如由法院主持或参加,但最根本的区别是:法院调解要对当事人达成的调解协议进行审查;而在和解中,法院对当事人的和解方式、和解条件和和解内容不能干预。① 笔者认为,调解与和解之间区别的分析基本符合两者在法律上的特征,与我国民事诉讼制度中关于调解与和解的基本区别完全一致。② 我国于 2007 年 8 月 1 日实施的《行政复议法实施条例》中的相关规定也印证了这一点,该法第 40 条所规定的行政复议和解强调的是"申请人与被申请人在行政复议决定作出前自愿达成和解;和解内容不损害社会公共利益的,行政复议机构应当准许",强调"行政复议机关可以按照自愿、合法的原则进行调解",并且"当事人经调解达成协议的,行政复议机关应当制作行政复议调解书。调解书应当载明行政复议请求、事实、理由和调解结果,并加盖行政复议机关印章。行政调解书经双方当事人签字,即具有法律效力"。由此可见,在行政争议的解决过程中,调解与和解同样表现为国家机关参与程度的不同。

但是,目前最高人民法院所大力提倡的行政诉讼协调和解机制,以及在行政审判中所积极进行的行政诉讼协调和解方式的实践,实质是一种调解方式的体现。只不过由于《行政诉讼法》明确规定"人民法院审理行政案件,不适用调解",才改变了提法,将实际具有调解特征的活动用"协调和解"的语言来进行表达。正如有学者指出的:"将这种解决行政争议的新方法称为'协调和解',实际上与人们耳熟能详的诉讼法专用语'调解'没有什么区别。"③最明显的证明就是,最高人民法院在 2007 年 3 月 7 日发布的《关于进一步发挥诉讼调解在构建社会主义和谐社会中积极作用的若干意见》明确将行政诉讼和解机制纳入了诉讼调解制度的范围,并明确规定对行政诉讼案件处理办法,"人民法院可以根据案件实际情况,参照民事调解的原

---

① 参见郑艳:《论行政诉讼法中的和解》,载《浙江省政法管理干部学院学报》2001 年第 6 期。
② 参见柴发邦主编:《民事诉讼法学新编》,法律出版社 1992 年版,第 248 页。
③ 姜明安:《"协调和解":还需完善法律依据》,载《法制日报》2007 年 4 月 4 日。

则和程序,尝试推动当事人和解"。可见,最高人民法院实际上也是将行政诉讼的和解制度作为诉讼调解制度的一个方面来看待的,各地人民法院所进行的以法院为主导并积极推动的所谓"行政诉讼的协调和解"也明显具有调解的性质,实质上就是一种诉讼调解活动,它最终所形成的协调和解的结果实际上是没有调解书的调解。这种状况,至少在形式上与我国现行《行政诉讼法》第50条关于"不适用调解"的规定是相抵触的。

2. 我国《行政诉讼法》关于撤诉的规定与行政诉讼的"和解协调"

我国《行政诉讼法》第51条规定:"人民法院对行政案件宣告判决或者裁定前,原告申请撤诉的,或者被告改变其所作的具体行政行为,原告同意并申请撤诉的,是否准许,由人民法院裁定。"该条款成了法院对行政诉讼案件进行协调和解的主要法律依据。司法实务界和部分学者一般都将这一规定作为法院进行和解协调的"合法依据"来看待。最高人民法院所提出的"要在查清事实,分清是非,不损害国家利益、公共利益和其他合法权益的前提下,建议由行政机关完善或改变行政行为,补偿行政相对人的损失,人民法院可以裁定准许行政相对人自愿撤诉"①的要求,就是要求人民法院应当最大限度地利用这一法律条文规定的内容,尽可能地促使以原告撤诉的方式结案,以达到"协调和解"的目标。

然而,我国《行政诉讼法》第51条规定并不是为了"协调和解"而设立的,相反,它是为了限制原告的撤诉、强化人民法院对撤诉申请的监督和审查而设立的。我们从由最高人民法院主管行政审判工作的副院长偕同最高人民法院行政审判庭法官编写的一本行政诉讼法学教材对行政诉讼中关于撤诉条件的阐述中可以明显地看出当时立法的意图,其中除了提出申请撤诉者必须是原告和申请撤诉必须在宣告判决或者裁定前两个形式方面的条件外,还专门提出了两个撤诉的实质性条件:一是"申请撤诉必须自愿。撤诉是原告无条件放弃诉讼的请求,不得强行动员原告撤诉,更不得强迫原告撤诉。原告附条件的撤诉请求,也不得准许"。二是"申请撤诉必须符合法

---

① 《肖扬:抓紧制定行政诉讼协调和解司法解释》,载《法制日报》2007年3月29日。

律规定。原告自愿放弃权利不能影响和侵犯国家、集体和他人的合法权益，不得规避法律"。在阐述了上述条件之后，该书又强调指出："为了防止发生违法行为侵害行政管理正常秩序、侵害当事人以及其他人的合法权益，根据行政诉讼法的规定，原告撤诉，要经过人民法院的审查，只有符合上述四个条件的情况下，才能裁定准予原告撤诉。否则，人民法院应裁定不准予撤诉"。① 此外，最高人民法院制定的《行政诉讼法解释》第 49 条第 2 款规定，即"原告或者上诉人申请撤诉，人民法院裁定不予准许的，原告或者上诉人经合法传唤无正当理由拒不到庭，或者未经法庭许可而中途退庭的，人民法院可以缺席判决"，更加强调了撤诉活动中法院干预的强制性。根据该条第 1 款规定，原告或者上诉人经合法传唤，无正当理由到庭拒不到庭或者未经法庭许可中途退庭的，可以按撤诉处理。这里的"可以按撤诉处理"实际上就是"按申请撤诉处理"，同样必须接受人民法院的审查，所以，无论是原告自动申请撤诉，还是由于被告改变被诉具体行政行为原告同意而申请撤诉，或者是原告由于拒不到庭或者未经法庭许可中途退庭的而被视为申请撤诉的，都必须接受人民法院的严格审查，这明显体现了对撤诉行为进行必要的司法控制的意图。这一根据在于行政诉讼的目的不仅仅是保护原告的合法权益，还包括通过对具体行政行为的合法性审查，监督、保障行政机关依法行政。对于有明显违法的具体行政行为原告却申请撤诉，以及被告明显违法或失当地撤销、变更本来合法的具体行政行为而原告同意撤诉等不正常现象，如果法院一概听之任之，就完全背离了行政诉讼制度设立的本来目的。② 在最高人民法院《行政诉讼法解释》的起草过程中，曾有学者认为，《行政诉讼法》第 51 条有关法院对是否准予撤诉进行审查的规定是没有必要的。在《行政诉讼法解释》中应当取消不准予撤诉的规定，即只要原告申请撤诉，都应当准许。主要理由有二：一是当前这种规定没有实际意义。几乎所有的法院对于原告的撤诉申请都是不审查的，只要原告申请撤诉就准

---

① 参见马原主编：《中国行政诉讼法教程》，人民法院出版社 1992 年版，第 220 页。
② 参见马怀德主编：《中国行政诉讼法》，中国政法大学出版社 1997 年版，第 129 页。

许。二是《行政诉讼法》的这一规定,不符合诉权应当由当事人自由处分的原则。对于当事人的诉权,法院无权干涉,除非当事人滥用诉权。也有学者提出不同意见,认为在行政诉讼中有必要规定法院对撤诉申请进行审查。首先,原告处分诉权应当遵循自愿原则。在行政诉讼中,经常出现被告在诉讼过程中通过各种方式对原告施加压力,进行威逼利诱的情况,因此,法院有必要审查原告的撤诉行为是否自愿。其次,原告的撤诉行为可能导致公共利益的损害,这在行政诉讼中比民事诉讼体现得更加突出,①而行政诉讼制度更应当考虑公共利益。笔者建议采纳后者的观点。因此,无论是《行政诉讼法》,还是最高人民法院关于行政诉讼的司法解释,它们在强调对原告撤诉行为进行必要司法干预方面的立场是一致的。在《行政诉讼法》颁布之初,有学者就以"三个由于"归纳了设立这一制度的理由:"行政诉讼法上的撤诉与民事诉讼法上的撤诉略有不同。由于行政诉讼解决的中心问题是行政行为的合法性问题,由于行政机关不能处分国家的职权,由于原告处分自己的起诉权不能消除行政行为的违法状态,因此,行政诉讼中原告的撤诉权受到更多的限制。"②

从本质上说,在行政诉讼中规定法院对撤诉行为进行一定的干预,体现了我国行政诉讼制度对行政权力进行严格监督,防止无原则或者违法的撤诉行为来维护公共利益从而保持行政权依法行使的立法本意。例如,由于被告改变具体行政行为而原告申请撤诉的,对于被告改变被诉具体行政行为的动机、原因以及改变以后的具体行政行为是否合法,是否侵犯公共利益和他人合法权益,即是否以放弃法律原则的方式和内容换取原告撤诉,从而使自己尽快摆脱"被告"的境地,理应受到法院的司法监控。同时,从另一个角度来说,这种限制也是法定的诉讼程序严肃性的体现,既反映了对法院行政审判权的维护,同时也体现了对被告诉讼权利的尊重。一个具体行政行为被起诉到法院,法院就依法拥有对该具体行政行为的审查权,被诉的具体

---

① 参见甘文:《行政诉讼司法解释之评论》,中国法制出版社 2000 年版,第 109 页。
② 罗豪才、应松年主编:《行政诉讼法学》,中国政法大学出版社 1990 年版,第 219—220 页。

行政行为也就已经成为行政诉讼法律关系的客体。一宗行政案件起诉并被受理,意味着行政诉讼实质审理程序的开始,法院已经从诉讼程序的角度正式启动对行政诉讼案件的裁判权,同时意味着当事人之间的行政争议已置于法院的裁判之下。① 同样重要的问题是,如果对原告的撤诉申请不加分析、不加审查、不加限制地准许,对被告的诉讼权利也是一种无视。在行政诉讼中,原、被告双方当事人的诉权是平等而独立的,双方都有追求胜诉判决的权利。对于被告来讲,其在诉讼中积极地证明所作出的行政行为的合法性,获得利己的判决,是其参与诉讼的唯一目的。然而,如果简单地准许原告撤诉,就可能使被告积极追求胜诉判决的努力也随之化为泡影。② 因此,从诉讼程序的严肃性以及维护法院对行政案件的审判权的角度出发,不允许随意撤诉行为的出现也是我国行政诉讼制度对撤诉行为进行一定限制的立法目的所在。

但是,从《行政诉讼法》实施以来,法律对行政诉讼中撤诉行为的限制并没有在行政审判实践中起到应有的作用。从实践情况看,行政诉讼中的撤诉率一直居高不下,法院对撤诉申请几乎不作任何审查地都予以准许。曾有学者撰文对该现象的存在与立法之间的不协调表示了忧虑。③ 文中认为我国设立行政诉讼撤诉审查制度的目的,"虽然一些学者用行政行为的法律特性(公益性、不可交易性等)来解释,但背后主要原因,仍不外是当事人实际诉讼地位的不平等,原告需要特殊的保护。这一具有浓重的职权主义色彩的制度安排,体现了在我国行政法治初创的特定情境下对于原告实际处境的关怀和对法院职能的期待"。该文作者从《行政诉讼法》颁布以来,实践中行政案件的撤诉率一直居高不下(有个别地区居然一度高达81.7%)

---

① 参见胡建淼主编:《行政诉讼法学》,高等教育出版社2003年版,第204—205页。
② 参见江必新主编:《中国行政诉讼制度的完善》,法律出版社2005年版,第195页。
③ 参见何海波:《行政诉讼撤诉考》,载《中外法学》2001年第2期。在这篇文章中,作者用"一、用心良苦的法律规定""二、法律被虚置""三、忧虑和呼吁""四、原告、被告与法院的博弈""五、司法政策与撤诉率"等标题,详细阐述了《行政诉讼法》第51条规定与实践中具体实施情况的不一致,并分析了原告和被告之间的能量对比,以及法院在行政诉讼中所处的尴尬处境,表达了对该条法律规定不能被真正实施的忧虑。

的现状感叹:"实在看不出法律规定起了什么实际作用"。从文中可以看出,甚至包括很多专门从事行政审判工作的法官也对这一状况表示了忧虑,而且高层司法机关的领导也曾经针对行政案件撤诉率偏高,在原则同意"协调解决"的同时,强调"该判决的要大胆判决,不能无原则动员撤诉",一些法院和法官也曾经将"撤诉率偏高"作为行政审判中的一个问题来看待,把"解决撤诉率偏高"的工作作为经验加以介绍。同时,该文作者通过对"原告、被告与法院的博弈"的分析,生动地表达了隐藏在撤诉率之后的深层次的原因,即行政机关与原告地位的不平衡,以及法院的力不从心。"法院不仅容忍原告撤诉,甚至动员原告撤诉。法院可能劝说行政机关做些让步,作为原告撤诉的条件;也可能在行政机关没有任何让步的情况下,陈明利害,告以'不撤诉也只能败诉'的结果,劝诱原告撤诉。有甚者还向原告许诺'只要你肯撤诉,我把全部诉讼费退还给你'",所以,"为了规避行政诉讼不适用调解的规定,法院内部通常称之为'协调处理',实质是没有调解书的调解"。该文并且认为我国行政诉讼中撤诉率高的真正原因在于当前行政诉讼缺乏良好的制度环境,行政权缺乏制约,原告缺乏基本的安全保障,法院缺乏独立性和权威性。撤诉是原告、被告和法院"合谋"中止诉讼。结果作为原告的公民、法人或者其他组织的权利无法通过行政诉讼得到理想的保护,限制撤诉的法律规定被弃置或规避。①

可见,从我国《行政诉讼法》第 51 条规定的立法本意看,实际上根本不具有鼓励法院以"协调"的方式使原告撤诉的意图,相反,这一规定是限制原告撤诉、强化法院对行政诉讼撤诉进行干预和监督,所以,将该条规定理解为人民法院进行"协调和解"的法律依据,与立法的真正意图相去甚远。

有学者认为,《行政诉讼法》第 50 条"不适用调解"的规定,与第 51 条的规定有着内在的逻辑关系,其实也是在避免对第 50 条的错误理解。② 言下之意,如果笔者没有理解错的话,该学者赞成行政诉讼禁止调解,但并不

---

① 参见何海波:《行政诉讼撤诉考》,载《中外法学》2001 年第 2 期。
② 参见梁凤云:《行政诉讼和解并未遭遇制度瓶颈》,载《法制日报》2007 年 5 月 13 日。

禁止和解。然而,笔者却认为,第51条规定恰恰是对第50条规定的强化,即行政诉讼不适用调解。但提起诉讼作为原告的诉讼权利,原告具有处分权。然而,即使撤诉,也不是随意的,法院应当对其撤回诉讼的行为进行监督和审查,以防止以"和解"而撤诉的假象掩盖违法事实。如果将这两条条文结合起来理解,真正的涵义应该是,在行政诉讼中不但禁止调解,同样也禁止无原则的撤诉与和解。所以,第51条的规定其实恰恰是对第50条规定的进一步申明,而不是因"避免对第50条的错误理解"而设定。

因此,笔者认为,根据《行政诉讼法》第51条规定的立法本意,根本目的是限制撤诉,而不是鼓励撤诉,将其作为人民法院"协调和解"的法律依据来理解,实在是对该法条立法本意的一种误解。

可见,目前在行政诉讼中,人民法院所积极推进的以各种协调的方式促使当事人达成和解并以原告撤诉为最终诉讼结果的审理方式,并没有明确的法律依据。以和解的名义所进行的"协调",实际上与诉讼调解的方式无异,这种做法与我国行政诉讼制度的相关规定以及立法的本意有抵触之嫌。

三、由各地人民法院"积极探索"行政诉讼协调和解"新机制"不具有合法性

根据以上分析,人民法院目前提倡并且在实践中大力进行(实际上早就在进行)的行政诉讼的"协调和解"在法律上是缺乏明确依据的。这种没有法律依据的活动之所以会产生并得到大力提倡,乃是过度追求司法的"政治效果"和"社会效果"所致。然而,如果缺乏了法律上的制度依据,这种所谓的"政治效果"和"社会效果"只能是一种没有制度规范下的实践结果。一项有效的法律制度,乃是政治效果、社会效果和法律效果的完美统一。一个以社会公平正义为基本目标,以促进和谐社会建设为最终目的的法律举措,如果没有以制度的完善为前提,那只能是一种没有法律根基的探索,因为和谐社会的根本保证,仍应是制度的公正与完善。

也许有人会提出,由于"协调和解"在制度上的依据不足,最高人民法院要求人民法院"积极探索"这种"行政案件处理的新机制",实际是在积极地创造条件使其在制度上逐渐得到实现。这种观点其实是对制度创造主体的一种误解。

自2007年以来,尤其是从2007年3月下旬开始,最高人民法院在第五次全国行政审判工作会议上提出"人民法院要在查清事实,分清是非,不损害国家利益、公共利益和其他合法权益的前提下,建议由行政机关完善或改变行政行为,补偿行政相对人的损失,人民法院可以裁定准许行政相对人自愿撤诉"的要求之后,媒体上关于法院在行政诉讼中实施"协调和解"的宣传报道、经验介绍明显增多,各地法院纷纷作出在行政诉讼中试行"协调和解"的规定。"协调和解"从以前的"半明半暗"走向了公开,从"羞于启齿"到"大力宣扬",已成为衡量法院行政案件办案水平和质量的重要尺度。人民法院是否能够以"协调"的方式解决行政纠纷,解决行政纠纷的数量在整个行政案件数量中应占多大比例,原告的撤诉率每年以多少比例提高,这些涉及"人民法院能否为构建社会主义和谐社会提供司法保障"的重要问题。

从当前公开报道和经验介绍中的情况以及各地法院推出的有关"协调"的规定看,各地法院在行政诉讼中所积极探索的"协调和解"的具体做法各有不同,对于在什么范围内进行"协调和解",在什么程序中进行"协调和解","协调"应当遵循什么样的规则,"和解"的结果是否具有法律效力等问题,各个法院的认识和做法都不完全一致。但"协调和解"的最根本的方式和最终结果,从我国《行政诉讼法》实施以来在行政审判实践中就长期存在的,法院或者通过督促行政机关改变或撤销被诉具体行政行为,或者设法让原告认识自己起诉不合理,鼓励原被告之间达成"和解",最终使原告在诉讼程序上撤诉,在诉讼结果上最终体现为法院准许原告撤诉,案件的审理宣告终结。

从前面的分析我们可以看出,人民法院进行"协调和解"在法律制度上是缺乏依据的。而这种缺乏依据的诉讼活动方式还要求人民法院在审判活动中进行"积极探索",它的合法性值得探究。

1. 人民法院所进行的"协调和解"实际上就是一种诉讼调解

从实践情况看,法院在行政审判过程中所进行的这种"协调和解",它的实质就是调解。由于《行政诉讼法》第50条明确规定了我国行政诉讼中"不适用调解"的规则,才使用了"协调和解"的词语。实际上,这是一种以"协调和解"为名行"调解"之实的活动。从实践中"协调和解"的各种做法看,虽然其具体的方式不一,但无一例外地都体现了下列特征:第一,由人民法院积极主动地进行"协调",以达到"和解"的目的。从各地法院介绍的情况看,行政诉讼的"协调"工作都由法院主动进行,如"积极地"做原告的工作,"积极地"做被告的工作;又如法院对行政案件的协调基本上都采取法院主导的方式,由法官主持协调,在行政机关与行政相对人之间做大量的沟通、说服、教育、解释、普法等工作,最终促使案件和解结案。第二,在诉讼的各个阶段进行协调。很多法院在立案阶段协调、庭审前协调、庭审中协调、宣判前协调,不但在一审中协调,而且还在二审中协调,甚至还在执行过程中协调,即这种协调工作已经与民事诉讼调解"贯穿于诉讼的整个过程"没有任何区别,唯一的区别就是法院最后不能出具调解书,所以,这种"协调和解"实质上是一种没有调解书的调解。

2007年3月6日最高人民法院又发布《关于进一步发挥诉讼调解在构建社会主义和谐社会中积极作用的若干意见》。从中可以看出,最高人民法院实际上就是将行政诉讼的"协调和解"作为"进一步发挥诉讼调解在构建社会主义和谐社会中积极作用"中的内容之一加以提倡和要求的。其实,最高人民法院也清楚这种"协调和解"其实就是"调解"。这就与《行政诉讼法》"不适用调解的规定"明显地相抵触了。

2. 人民法院能否"积极探索"行政诉讼的"协调和解"机制

现在急需解决的问题是,在法律禁止对行政案件进行调解的前提下,法院以"协调和解"来代替"调解"是否可行,人民法院能否依据最高人民法院的要求对这一"新机制"进行"积极探索"。

在诉讼中,无论是以判决、裁定的形式处理案件,还是以"调解"或者"和解"的方式处理案件,都是诉讼程序法律制度在司法实践中的运用和体现。行政诉讼制度是一种诉讼制度，法院执行《行政诉讼法》、行使行政案件的审判权是一种司法行为的体现，它应当遵循诉讼制度以及与此相关的司法制度所确立的原则和规范。同样，法院在行政诉讼中所实施的"协调和解"是行使行政审判权的方式之一，理应属于司法活动的组成部分。

既然如此，按照我国《宪法》第62条、第67条的规定，特别是《立法法》第8条和第9条的规定，无论诉讼制度，还是司法制度，都属于法律保留原则的范畴，即只能由全国人大及其常委会以法律的形式来加以规范。任何诉讼制度或者司法制度的改革，都应当是全国人大及其常委会的专属立法事项，人民法院根本没有权利去"积极探索"，更不应当在全国人大及其常委会对相关法律没有作出进一步的规定和修改之前，就以文件或者讲话的形式提倡或者"号召"各级法院去"积极探索"这种"新机制"。2006年初，曾经有一位学者对于人民法院所进行的"司法改革"提出了尖锐的批评："在涉及审判体制的司法改革中，人民法院没有什么可以自作主张、自行推行改革的余地"，"人民法院工作的一切出发点和归属，都是依照法律的规定从实体和程序两个方面独立行使审判权，它绝对没有任何对法院体制和诉讼制度等事项进行改革的权力"。"人民法院的组织和职权以及国家诉讼制度的事项只能制定法律，任何一级人民法院包括最高人民法院都不得染指。"① 这就非常明确地指出了人民法院只能是法律的执行机关，只能严格按照法律的规定从事民事、刑事和行政审判工作，而不能在法律之外另搞一套。同样，对于人民法院大张旗鼓进行的"协调和解"，也有学者明确地指出："当然，根据行诉法第50条的规定，法院确实不能在审理行政案件时调解和以调解方式结案。法院如果这样做，确实违法，至少在形式上是违法的。但是这种违法并不能以变换一种表述，用'协调和解'取代'调解'而就能使之合法。如果这样做，那是很危险的。法院如果带这个头将危及整个法治的大厦。因为法治首先是'形式法治'。"②

---

① 刘松山：《再论人民法院的"司法改革"之非》，载《法学》2006年第1期。
② 姜明安：《"协调和解"：还需完善法律依据》，载《法制日报》2007年4月4日。

笔者认为,提倡人民法院对于行政案件的"协调和解"(实质就是调解)进行"积极探索",只会助长法院不依法办事的倾向,更严重的是,一些法院可以将法律抛在一边,为了所谓的"社会效果",而积极地去进行"协调和解",从而达到原告撤诉的目的。举例来说,根据各地法院的"协调和解"实践的情况和一些法院"协调和解"的具体规定,法院在诉讼的任何程序、任何阶段都可以"协调和解",而相应已经作出的甚至已经发生法律效力的行政裁判应当如何对待? 2006年12月《广东省高级人民法院关于行政案件协调和解工作若干问题的意见》(以下简称《意见》)出台时,广东省高院有关负责人告诉记者:"《意见》设计了许多具有突破性意义的制度,是一个全新的尝试","此次出台的《意见》的核心内容有二:一是关于协调结案的方式。行政案件除了单独提起的行政赔偿案件以外,人民法院不得制作调解书并以调解的方式结案,而且,二审或者再审程序中,通过协调,原告申请撤诉,应如何结案,目前法律没有作出相应规定。《意见》规定,法院可用裁定撤销原审裁判,以准许一审原告撤回起诉的方式结案,既符合相关法律的规定,也方便了当事人。据悉,近年来省法院对于二审行政案件协调和解的,均采用这种方式结案,取得了良好的效果。二是关于和解协议的落实。由于行政案件通过协调达成的协议无法像民事审判一样,用调解书的形式将协议的内容以法律文书的形式确定下来,因而和解协议主要靠各方自觉履行,目前并不具有法律约束力。一旦当事人任何一方反悔不履行和解协议,法院不能强制执行,容易形成尴尬局面",所以,"《意见》强调各级法院在送达裁定书之前要慎重考虑协议的履行情况,尽可能促使协议各方在送达裁定书之前履行完毕各自的义务,以实现协调的最终成效"。[①] 对于这段介绍,笔者不禁产生几个方面的疑问:第一,理应依法由最高国家权力机关进行规范的诉讼制度,省级高级人民法院有必要进行"全新的尝试"吗? 而且,它设计"许多具有突破性意义的制度"的权力是从何处来的? 第二,《行政诉讼法》

---

① 参见《广东省就行政案件协调和解出台意见:法院应促和解协议结案前落实》,载《法制日报》2006年12月27日。

和最高人民法院《行政诉讼法解释》明确规定,申请撤诉以及审查撤诉申请并作出是否准予撤诉的裁定,应当是"人民法院对行政案件宣告判决或者裁定前",当判决已经作出甚至生效(如在再审程序)后,对原审起诉行为的撤诉就不可能存在,而广东省高院明知法律对此没有规定,却在《意见》中规定"法院可用裁定撤销原审裁判,以准许一审原告撤回起诉的方式结案",还认为"既符合相关法律的规定,也方便了当事人",不知它这种规定的法律依据何在?第三,对于和解协议的执行问题,由于和解协议不具有法律约束力,"一旦当事人任何一方反悔不履行和解协议,法院不能强制执行,容易形成尴尬局面",这倒是道出了"协调和解"最关键的尴尬问题,也反映了目前所进行的协调和解由于缺乏法律依据而处于矛盾境地。然而,《山东省高级人民法院行政诉讼和解暂行规定》(以下简称《暂行规定》)倒是"积极探索"了这一问题,该《暂行规定》将行政争议已经得到妥善解决作为人民法院和解结案的前提条件,对于当事人之间达成了和解协议,但在法定审限内无法履行完毕的,人民法院可以裁定中止案件,给予一定的履行期限,力争在诉讼阶段履行完毕,到期仍然无法履行的,恢复诉讼,及时作出裁判。同时,对于行政诉讼和解结案的方式,《暂行规定》规定,和解结案的方式一般采用裁定准予撤诉或撤回再审申请的形式,同时可以根据案件具体情况,在裁定理由部分载明和解协议的内容,明确被诉行政行为不再执行。同时规定,对于和解协议已经履行完毕,原告坚持不撤诉或不撤回再审申请的,法院可以裁定终结诉讼,并在裁定理由部分载明和解协议的内容,明确原裁判意见不再执行。[①] 笔者同样质疑上述规定的法律依据,因为《行政诉讼法解释》第52条所规定的终结诉讼的情形并不包括上述所列的情况,更不存在可以"在裁定理由部分载明和解协议的内容,明确原裁判意见不再执行"的终结诉讼裁定。以上足以说明各地法院在"协调和解"问题上的各行其是,有很多与法律不相符合的情形存在。究其原因,就是最高人民法院要求各地法院"积极

---

① 参见马丽:《省法院推出行政诉讼和解新机制》,http://www.sdcourt.gov.cn/art/2007/01/18/art_10748.html,2007年8月20日访问。

"探索"的结果。我国是法制统一的国家,诉讼制度是国家重要的法律制度,如果都允许各地的法院根据自己的理解去对诉讼制度"积极探索",法律的统一性和严肃性何在?令人遗憾的是,自人民法院强调"积极探索"行政案件的"协调和解"机制至今,我们没有看到全国人大常委会对此有任何说法。

笔者还想追问的是,虽然《行政诉讼法》对"不适用调解"有明确的规定,但各地人民法院现在提倡的行政诉讼的"协调和解"做法实际上在各地的行政审判实践中已经"悄悄地"存在了多年。然而,如果这一做法是合法的话,以前为什么没有看到大张旗鼓的宣传和提倡?相反的是,法院在"静悄悄"地进行,而且法官和学者都还曾为撤诉率过高而产生过忧虑。《行政诉讼法》虽然已经被列入修订议程,但在至今并未作出修订,为什么会得到大力提倡并得到大张旗鼓的宣传?这些现象本身就说明法院的"积极探索"不具有充分的合法性。如果这些有明确的法律依据,还需要各地的法院自行"大胆探索行政案件审理的新机制"而分别制定自己的"协调和解"意见或者"暂行规定"吗?这只能说明目前人民法院"积极探索"行政案件的协调和解机制不具有合法性。

笔者同时还想指出的是,在一些国家和地区,行政争议的和解、调解已经在法律中得到了承认并被运用到行政争议解决的实践当中。如有学者认为,从域外法制实践看,行政纠纷的和解已经成为一种世界性潮流。如在德国,《行政法院法》特别规定一种行政诉讼上特有的诉讼程序终结之原因,即双方合意本案终结。《行政法院法》第106条规定:"关系人限于可以处分诉讼对象的情况下,为解决与主张有关的请求之全部或部分,可以通过和解方法进行。"在我国台湾地区,虽然早期立法对对和解未加规定,但学说及实践上却突破此规定,对行政争讼中的和解加以承认。在日本司法实践中,许多地方法院的判决对于和解也予以承认等。① 应当承认,这些经验对我国行政诉讼制度的进一步完善与发展确实具有非常现实的借鉴意义。然而,在我国法律对"人民法院审理行政案件,不适用调解"的规定还没有作出修改,

---

① 参见蔺耀昌:《行政争讼中的和解与调解》,载《行政法学研究》2006年第3期。

以及对"协调和解"还没有作出明确的制度安排的前提之下,就由人民法院自行"积极探索"行政诉讼的和解协调机制,而且各个法院在没有统一规则的前提下进行自行探索是不适当的。我国法院所积极进行的"协调和解"工作,犹如展开了一场"社会主义劳动竞赛",比赛谁"和解协调"的案件最多,原告的撤诉率最高,这与我国现行行政诉讼制度对行政案件必须依法审判的要求不相符合。这种状况的出现,不但不能对法治建设有所帮助,反而会动摇我们刚刚建立起来的法治根基。尤其是在我国行政诉讼的实践还没有完全被公众所信任的情况下,贸然在法律之外进行"协调和解"的实践,以行政诉讼原告的撤诉作为衡量办案质量的标准,①只能在一定程度上增加公民对行政诉讼制度的不信任感,加重法院对实施这一举措动机的怀疑。由于人民法院的职权只能由法律规定,"人民法院的法定任务是专心致志依照法律规定审理具体案件,而不是搞什么改革"②,所以,任何在法律之外所进行的司法工作的"探索",都不应当具有合法性。

四、行政诉讼的"协调和解"必须以完善制度为前提

以上的分析表明,人民法院目前所大力提倡和进行的行政诉讼协调和解工作缺乏相应的法律依据,各地法院所积极进行的行政诉讼协调和解"探索"在很大程度上是一种理念支配下的实践,其中制度规范的成分较少,且各地法院在协调和解工作中的范围、方式以及程序等方面都存在不一致的状况,影响了作为诉讼机制的法律统一性。然而,上述分析并不代表笔者反对建立行政诉讼的协调和解制度,及对实践中"协调和解"所起的正面作用

---

① 据统计,自 1996 年至 2006 年 10 月,山东全省法院共审结行政案件 144513 件,其中撤诉案件有 70757 件,撤诉率高达 49%。省法院行政审判庭有关负责人表示:"如此高的撤诉率就是因为法院在原被告间做一些建议、动员、协商的工作,促使双方做出让步,达成和解,原告才会申请撤诉,从而有效地化解了官民矛盾,彻底解决行政纠纷。"实践中原告撤诉率对行政案件办案质量的重要衡量作用可见一斑。参见马丽:《省法院推出行政诉讼和解新机制》,http://www.sdcourt.gov.cn/art/2007/01/18/art_10748.html,2007 年 8 月 20 日访问。

② 刘松山:《再论人民法院的"司法改革"之非》,载《法学》2006 年第 1 期。

的一概否定。相反,笔者提倡在修改和完善现行行政诉讼制度的基础上,在法律上明确建立这一行政诉讼中的制度。作为我国诉讼制度重要组成部分的行政诉讼协调和解机制,只有在法律的明确规范下才能得到健康发展,所以,关键不是行政诉讼协调和解机制是否合理的问题,而是我们应当如何建立和规范行政诉讼协调和解机制的问题。

我国在制定《行政诉讼法》的过程中,司法理论界和实践部门均认为,行政诉讼不适用调解。它的出发点是:行政诉讼与民事诉讼不同,民事调解是基于民事诉讼当事人双方有权在法律规定的范围内处分自己的民事权利和诉讼权利。行政诉讼的被告是依法行使行政管理职权的行政机关,它所作出的具体行政行为是法律赋予的权力,是代表国家行使职权,因此,作为被告的行政机关应当依法行政,没有随意处分的权力。同时,作为司法机关的人民法院,在审查具体行政行为时,必须以事实为依据,以法律为准绳,具体行政行为合法的就应当判决维持,具体行政行为违法的就应当判决撤销或依法予以变更,因此,人民法院审理行政案件,不适用调解。① 也有学者认为,当初之所以如此规定,一是担心行政机关利用调解压制原告,损害原告利益;二是担心行政机关拿行政权力作交易,损害公共利益;三是基于行政法律关系双方对行政争议没有处分权。② 从当时我们建立行政诉讼制度的初衷来说,上述认识并不是没有道理。然而,经过十八年的行政诉讼实践,这一条制度上的"铁律"似乎有修改的必要。

第一,从世界范围来说,行政争议的和解解决已经成为很多国家行政救济制度的重要内容,我国有必要加以借鉴,而且从世界范围看,很少有国家明确规定行政案件不适用调解程序。无论是英美法系的英国、美国,还是大陆法系的德国,实际上都有关于行政诉讼调解解决纠纷的规定。美国法律规定,原告向法院提起诉讼,并在法院受理后,在一定时间内允许当事人双方的律师在法院外自行协商和解,法官一般不参与和解过程。如果法官主

---

① 参见胡康生主编:《行政诉讼法释义》,北京师范学院出版社1989年版,第80页。
② 参见王学辉主编:《行政诉讼制度比较研究》,中国检察出版社2004年版,第370页。

持和解,和解不成,法院另行组织审理,该法官不得参加该案件的审理,以维护法官的中立性。法官对和解书只关心是否出于双方的自愿而不关心和解书是否有失公平,这也是尊重当事人意志的表现,因此,不论和解结果如何都不会损害法律的威严和法律的权威,它的立法本意是节约诉讼成本和尊重当事人的意志。瑞士法律规定了诉讼和解的三种情况:行政机关有自由裁量权,且双方达成认可的;纠纷中两个平等主体之间达成协议的;涉及调查事实方面需要请专家进行鉴定的。在和解的范围内,行政机关可以作出对原行政行为修改的新行政行为,双方依法达成和解,原告选择撤诉的途径退出诉讼。[①] 在日本,许多地方法院的判决对于和解也予以承认。日本的《行政案件诉讼法》中虽然没有关于和解的明文规定,支配性学说对于承认和解也采取非常消极的态度,法院似乎也在极力回避通过和解的方式解决行政案件,但是,实际上因进行事实上的和解而撤诉,或者在法院的干预下,以不直接触及行政处分的处理方法进行诉讼和解的情况已出现很多。[②] 我国台湾地区的"行政诉讼法"第219条第1款则明确对和解制度作了专门规定:"当事人就诉讼的标的具有处分权并不违反公益者,行政法院不问诉讼程度如何,得随时试行和解。"因此,我国行政诉讼制度若再坚持"不得调解"的规则,会与世界各国或地区行政诉讼制度的发展是不协调的。

第二,用协调和解的方式促进行政争议的及时、有效化解是构建和谐社会的需要。行政诉讼不得调解、一律必须以判决的形式结案的审判规则,虽然体现了我国行政诉讼制度固有的严肃性,但是,有学者提出,这种理念和制度,在现代行政法制和行政审判实践中已日益显露出一些缺陷,突出表现为行政争议解决不及时、不灵活、高成本,行政相对人合法权益最终不能获得最有效的保护,最终形成极端对立的行政机关和行政相对人之间的紧张关系。一定程度上容许行政争议双方的自行和解,进而探索由法官进行协调,使行政争议双方互作让步达成和解,从而及时息诉止争,也有利于案件

[①] 参见江必新主编:《中国行政诉讼制度的完善》,法律出版社2005年版,第208—209页。
[②] 参见〔日〕南博方:《行政诉讼中和解的法理》,杨建顺译,载《外国法译评》2001年第1期。

执行善后处理,最大化地保护行政相对人的合法权益,有助于化解行政机关和行政相对人之间的矛盾,也有助于构建和谐社会。这种通过适当的权力(权利)让步有效地解决纠纷,有助于以相对较低的成本实现相对较大的公私利益,乃是实质法治主义的表现,也是当今的世界潮流。① 笔者认为,既然行政诉讼因"官民"之间的冲突而引起,那么行政诉讼的过程就是暴露这种冲突并极力消除它的过程,这与"衡量行政审判工作,最重要的是看是否化解了行政争议,是否理顺了群众情绪,是否促进了社会的和谐稳定"的目标是一致的。在我国现阶段,随着社会的不断分化和重组,在人民根本利益一致基础上出现了不同的社会利益群体和不同的利益诉求。不同的社会阶层、不同利益群体之间,不可避免地存在着利益摩擦、利益纠纷和利益矛盾。构建社会主义和谐社会是一个不断化解社会矛盾的持续过程。② 以行政诉讼中制度化的协调和解机制来尽力化解官民矛盾、促进官民和谐,是和谐社会的基础性要求。

第三,适用协调和解的方式解决行政争议可以促进我国行政诉讼制度的创新。虽然我国《行政诉讼法》有"不得调解"的硬性规定,然而,实践中以和解的方式解决行政争议的事例却屡见不鲜,协调和解所解决的行政案件的数量已经远远超过了以判决形式所解决的行政案件数量。这说明现行立法对行政诉讼调解所采取的排斥态度并没有阻止实践中的和解大量存在。"我们看到的是,法院对撤诉申请几乎一律'绿灯放行',面对几十万起撤诉申请,极少有不准许的。不许调解的规定被悄然规避,名存实亡。调解结案的现实需求,不是一个法条所能够禁得住的。"③ 与其让这种"犹抱琵琶半遮面"的现象长期游离于法治之外,不如我们在制度上顺应实践的客观需要,承认其合法性,用制度的形式加以明确规范,使行政诉讼的协调和解在法律的范围内运行,促使法院不依据合法原则随意进行协调和解、片面追求社会效果甚至假借"协调和解"之名侵犯公共利益、他人合法权益的现象得

---

① 参见莫于川:《协调和解是行政法制革新的亮点》,载《法制日报》2007年4月10日。
② 参见青连斌:《协调利益化解矛盾重在机制建设》,载《文汇报》2006年10月23日。
③ 王学辉主编:《行政诉讼制度比较研究》,中国检察出版社2004年版,第370—371页。

到有效遏止,这也是构建社会主义和谐社会对于制度建设的要求。党的十六届六中全会指出,社会公平正义是社会和谐的基本条件,制度是公平正义的根本保证。我们必须加紧制订对保障社会公平正义具有重大作用的相关制度,通过科学规范、切实可行的体制创新与制度建设,为构建社会主义和谐社会提供制度保障。① 因此,完善行政诉讼协调和解制度,可使行政诉讼制度更适应社会的客观需求。

第四,行政法制理论创新为行政诉讼和解协调机制的建立提供了依据。最近几年,行政法学理论已经开始关注与行政和解相关的理论问题,如对于行政活动中的协商制度、公民参与制度、行政裁量制度以及对争议解决制度和模式选择等问题的研究,都极大地丰富了我国行政法学理论。尤其是对于行政裁量与和解的关系,更成为研究行政法和解制度的重点。和解与调解原为私法中由双方当事人通过沟通和协商解决争议的重要方式。然而,有学者认为,"20世纪以来,一个令人注目的行政法现象,就是发端于私法契约理念的和解制度在行政法领域的大量涌现,并对行政裁量的有效运行发挥着越来越普遍的作用"②。同时,也有学者在论述行政诉讼调解制度时指出,行政机关在法定条件下享有自由裁量权,是建立行政诉讼制度调解制度的基础,"公法被认为是强制法,行政机关应该执行由立法者制定的规范,法律本身规范着行政机关的行为,一般情况下不存在由当事人相互交涉而采取行动的余地。但是,法律虽然不允许行政机关随意处分和放弃法定职权,却赋予了行政机关自由裁量权。这说明,在某些情况下,行政机关在法定权力范围内可以理性地处置、变更行政职权,具有一定的处分权,这就为行政案件的调解创造了可适用的空间"③。这些现象使得我们对我国行政法理论中一直奉为圭臬的行政行为的特殊性决定了行政纠纷不适合调解、和解的观念及其依据确实有重新进行审视的必要。同时,笔者认为,理论的前提应当来源于实践,既然在客观上实践已经突破了原有的理论,而且这种

---

① 参见辛鸣:《制度是社会公平正义的根本保证》,载《文汇报》2006年10月19日。
② 周佑勇、李俊:《论行政裁量中的和解》,载《行政法学研究》2007年第1期。
③ 江必新主编:《中国行政诉讼制度的完善》,法律出版社2005年版,第205—206页。

实践也已经获得了社会的认可,那么理论就有修改的必要。从实际情况看,行政诉讼协调和解的实践已经证明,行政纠纷不能调解、和解的理论已经不能完全适应现实,这种理论就必须与现实的需要对应起来。在行政争议的解决过程中,通过协调的方式解决纠纷,化解矛盾,无疑是以构建政府与民众之间和谐关系为目标的正确选择。这是在当前行政争议较多的情况之下,寻求多元化纠纷解决机制的一个重要举措,也是我国行政法学理论进一步创新的体现。

如何从制度角度建立行政诉讼的协调和解机制,却是一个值得思考的问题。最高人民法院院长肖扬曾表示:"要抓紧制定有关行政诉讼协调和解问题的司法解释,为妥善处理行政争议提供有效依据。"[①]然而,司法解释的作用与效力毕竟有限。根据1981年6月10日第五届全国人大常委会第十九次会议通过的《关于加强法律解释工作的决议》的规定,最高人民法院所作司法解释的权限范围是"属于法院审判工作中具体应用法律、法令的问题"。最高人民法院于2007年3月23日发布并于同年4月1日起施行的《关于司法解释工作的规定》中也明确"人民法院在审判工作中具体应用法律的问题,由最高人民法院作出司法解释","司法解释以最高人民法院公告形式发布","司法解释应当在《最高人民法院公报》和《人民法院报》刊登"。虽然最高人民法院在《关于司法解释工作的规定》第5条中称"最高人民法院发布的司法解释,具有法律效力",但从其发布途径可以看出,司法解释的效力毕竟是有限的,它仅仅对司法审判产生依据力和约束力。"司法解释的效力就是司法强制力"[②]。它的法律效力与全国人大或者常委会所制定法律的效力不可比拟是客观事实。

有学者针对这一问题也明确指出,司法解释不能修改法律的明文规定。"为了保证行政审判中的法治统一,我们必须协调行诉法第50条和第1条的矛盾。怎么协调呢?无疑应该修改行诉法第50条,变'人民法院审理行

---

① 《肖扬:抓紧制定行政诉讼协调和解司法解释》,载《法制日报》2007年3月29日。
② 董皞:《司法解释论》,中国政法大学出版社1999年版,第21页。

政案件,不适用调解'为'人民法院审理行政案件,可适用调解,可调解的行政案件的范围和调解程序由最高人民法院以司法解释的方式确定'。"①笔者认为,这一见解应当是符合客观实际的一种思路。笔者主张,应当在对法院对《行政诉讼法》实施情况进行全面分析和评价的基础上,由全国人大常委会根据《宪法》第 67 条第 3 项所规定的职权,对《行政诉讼法》第 50 条规定进行必要的修改,赋予人民法院对一定范围内的行政案件有进行调解的权力。通过这一修改,可以将实践中实际存在的以"协调和解"的名义所进行的行政案件调解、协调工作纳入法治化的轨道。然后,在《行政诉讼法》的修改过程中,须明确规定人民法院在不违反法律、不违背公共利益或不侵犯他人合法权益的前提下,可以对行政案件进行调解的内容,并对行政诉讼调解的具体程序规则作出规定。②

同样,建立以原告撤诉为最终诉讼结果的行政诉讼协调和解机制,必须在完善法律规范的前提下进行。协调和解与调解最根本的区别,就是在诉讼结果上表现为原告是否撤回起诉。由于行政诉讼的相对复杂性及行政机关地位和职权的特殊性,对于行政诉讼和解我们不必拘泥于法院是否应当参与以及是否主动积极地提出和解建议的问题。相反,充分运用法官依法所拥有的释明权,促使和解协议尽快达成,也是及时化解纠纷、定分止争、最大化地实现案结事了所必需的。既然和解机制已经成为司法实务界的基本共识,与其由各地法院纷纷制订不甚统一的行政诉讼协调和解规则和意见,

---

① 姜明安:《"协调和解":还需完善法律依据》,载《法制日报》2007 年 4 月 4 日。
② 《行政诉讼法(修改建议稿)》已经对行政诉讼的调解制度进行了设计,其中第 99 条第 2 款至第 4 款的内容为"人民法院在不违反法律、不违背公共利益或不侵犯他人合法权益的前提下,可以对行政案件进行调解。调解应当制作调解书。调解时,当事人、法定代理人、诉讼代理人必须到场。第三人经人民法院准许可以参加调解,人民法院认为有必要时也可以依职权通知第三人参加调解"、"调解不成的,应当及时判决"、"调解因违反法律、法规导致无效,或者存在其他可以撤销的原因的,当事人可以在知道或者应当知道该原因之日起 60 日内请求继续审判"、"人民法院经审查认为当事人提出的继续审理的请求不合法,应当裁定驳回;认为请求理由不充分,可以径行判决驳回"。第 129 条规定:"第二审人民法院审理上诉案件,可以按照本法第九十九条的规定进行调解。调解书送达后,原审人民法院的判决视为撤销。"同时,第 137 条规定:"当事人对已经发生法律效力的调解书,提出证据证明调解违反自愿原则或者调解协议的内容违反法律的,可以申请再审。经人民法院查证属实的,应当再审。"

不如以法律的形式将其统一，以体现法律对诉讼制度的统一规范。

虽然在前面的论述中，笔者认为《行政诉讼法》第51条的立法本意并非为协调和解设立。但是，我们完全可以在构建和谐社会必须"完善法律制度，夯实社会和谐的法治基础"的总要求之下，对于这一规定进行必要修改，从而使之成为协调和解的重要法律依据。如果任由各地法院"自行探索"行政诉讼的协调和解机制，在没有统一规范的前提下，以各种方式达到促使原告撤诉的目的，只能使协调和解陷入一种不规范的状态。从某种程度上说，这样不但不能通过协调和解达到社会的和谐，反而有可能使当事人对我国行政审判的公信力产生怀疑。

笔者认为，对于行政诉讼当事人"协调和解"的规则，在《行政诉讼法》尚未进行修订情况下，同样可以由全国人大常委会授权最高人民法院对《行政诉讼法》第51条的具体适用作具体规范。这一规范应当明确下列几个主要问题：

1. 应当明确行政诉讼协调和解应当遵循的原则

最高人民法院提出了"要在查清事实，分清是非，不损害国家利益、公共利益和其他合法权益的前提下"促使当事人达成和解，各地法院所制订的协调和解规则中也确立了一些原则，如上海市高级人民法院的《关于加强行政案件协调和解工作的若干意见》规定："在行政案件审理中开展协调和解工作，应当遵循以下原则：（一）自愿合法原则；（二）查明事实，分清是非原则；（三）当事人法律地位平等原则；（四）公平合理原则；（五）诚实信用原则。"广东省高级人民法院公布的《意见》规定行政诉讼的协调和解要符合"三性"：一是合法性，《意见》强调行政案件的协调和解，应当在对被诉具体行政行为进行合法性审查的基础上，查清事实，分清是非，根据自愿、合法的原则进行；二是灵活性，有别于平时的开庭审理案件，只要有利于促使和解达成，《意见》规定可以采取灵活多样的方式进行；三是实效性，《意见》强调达成和解协议的案件，在送达裁定书结案之前应当尽可能使协议的各项内容得以落实，真正做到"案结事了"。应当说，以上原则都基本上与实践中行政诉讼和解的做法相一致。问题在于，由于各地法院都是从自己对行政案件协调和解机制的理解角度来制订规则,有必要统一相应的基本原则。笔者认为,合法原则、有限协调原则、程序规范原则以及和解的实效性原则等应当作为协调和解的原则加以明确规定。第一,合法原则应当包括对被诉具体行政行为进行合法性审查要求,以避免有些法院片面追求和解而在对行政行为不作任何审查的前提下就进行协调和解的情况出现(这种情况违背《行政诉讼法》的基本原则),同时,还应当包括当事人自愿,查清事实,分清是非,不损害国家利益、公共利益和其他合法权益的内容。第二,有限协调原则表明对行政诉讼案件进行协调和解解决,它的范围是有限的,并不是任何案件、涉及任何法律问题都可以协调和解。第三,程序规范原则要求法院在进行协调时,应当遵循公正与合法的程序规则,笔者同样认为,行政诉讼的和解绝对不能以违法的方式去做,特别不能适用违反程序,因此,对和解程序的设计应当相对严格,理应符合正当程序的基本要求。第四,和解的实效性原则应当对和解协议的达成尤其是履行协议内容进行必要的规范,以避免和解协议成为一纸空文。协调和解的目的就是从根本上化解纠纷,达到案结事了的目标,如果和解协议的履行问题没有解决,这个目的就很难达到。

2. 应当明确行政诉讼协调和解机制适用的范围

针对实践中有些法院违反原则对行政案件进行协调和解、片面追求高撤诉率的状况,应当以列举的方式对可以进行协调和解的案件进行规定。

第一,行政裁量行为是行政诉讼协调和解的主要范围。很多学者提出,行政裁量的存在为行政诉讼协调和解奠定了基础。固然,在行政裁量的范围内,行政机关在法定范围内享有一定的选择权,也可以为协调和解的成立奠定基础。法院可以通过协调,使行政机关选择既符合公共利益和其法定职权的合理行使要求,又能够为当事人所接受的和解方案,从而促使原告撤诉。例如,根据《行政诉讼法解释》第56条第2项规定,被诉具体行政行为合法但存在合理性问题的,法院应当驳回原告的诉讼请求。笔者一直对该条规定存在疑惑,被诉具体行政行为合法但不合理,说明被诉具体行政行为存在某些问题的,原告的起诉至少在情理上有其一定的合理性,如果简单地适用驳回诉讼请求的判决不是很妥当。虽然行政诉讼是对被诉具体行政行为的合法性进行审查,对合理性问题原则上不予审查,但是,法院简单地驳回诉讼请求,若原告请求法院解决的问题尚未得到解决,可能会导致原告上诉、申诉乃至不断的上访,案结事未了,从而不利于社会的和谐。如果在这样的情况下,能够运用和解协调的方式,在法院的指导下,由被告对自己不合理的行政行为作符合合理性要求的适当修正,从而促使原告在认可的前提下撤诉,既彻底解决了案件,也使原告受到行政机关合理、公正对待的权益得到了充分的保护,同时也可以使行政机关对行政行为的合法性与合理性要求有全面的认识。

第二,在行政裁量之外的领域,同样可以在不违背合法性的前提之下进行必要的协调和解。有学者认为,行政诉讼中的"协调和解"其实并不局限于促使原被告双方在与被诉行政行为有关的行政裁量权范围内达成"合意"。很多时候,被诉行政决定的确存在违法之处,相关法律并未授予被告与该行政决定有关的裁量权,被告可能并未发现自己的处罚决定违法或者已经发现但未能及时改正。这时,法院就可出面协调,做被告的工作,令被告及时履行撤销或改变被诉行政决定的法定义务,以换得原告的自愿撤诉。此外,行政诉讼发生有可能仅仅是因为原告对法律或事实存在错误认识,这时,法院如果作出解释、澄清或指导等"协调"行为而使原告认识到自己的错误并"自愿"撤诉,就并不需要被告方作出"让步"和"妥协",从而不涉及公权力能否处分的问题。[①] 笔者认为,除了上述情况之外,被告不履行法定职责的案件同样可以适用和解。法院经过审查,认为被告不履行法定职责的行为确实客观存在的,也可以通过与被告沟通,指出其行为的违法性,并促使其尽快按照法律、法规规定的要求履行法定职责。在被告已经履行职责行为的情况下,由原告撤诉。笔者认为,上述范围内的和解,既维护了行政权必须依法行使的法律原则,也维护了原告和被告在行政法上的权利,重要的是,原告、被告在不伤和气、避免对立的情况下达成了和解,解决了争议,

---

① 参见金自宁:《"协调和解"需先明确其合法性条件》,载《法制日报》2007年4月22日。

从而在一定程度上促进了社会的和谐。因此,应对协调和解的范围作出一定的界定,在制度上明确协调和解的案件界限。目前一些地方法院在其对协调和解所适用的案件作了形式多样的规定,但从统一法律适用的角度来说,应当在全国范围内统一规范。

3. 应当明确协调和解的程序规则

合法、合理的程序规则是协调和解是否有效的重要标准之一,也是体现法院协调工作公正性的具体体现,同时,程序的严谨可以提高法院和解协调工作的公信力。

第一,对在何种程序中进行和解应当有所规定。笔者认为,一般应当在法院对具体行政行为进行合法性审查以后再予以协调和解比较妥当。只有这样,才能在查清事实,分清是非的基础上进行和解协调,符合"人民法院审理行政案件,对具体行政行为是否合法进行审查"的行政诉讼基本原则。在实践中,有些法院在对被诉具体行政行为不作任何审查的情况下就进行协调和解,如在未进入实质审查程序的立案阶段就进行协调和解。笔者认为这样的做法值得商榷。在对具体行政行为的合法性不进行审查的情况下进行协调和解,就难以查清事实,分清是非,也难以分辨最终所达成的和解协调协议是否符合"不损害国家利益、公共利益和其他合法权益"的前提。因此,在法院开庭审理之后再进行协调和解,符合行政诉讼的宗旨,适应"对具体行政行为进行合法性审查"这一基本原则的要求。有学者指出,行政主体与相对人的法律地位虽然在理论上是平等的,但在实际生活中,作为行政相对人的公民、法人或者其他组织要与行政机关在"公堂"上对峙至今仍需要相当大的勇气,所以,法院启动协调程序应当以"原告申请"为条件,以避免原告被迫选择和解。"为避免原告在或明或暗的胁迫之下与被告'和解',行政诉讼中的'和解协调'应当在司法机关经过实质审查、对行政行为合法性有了明确判断的前提下进行。当原告在被诉行政行为合法的情况下提出撤诉,可以比较合理的推定原告的自愿是真实的;或者虽然被诉行政行为不合法,但被告已经改变或撤销了原行政行为,原告因此而提出撤诉,法院也有合理理由推定原告的自愿是真实的。但是,假如已经确认被诉行政行为违法并且被告未采取合法合理的补救措施,而原告申请撤诉的,法院就应当考虑原告是否受到胁迫,并可基于保护公民合法权利以及公共利益的需要而裁定不允许撤诉。并且,如果原告不申请撤诉,就应当视为'协调和解'并未成功,法院应当依法作出判决。"①此外,法院在一审程序中进行和解协调,促使原告撤诉,可以从文字表述上遵循《行政诉讼法》第51条的规定,但在二审或者再审中,通过人民法院的协调和解,使一审原告撤回原来起诉的,尚没有明确的法律依据。因此可以在总结各地经验的基础上,对二审和再审程序中的协调和解程序从法律上作出明确规定。

第二,参与和解协调人员资格问题。协调协调由哪些人员参加,也是一个重要的程序问题,必须在制度中明确规定。如果仅仅是由原被告双方参加和解,这一程序是不完整的,因为这里可能会涉及第三人对和解协议不予认可的问题。这样纠纷可能不会彻底解决,甚至还会因此而产生新的纠纷,所以,没有第三人的参与,纠纷不可能得到最终解决。我们建立和解制度的目的,是为了从根本上化解纠纷,做到"案结事了",但是,如果"案"是结了,但事却不能"了",实际上与我们建立和解制度的初衷是相矛盾的。判定是否"侵犯他人合法权益",除了客观标准之外,还有主观标准。如果第三人不同意这个和解协议,认为这个和解协议侵犯了他的合法权益,有什么救济途径?由原被告所达成的和解协议对第三人有什么具体的法律效力?这些都是应当值得研究并须明确加以规定的问题。根据行政诉讼法的有关规定,第三人不参加行政诉讼的,不影响案件的审理。②然而,法律之所以要设立第三人制度,理由就在于第三人与被起诉的具体行政行为存在法律上的利害关系,即被诉的具体行政行为与第三人的权利、义务有密切的关系。因此,明确所有与案件有关的人参加协调和解,并对和解协议的达成进行共同协商,对达成的和解协议进行共同认可,是和解能否真正成功的重要前提。

第三,和解过程中的程序规则。如应当由谁向法院提出和解的请求,在

---

① 金自宁:《"协调和解"需先明确其合法性条件》,载《法制日报》2007年4月22日。
② 最高人民法院《行政诉讼法解释》第49条第3款规定:"第三人经合法传唤无正当理由拒不到庭,或者未经法庭许可中途退庭的,不影响案件的审理。"

什么情况下提出和解的要求,法院在和解过程中的中立地位、具体作用,协调和解的公开原则应当如何体现,法院对和解协议的审查程序,和解协议的履行程序,案件的结案程序等相关问题,都必须有统一的制度予以规范。尤其是如何解决一些法院片面追求办案效率以及片面追求高和解比例、高撤诉比例而使案件久调不判的问题,都应当通过制度加以明确规范。

总之,行政诉讼的协调和解机制虽然并不是新生事物,但却是值得研究的新课题,更是一个必须由统一的法律制度加以规范的新问题,它不是一个仅仅由法院进行"积极探索"就能建立起来的制度,司法活动与立法活动的区别还是应当体现的。美国宪法起草者之一汉密尔顿曾深刻指出:"司法部门既无强制,又无意志,而只有判断。"① 作为审判机关,法院没有创制法律规范的权力,只有严格按照法律规范进行审判的职责。要建立和健全我国行政诉讼的协调和解制度,使其能够在构建社会主义和谐社会的进程中发挥应有的积极作用,应当由法律作出明确规定,并使其能够以一种与我国行政诉讼的整个制度相协调的方式健康运行,使我国行政诉讼制度能够真正成为"适应我国社会结构和利益格局的发展变化"的"科学有效的利益协调机制、诉求表达机制、矛盾处理机制、权益保障机制"。②

五、让行政诉讼协调和解机制走向和谐统一:《关于行政诉讼撤诉若干问题的规定》所作的努力

2008年1月14日,最高人民法院发布了法释[2008]2号司法解释——《关于行政诉讼撤诉若干问题的规定》(以下简称《撤诉规定》),自2008年2月1日起施行。《撤诉规定》虽然是名为有关"撤诉"的规定,但其内容乃是对当下所提倡的行政诉讼"协调和解"活动进行规范的司法解释。应当承

---

① 〔美〕汉密尔顿等:《联邦党人文集》,程逢如等译,商务印书馆1980年版,第391页。
② 参见《中共中央关于构建社会主义和谐社会若干重大问题的决定》。

认,该规定在一定程度上改变了人民法院在此之前对行政诉讼协调和解所持的"过热"的态度,这对于通过制度来统一规范行政诉讼的协调和解具有一定积极意义。

笔者注意到,这一司法解释并没有使用"协调和解"的词语,而是使用了"撤诉"。这不仅仅是一个用语上的变化,而是最高人民法院对司法解释合法性的一个选择。在我国《行政诉讼法》条文中,并没有明确关于"协调"、"和解"的规定,如果使用"协调"、"和解"的词语作出司法解释,将有可能产生与现行法律规定不相一致的状况。单从这一司法解释的名称可以看出,最高人民法院对于行政诉讼协调和解的认识,已经逐步归于理性。

《撤诉规定》共 9 条,分别涉及审查撤诉的一般规定、裁定准许撤诉的条件、对"被告改变其所作的具体行政行为"情形的界定、人民法院对履行情况的监控、对结案方式的必要完善、撤诉不符合条件或坚持不撤诉的处理、撤诉适用的阶段等问题。从其内容看,更为注重对行政诉讼中撤诉行为的统一规范,而不是一味地鼓励、提倡各地人民法院进行"协调和解",片面追求原告撤诉率,这体现了在构建和谐社会的大背景之下,对妥善解决行政争议机制所进行的一种相对理性的思考。笔者认为,《撤诉规定》至少从以下方面对行政诉讼协调和解进程中的被告改变具体行政行为和原告的撤诉行为进行了必要的规范和统一:

(一)明确了人民法院对具体行政行为进行审查的法定职能和建议改变的具体行政行为范围

《撤诉规定》第 1 条规定:"人民法院经审查认为被诉具体行政行为违法或者不当,可以在宣告判决或者裁定前,建议被告改变其所作的具体行政行为。"根据该条规定,人民法院在行政诉讼中,在对具体行政行为进行审查的基础上,如果发现被诉具体行政行为违法或者不当的,可以建议被告改变其所作的具体行政行为。这一规定明确了下列内容:第一,人民法院必须履行对被诉具体行政行为的审查职能,不能为了"协调和解"和促使原告撤诉而忽视法院在行政审判活动中的审查职责。这一规定与《行政诉讼法》第 5

条"人民法院审理行政案件,对具体行政行为是否合法进行审查"的内容完全一致,也与人民法院在行政诉讼中的法定职责相符合。第二,人民法院认为被诉具体行政行为违法或者不当的,可以建议被告改变其所作的具体行政行为。人民法院只有依法履行对具体行政行为的审查职能,才能发现被诉具体行政行为是否存在违法或者不当的情况;只有在认为被诉具体行政行为存在违法或者不当时,才可以建议被告改变其具体行政行为。由此可见,并不是只要达到原告撤诉的目的,对所有发生争议的具体行政行为,法院都可以建议被告改变;更不是为了达到协调和解的目的,为迁就原告不合理甚至不合法的要求而一味地要求被告改变合法的具体行政行为。这就明确了人民法院可以"建议改变"的范围,从而避免了审判实践中的随意性。第三,人民法院建议被告改变具体行政行为所处的程序阶段,应当是在经过合法性审查后的宣告判决或者裁定之前。针对有的法院在立案时就进行"协调和解"的状况,《撤诉规定》明确要在对被诉具体行政行为依法进行审查之后宣告判决或者裁定之前,可以建议被告改变其所作的具体行政行为。笔者认为,这一规定可以从总体上规范人民法院进行"协调和解"的范围、前提和所处的程序,而且该条中"建议"一词也非常准确地反映了司法审查中法院的地位与职责。

(二) 明确了人民法院在被告改变具体行政行为前提下准许撤诉的条件

根据《行政诉讼法》第51条规定,对于因为被告改变具体行政行为而导致原告申请撤诉的,是否准许,由人民法院裁定。人民法院应当对被告改变被诉具体行政行为以及原告申请撤诉行为的合法性进行审查。《撤诉规定》第2条明确规定人民法院裁定准予撤诉应当具备的四个条件:(1) 申请撤诉是当事人真实意思表示;(2) 被告改变被诉具体行政行为,不违反法律、法规的禁止性规定,不超越或者放弃职权,不损害公共利益和他人合法权益;(3) 被告已经改变或者决定改变被诉具体行政行为,并书面告知人民法院;(4) 第三人无异议。这一规定从原告申请撤诉行为合法性的角度,明确了人民法院准许撤诉的法定条件。同时,《撤诉规定》第7条规定:"申请撤诉不符合法定条件,或者被告改变具体行政行为后当事人不撤诉的,人民法院应当及时作出裁判。"上述规定比较恰当地解决了"协调和解"与人民法院依法作出裁判的关系,表明促进当事人以和解的方式解决行政争议是有法定条件的,它并不是每一个行政诉讼案件所必须经过的程序,更不是行政审判活动所追求的主要目标。如果不符合"协调和解"后原告撤诉的条件,人民法院必须依法裁判。这可以从制度上杜绝和避免个别法院为了片面追求撤诉率而一味地动员原告撤诉情况的出现或者蔓延,使由于被告改变被诉具体行政行为而出现的原告撤诉行为更好地纳入法治轨道。

(三)对"被告改变具体行政行为"的情形进行了统一界定

对于什么是"被告改变具体行政行为",《撤诉规定》进行了统一的界定。第一,《撤诉规定》第3条规定了"被告改变具体行政行为"的三种情形,即改变被诉具体行政行为所认定的主要事实和证据;改变被诉具体行政行为所适用的规范依据且对定性产生影响;撤销、部分撤销或者变更被诉具体行政行为处理结果。只要出现其中的一种情形,就属于"被告改变具体行政行为"。同时,该解释又增加了"可以视为被告改变具体行政行为的情形",即"根据原告的请求依法履行法定职责";"采取相应的补救、补偿等措施";"在行政裁决案件中,书面认可原告与第三人达成的和解"。笔者认为,最高人民法院之所以在该解释中强调对"被告改变具体行政行为的情形"的认定,目的在于统一司法实践中对于这一问题的认识,从而避免相关认定的不一致,强化司法活动的统一性。

应当承认,最高人民法院《撤诉规定》相对于其颁布之前一段时间内各地人民法院各自"积极探索"的协调和解,似乎多了一份理性和冷静。从《撤诉规定》的内容,我们可以看出最高人民法院为推进行政诉讼"协调和解"的规范化和《行政诉讼法》第51条的统一实施所作的努力。从鼓励各地人民法院"积极探索"到依法规范,反映了让制度回归理性的一种客观需求。如果说在实践中由各地法院各自进行的行政诉讼和解协调,还仅仅处于一种"探索"阶段的话,那么最高人民法院的司法解释则使这么一种"探索"在一定程度上回归了理性。

但是,笔者仍然认为,最高人民法院虽然通过司法解释对行政诉讼的协调和解(更准确地说,是对行政诉讼中被告改变被诉的具体行政行为而导致的原告撤诉行为)进行了一定的规范,但是,其中有些制度问题并不是一个司法解释所能解决的,尤其是《撤诉规定》中有关二审或者再审程序中行政机关改变具体行政行为后当事人撤回上诉或者再审申请后的原裁判(其中包括生效裁判)的执行问题,这涉及司法裁判的执行问题,更是与司法裁判的既判力有着密切的联系。由于这个问题属于审判制度本身的范畴,现行《行政诉讼法》对此也没有相应的规定,因此,不宜由司法解释作出规定,应当通过修改《行政诉讼法》作出具体的规定。

行政诉讼毕竟不同于民事诉讼。行政诉讼中的人民法院,不但要解决行政争议,还承担着监督行政机关依法行政的职责,所以,在行政诉讼中,我们不能仅仅追求司法程序的了结,更重要的,我们应当追求行政诉讼制度功能的实现。

主要参考文献

论文类

1. 陈承洲:《未追加第三人参加行政复议应属违反法定程序》,载《人民法院报》2005年2月1日。
2. 陈端洪:《对峙——从行政诉讼看中国的宪政出路》,载《中外法学》1995年第4期。
3. 何兵:《行政权力的结构与解构:一个个案解析》,载《中国法学》2005年第3期。
4. 何海波:《行政诉讼撤诉考》,载《中外法学》2001年第2期。
5. 何勤华:《新时期中国移植西方司法制度反思》,载《法学》2002年第9期。
6. 胡建淼:《中外行政复议制度比较研究》,载《比较法研究》1994年第2期。
7. 胡肖华:《行政诉讼目的论》,载《中国法学》2001年第6期。
8. 季卫东:《程序比较论》,载《比较法研究》1993年第1期。
9. 蒋德海:《法治现代化和人的全面而自由的发展》,载《政治与法律》2003年第4期。
10. 姜明安:《完善行政救济机制与构建和谐社会》,载《法学》2005年第5期。
11. 江勇、李厚宁:《谈行政审判协调范围的有限性》,载《人民司法》1994年第1期。
12. 李琦:《冲突解决的理想性状和目标》,载《法律科学》2005年第1期。

13. 蔺耀昌:《行政争讼中的和解与调解》,载《行政法学研究》2006年第3期。

14. 刘松山:《再论人民法院的"司法改革"之非》,载《法学》2006年第1期。

15. 罗豪才:《社会转型中的我国行政法制》,载《国家行政学院学报》2003年第1期。

16. 马怀德:《行政监督与救济制度的新突破》,载《政法论坛》1999年第4期。

17. 马怀德:《修改行政诉讼法需要重点解决的几个问题》,载《江苏社会科学》2005年第6期。

18. 〔日〕南博方:《行政诉讼中和解的法理》,杨建顺译,载《外国法译评》2001年第1期。

19. 彭书清:《关于建立统一的行政复议机关的思考》,载《行政法学研究》1997年第2期。

20. 青锋:《当前行政复议工作存在的问题》,载《行政法学研究》2003年第1期。

21. 沈福俊:《论对我国行政诉讼原告资格制度的认识及其发展》,载《华东政法学院学报》2000年第5期。

22. 沈福俊:《对行政复议的司法监督:现实问题与解决构想》,载《法学》2003年第12期。

23. 沈福俊:《论穷尽"行政救济原则"在我国之适用》,载《政治与法律》2004年第2期。

24. 王克稳:《我国行政复议与行政诉讼的脱节现象分析》,载《行政法学研究》2000年第4期。

25. 王锡锌:《自由裁量与行政正义》,载《中外法学》2002年第1期。

26. 王学政:《论我国行政诉讼和行政复议制度之创新》,载《中国法学》2001年第4期。

27. 杨伟东:《关于我国纠纷解决机制的思考》,载《行政法学研究》2006年第3期。

28. 杨小君:《和谐社会与纠纷解决制度》,载《中国党政干部论坛》2005年第5期。

29. 应松年:《完善我国的行政救济制度》,载《江海学刊》2003年第1期。

30. 应松年、王锡锌:《中国的行政程序立法:语境、问题与方案》,载《中国法学》2003年第6期。

31. 应松年、杨小君:《国家赔偿若干理论与实践问题》,载《中国法学》2005年第1期。

32. 张步洪:《行政侵权归责原则初探》,载《行政法学研究》1999年第1期。

33. 郑艳:《论行政诉讼法中的和解》,载《浙江省政法管理干部学院学报》2001年第6期。

34. 周汉华:《行政复议司法化》,载《环球法律评论》2004年春季号。

35. 周婉玲:《我国行政复议组织与程序的改革》,载《法学研究》2004年第2期。

36. 周小梅:《我国行政救济程序存在的问题及完善思路》,载《人大研究》2003 年第 6 期。
37. 周佑勇、李俊:《论行政裁量中的和解》,载《行政法学研究》2007 年第 1 期。
38. 朱芒:《对"规定"审查制度试析——〈行政复议法〉第 7 条和第 26 条的性质、意义及课题》,载《华东政法学院学报》2000 年第 1 期。

著作类

1. [美]埃德加·博登海默:《法理学、法哲学及其方法论》,邓正来、姬敬武译,华夏出版社 1987 年版。
2. 毕可志:《论行政救济》,北京大学出版社 2005 年版。
3. 蔡志方:《行政救济与行政法学》,三民书局 1998 年版。
4. 曹康泰主编:《中华人民共和国行政复议法实施条例释义》,中国法制出版社 2007 年版。
5. 陈新民:《中国行政法学原理》,中国政法大学出版社 2002 年版。
6. 董皞:《司法解释论》,中国政法大学出版社 1999 年版。
7. 《法学词典》编辑委员会编:《法学词典》(增订版),上海辞书出版社 1984 年版。
8. 方世荣主编:《行政法与行政诉讼法》,中国政法大学出版社 1999 年版。
9. 甘文:《行政诉讼司法解释之评论》,中国法制出版社 2000 年版。
10. 甘文:《行政诉讼证据司法解释之评论——理由、观点与问题》,中国法制出版社 2003 年版。
11. [日]谷口安平:《程序的正义与诉讼》,王亚平、刘荣军译,中国政法大学出版社 1996 年版。
12. 关保英主编:《行政法与行政诉讼法》,中国政法大学出版社 2004 年版。
13. [德]哈特穆特·毛雷尔:《行政法学总论》,高家伟译,法律出版社 2000 年版。
14. [美]汉密尔顿等:《联邦党人文集》,程逢如等译,商务印书馆 1992 年版。
15. 何兵主编:《和谐社会与纠纷解决机制》,北京大学出版社 2007 年版。
16. 胡建淼:《行政法教程》,法律出版社 1996 年版。
17. 胡建淼:《行政法学》,法律出版社 1998 年版。
18. 胡建淼主编:《行政违法问题研究》,法律出版社 2000 年版。
19. 胡建淼:《行政法学》(第二版),法律出版社 2003 年版。

20. 胡建淼主编:《行政诉讼法学》,高等教育出版社 2003 年版。
21. 胡康生主编:《行政诉讼法释义》,北京师范学院出版社 1989 年版。
22. 季卫东:《法治秩序的建构》,中国政法大学出版社 1999 年版。
23. 江必新主编:《中国行政诉讼制度的完善》,法律出版社 2005 年版。
24. 姜明安主编:《中国行政法治发展进程调查报告》,法律出版社 1998 年版。
25. 姜明安主编:《行政法与行政诉讼法》,北京大学出版社、高等教育出版社 1999 年版。
26. 姜明安主编:《行政法与行政诉讼法》,法律出版社 2003 年版。
27. 姜明安主编:《行政法与行政诉讼法》(第二版),北京大学出版社、高等教育出版社 2005 年版。
28. 姜明安主编:《行政程序研究》,北京大学出版社 2006 年版。
29. 金国坤:《行政程序法论》,中国检察出版社 2002 年版。
30. 〔法〕勒内·达维德:《当代主要法律体系》,漆竹生译,上海译文出版社 1984 年版。
31. 李惠宗:《行政法要义》(增订二版),台湾五南图书出版公司 2002 年版。
32. 梁慧星:《民法解释学》,中国政法大学出版社 1995 年版。
33. 林莉红:《中国行政救济理论与实务》,武汉大学出版社 2000 年版。
34. 林莉红:《行政诉讼法学》,武汉大学出版社 2003 年版。
35. 林喆:《公民基本人权法律制度研究》,北京大学出版社 2006 年版。
36. 刘恒:《行政救济制度研究》,法律出版社 1998 年版。
37. 刘荣军:《程序保障的理论视角》,法律出版社 1999 年版。
38. 罗豪才主编:《行政法论》,光明日报出版社 1988 年版。
39. 罗豪才主编:《行政法学》,中国政法大学出版社 1996 年版。
40. 罗豪才主编:《行政法论丛》第 5 卷,法律出版社 2002 年版。
41. 罗豪才主编:《行政法论丛》第 8 卷,法律出版社 2005 年版。
42. 罗豪才、应松年主编:《行政诉讼法学》,中国政法大学出版社 1990 年版。
43. 马怀德主编:《中国行政诉讼法》,中国政法大学出版社 1997 年版。
44. 马怀德主编:《行政诉讼原理》,法律出版社 2003 年版。
45. 马怀德主编:《司法改革与行政诉讼制度的完善》,中国政法大学出版社 2004 年版。
46. 马原主编:《中国行政诉讼法讲义》,人民法院出版社 1990 年版。
47. 〔美〕迈克尔·D.贝勒斯:《法律的原则——一个规范的分析》,张文显等译,中国大百科全书出版社 1996 年版。

48. 皮纯协主编:《行政程序法比较研究》,中国人民公安大学出版社2000年版。
49. 乔晓阳主编:《中华人民共和国行政复议法条文释义及实用指南》,中国民主法制出版社1999年版。
50. 瞿同祖:《中国法律与中国社会》,中华书局1981年版。
51. 全国人大常委会法制工作委员会研究室编著:《中华人民共和国行政复议法条文释义及实用指南》,中国民主法制出版社1999年版。
52. 沈开举主编:《行政补偿法研究》,法律出版社2004年版。
53. 沈宗灵主编:《法理学》(第二版),北京大学出版社2003年版。
54. 〔日〕室井力:《日本现代行政法》,吴微译,中国政法大学出版社1995年版。
55. 王连昌主编:《行政法学》,中国政法大学出版社1994年版。
56. 王名扬:《英国行政法》,中国政法大学出版社1987年版。
57. 王名扬:《法国行政法》,中国政法大学出版社1988年版。
58. 王名扬:《美国行政法》,中国法制出版社1995年版。
59. 王世涛:《行政侵权研究》,中国人民公安大学出版社2005年版。
60. 王万华:《中国行政程序法立法研究》,中国法制出版社2005年版。
61. 王学辉主编:《行政诉讼制度比较研究》,中国检察出版社2004年版。
62. 〔英〕威廉·韦德:《行政法》,徐炳等译,中国大百科全书出版社1997年版。
63. 吴庚:《行政法之理论与实务》(增订八版),中国人民大学出版社2005年版。
64. 许崇德、皮纯协主编:《新中国行政法学研究综述》,法律出版社1991年版。
65. 杨海坤、黄学贤:《中国行政程序法典化——从比较法角度研究》,法律出版社1999年版。
66. 杨海坤、章志远:《中国行政法基本理论研究》,北京大学出版社2004年版。
67. 杨建顺、李元起主编:《行政法与行政诉讼法教学参考书》,中国人民大学出版社2003年版。
68. 杨小君:《我国行政复议制度研究》,法律出版社2002年版。
69. 杨寅:《中国行政程序法治化》,中国政法大学出版社2001年版。
70. 叶必丰:《行政法学》,武汉大学出版社1996年版。
71. 叶必丰:《行政法的人文精神》,北京大学出版社2005年版。
72. 应松年主编:《行政法专题讲座》,东方出版社1992年版。
73. 应松年主编:《行政法学新论》,中国方正出版社1998年版。

74. 应松年主编:《比较行政程序法》,中国法制出版社1999年版。
75. 应松年主编:《行政诉讼法学》(修订本),中国政法大学出版社1999年版。
76. 应松年、刘莘主编:《中华人民共和国行政复议法讲话》,中国方正出版社1999年版。
77. 应松年、袁曙宏主编:《走向法治政府——依法行政理论研究与实证调查》,法律出版社2001年版。
78. 应松年主编:《当代中国行政法》,中国方正出版社2005年版。
79. 应松年主编:《行政法与行政诉讼法学》,法律出版社2005年版。
80. 于安、江必新、郑淑娜编著:《行政诉讼法学》,法律出版社1997年版。
81. 余凌云:《警察行政权力的规范与救济》,中国人民公安大学出版社2002年版。
82. 章剑生:《行政程序法比较研究》,杭州大学出版社1997年版。
83. 章剑生:《行政程序法学原理》,中国政法大学出版社1994年版。
84. 章剑生:《行政程序法基本理论》,法律出版社2003年版。
85. 张尚鷟主编:《走出低谷的中国行政法学》,中国政法大学出版社1991年版。
86. 张树义主编:《行政诉讼实务详解》,中国政法大学出版社1991年版。
87. 张树义主编:《行政法学新论》,时事出版社1991年版。
88. 张树义:《冲突与选择——行政诉讼的理论与实践》,时事出版社1992年版。
89. 张树义:《最高人民法院〈关于行政诉讼证据若干问题的规定〉释评》,中国法制出版社2002年版。
90. 张树义:《行政法与行政诉讼法学》,高等教育出版社2002年版。
91. 张树义主编:《纠纷的行政解决机制研究》,中国政法大学出版社2006年版。
92. 张越:《行政复议法学》,中国法制出版社2007年版。
93. 张正钊、韩大元主编:《比较行政法》,中国人民大学出版社1998年版。
94. 《中国大百科全书·法学》,中国大百科全书出版社1984年版。
95. 中国人民大学宪政与行政法治研究中心编:《宪政与行政法治发展报告(2003—2004年卷)》,中国人民大学出版社2005年版。
96. 周汉华主编:《行政复议司法化:理论、实践与改革》,北京大学出版社2005年版。

后　记

　　关注现实中的行政法问题，这是多年来我对自己的一种要求。近年来，我国行政诉讼、行政复议、行政赔偿乃至行政性信访等行政救济制度在实践中的运行情况引起了我的关注，也逐渐成了我的学术兴趣。这几年中，在教学之余，有多篇关于行政诉讼、行政复议具体制度分析以及两者之间关系的论文面世，有的还在学术界产生了一点小小的影响，可以说就是这种学术兴趣发挥的结果。

　　其实，自从上个世纪90年代中期之前开始从事行政法与行政诉讼法学方面的教学与研究以来，我的学术兴趣，大多是在行政救济方面。1984年7月我从华东政法学院毕业留校任教之后，一开始从事的是法律文书教学。由于经常要和起诉书、判决书以及辩护词、代理词等各类诉讼文书打交道，业余又担任兼职律师，我便对诉讼法律制度、司法制度产生了兴趣。当转行到行政法与行政诉讼法学领域之后，对行政救济制度的规则与具体运行多一些关注，甚至逐渐对其产生较为浓厚的兴趣，也就顺理成章了。近年来，随着社会的发展，主要产生于上个世纪80年代的我国行政救济制度与社会发展之间的距离渐渐显现，学术界、司法界以及其他社会有识之士对行政救济制度中所出现的问题以及完善的途径阐发了很多有益的见解。学习之后,很受启发。然而,由于行政救济制度的内容过多涉及程序方面的制度,所以具体的程序规则与救济结果或者救济目的的实现就有相当大的关联,甚至可以说是救济结果或者救济目的实现的关键。而事实上我国行政救济制度中一些不够理想的部分,其问题恰恰就出在程序方面,尤其是一些具体的程序规则不够合理。因此,我认为,中国的行政救济制度在实践中实施得不尽如人意,这其中当然有文化传统、社会公众心理乃至体制等方面的因素,但若从制度上分析,也确实有制度本身设计得不合理乃至制度缺失的问题。因此,我萌发了系统研究中国行政救济程序的念头。

本书力求从较为具体的程序规则的角度研究中国的行政救济制度。2005年底,我承担了上海市教委的重点课题——《和谐社会与我国行政救济程序》,这一课题根据构建和谐社会的要求,以我国现行行政救济程序规则为研究对象,以行政救济权利的实现与救济程序之间的关系为基础,从程序正当性的角度,重点研究和探索我国行政程序规则的若干问题,其目标在于促进我国行政救济程序的正当与和谐。课题完成后,我觉得这个话题不但很有现实意义,而且还有继续探究的必要和余地,于是便有了将课题内容进行整理、充实后出版的想法。经过一段时间的努力,便有了呈现在读者面前的这本书。

然而,研究者在研究之初的宏伟目标与最终的研究成果之间总可能会存在一定的距离,至少对我来说是如此。由于学识、认识水平和教学工作繁忙的关系,这本书中的研究内容,离我"系统"研究中国行政救济程序的目标还相差甚远,其中有很多研究可能还较为粗浅,甚至还可能出现一些谬误,这只能请读者诸君予以谅解并且给予必要的匡正了。

改革开放以后,中国行政法的发展是从行政救济制度开始的。1989年《行政诉讼法》的颁布,有力地推动了中国行政法的发展。然而,行政法体系庞大,内容浩瀚复杂,对其进行全面而深入的研究,需要厚实的理论功底和高深的法学素养,而这些,正是我难以具备的。那么,仅仅选取某一块内容进行相对比较系统的研究,而且仅仅立足于中国的实际情况进行研究,则还是有可能做到的。何况,由于行政救济制度(如行政诉讼制度等)在中国行政法律制度中产生得相对较早,而近二十年来中国社会的快速发展,其实施到现在必然有许多与当今的社会发展不尽符合而需要完善的地方(实际的情况也确实如此),这样就能够相对容易地找到很多值得研究的内容。这对于我这个研究时间不够充裕和研究精力不够充沛的人来说,无疑是一个"捷径"。然而,一叶可知秋,滴水见太阳,本书对中国行政救济制度,尤其是行政救济程序制度在实践中运行情况的介绍和相关的实证分析,以及一些讨论,应当说多多少少能够反映出我国行政法治进程中的一些现状。因此,如果本书能够对我国行政救济制度,乃至整个行政法律制度进一步向良性化推进起到一点积极的作用,对我来说,是一种莫大的安慰。

  本书的出版,得到了北京大学出版社的大力帮助。没有各位编辑的辛勤劳动,本书难以以现在的面目呈现在广大读者面前。在此,我向他们致以深深的敬意和谢意。

  衷心感谢我二十多年前在华东政法学院求学时的老同学、中国法学会行政法学研究会副会长、上海交通大学法学院常务副院长叶必丰教授,同济大学法政学院的王维达教授,上海政法学院法律系的关保英教授,以及华东政法大学法律学院的殷啸虎教授、刘松山教授,感谢他们在对上海市教委重点课题——《和谐社会与我国行政救济程序》进行评审时所提出的中肯意见,从而使本书作为专著出版时又有了些许点点滴滴的进步。

  我的夫人不仅从事着繁忙的医务工作,还承担了大量的家务,默默地支持我在教学工作之余进行学术研究;我聪明、可爱的女儿不但自觉学习,而且给我的生活带来了无穷的乐趣,每当夕阳西下的时候,在那所她就读的中学等她放学,然后一起回家,成了我生活中一种不可或缺的美好期待。真诚地感谢她们给我带来的快乐。

沈福俊
2008 年 5 月于沪上寓所